U0905391

黄淑生　著

LAOZI NEW EXPLANATION

老子新解

他想过什么？

蘭州大學出版社
LANZHOU UNIVERSITY PRESS

图书在版编目（CIP）数据

老子新解 / 黄淑生著. -- 兰州 : 兰州大学出版社,
2016.9
ISBN 978-7-311-05023-8

Ⅰ. ①老… Ⅱ. ①黄… Ⅲ. ①道家②《道德经》一研
究 Ⅳ. ①B223.15

中国版本图书馆CIP数据核字(2016)第237359号

责任编辑 张国梁 张雪宁
封面设计 郇 海

书　　名 老子新解
作　　者 黄淑生 著
出版发行 兰州大学出版社 （地址:兰州市天水南路222号 730000）
电　　话 0931-8912613(总编办公室) 0931-8617156(营销中心)
0931-8914298(读者服务部)
网　　址 http://www.onbook.com.cn
电子信箱 press@lzu.edu.cn
印　　刷 甘肃澳翔印业有限公司
开　　本 710 mm×1020 mm 1/16
印　　张 17.5
字　　数 247千
版　　次 2016年11月第1版
印　　次 2016年11月第1次印刷
书　　号 ISBN 978-7-311-05023-8
定　　价 38.00元

本书鉴古通今，全球视野，发现新特，意境新鲜。曾随时段推陈出新助振兴，多方位继往开来瞻前途。本书是领导管理干部、汉学社科外事、社会有志复兴人士、大学文理师生随时可用的百科简书，是一部翻新观念的概略参考书。

前　言

数千年来，世上随波逐流的氛围人文，大多烟消云散，几种古老人文，因方向、道路、主体、主流问题而形微势弱。历久弥坚，不同凡响的中华人文，如今，何以砥柱中流，一往无前，盛大无涯？

社会治理的对象方法，不同于社会革命，涉及多方，利害千古。人争朝夕，事长计议。在清形势明任务，选途径挑策略，全步骤周措施，集人手重过程后，成败兴衰，供后人借鉴者众。

《老子》书等传统主流经典，博大精深，蕴含现代意识、基本制度、生活方式、社会规律，尽管时过境迁，但社会结构，根本事态，主要情势类似，如果联系环境条件，再三细品《老子》书，充分认知其治国理世的重要地位普适作用，举一反三，意义深远。

全面深入理解《老子》章节辞句意义，综合拓展其积极建设精要，提纲挈领；重点体会那隐含的立场意愿，灵活运用那理世的方法谋略，触类旁通；反复斟酌经典文书主旨，复兴中华主流人文，古为今用；力助中华文明荫天下，道德文化事长流，中为洋用。集理古今振兴往事，辅佐境外发展需求，襄助将来行家里手，兼收并蓄；一起促动世界尚同事业，大家普济天下，共同福泽后世。

本书内容，皆选自卅年以来呈献中央、政府相关单位的陈条短文。其中据实前瞻，符合社会时政事实。为将来普及计，斗胆归纳面世。水平有限，事涉多方，句段逻辑，靠内在关联。表叙零散，倒装句法，辞未尽意，恐不如人意。希望指教。

黄淑生

七十二岁献于兰州交大三十栋

目录

前
新编老子书

第一章　老子书

古事千载玄，史记难概全。“人道周郎赤壁”，信否随己意。人待世事，有如待“太上”般，都有“知、亲、誉、畏、侮”的区别。做学问、搞设计、闯前途，何必墨守故事成规，固执于一些似是而非、人云亦云的言论，何不学先秦诸子，勇敢无畏，实事求是，推陈出新，服务天下。

大约从五千年前黄帝算起，中华社会，新的生产和生活方式日积月累。国政制度几度翻新。西周末，王制失威，坐享其成的封国，自持实力，数典忘祖，自大无忌。被后人尊爵为“老子”的先哲，西出函谷关，被深谙世事的令尹喜，挽留求教。不愿著述的老子，不受当时邦域神圣唯心权威所制，不被集市交易唯物得失所缚，尽说些与常识不同的意愿，喜，却整理出“非常道”，面世流存后，被称为《道德经》或《老子》书。

一　历史遭遇

据史记载，孔丘曾问道于老子。这个不信有圣人，却被后世尊为至圣的孔子，伸老子忠恕思想而兴仁学。不全信孔子的市民墨翟，则推老子尚同精神而盛义学。

《老子》传世，世人各有所见，各有所得。战国时，闲士庄周，简单老子“怀天下”，“应帝王”等“大宗师”胸襟，大做个人“静虚”“无为”消极文章，几使大道偏曲岐亡。庄周自己，曲虚无而遁世，偏自私而偷生，“真以无为治身，绪余才为天下国家计”，集个人主义大成。

先秦诸子得《老子》事在哲理，原则方式之助，坚持从先哲见识中觅取金玉，积极在现实生活中筛选瑰宝，时时以处理关系为主旨，处处以寻求规律为己任，无畏无惧，汇集出领导与管理社会方方面面的行为方法，学科知识。百花齐放，经典有成。

遗少韩非，“解老”成识。揭示集权术势的统治阶层内，各种斗争形式、方法手段，为国为政，颇受重视。各流派代表，在《吕氏春秋》中，又多面体现老子思想，为汉初《老子》复兴奠基。

汉文帝时，河上公标句分段，进老子“章句”四篇，把“孔德之容，惟道是从”中的“孔”解释为“大”，让如孔洞般小的社会性德行，脱离视野。另外，添加“常善救人，故无弃人”，补充“人之不善，何弃之有”意思。难能可贵的是，拓展《老子》主旨精要，积极服务时政有成。

西汉初期，社会根基浅薄的当局，用《老子》指导治国，壮弱成强，事业兴隆，以至于黄老并称。《淮南子》着意言传，社会普遍重视。西汉振兴，社会状况需求改变，当局用假孔子名的《论语》做治理脚本，独尊儒术，后来又因古文与今文之争，几次会议五经异同，规范经典经解，儒术从此主导仕子意识，引领社会政治，宗族传习。仕儒得势，文人相轻。《老子》退避三舍。

事奉“老子”的道教，虽把《老子》当教义范本，却偏解章句意思，神化太上，尊位三清，追求净虚仙境，倾向身心修为，驱鬼请神，好搞长生之术。增大社会对老子精神误解。

晋仕清谈三玄，《老子》更入虚无。北周多次召集三教庭议，排定儒道释座次，老子流向民间。许多人误把老子当成道教首领。老子地位被世人轻淡。大道德行逐渐名实难副。

唐太宗用老子思想指导国政，抬升老子地位，贞观之治现，《老子》被仕儒尊重。后来权贵事佛入迷，仕子以讹传讹，再也不在彰显老子理世积极性上花工夫。《老子》可有可无。

程朱理学辈，被商贾化士绅私欲围困，被眼前“有之以为利”需求所动，将高尚的道儒传统庸俗化。尊统治传统、市井习俗为“天理”，将“损不足奉有余”极端化，甚至加重女子三从四德等桎梏。老子王制主旨善德要义被仕子把玩。

一无所有，却转弱为强得天下的明太祖，把老子书当成“万物至根，王者上师，民众笈宝”。老子精神再度复兴后，弱势有识政要，不时依它，指导兴国理世安邦。马克思深明“损有余补不足”社会精神、彻底革命方式。现在“不称霸，不自大出头”，难道没有老子“不敢为天下先”，“大国处下游”，“两者各得其所欲，大者宜为下”，“柔弱胜刚强”等意思？坦然承认老子地位作用，需要非常勇气，巨大能力。

《老子》既是弱势的北斗，亦是强势的良师。传世愈久，见智见仁者众。士绅为既得利益，多“以私心揣摩，或参以神怪丹术之说，或附以静虚无为之理”，一些欲壑难填智者、投机倒把市侩，唯利是图政客，丢弃老子那冲破当时历史环境束缚的革命性、无论什么事物都“唯道是从”的普适性，忽略其积极治国理世的指导性、“遵道贵德”的长久性。

现代人云亦云的仕儒士绅，消极理解，不重老子王制主旨，多把偏曲其德行要义的流派称为道家，且推“庄子”做其代表，张扬其虚无避世主张，甚至做“以庄代老”之事。

从前，背道而驰的理学桎梏，被市民革命派鞭挞，殃及老子等经典。不少“形而上学”文士，或用老子“参诸兵谋”，或当作“药铺”借用应急，或将其置于高架摆看。以往，机械唯物论者，拾人牙慧，把其归入朴素见识之列，一知半解，甚至将其打入另册。

三番五次兴衰，《老子》版本辈出。《史记》所谓五千言本失传后，世存上千种版本中，有多达六千字版本，结构节奏，四六句法，字语排比，对仗韵味，既画龙点睛，又或画蛇添足，章段志趣，意境变异。比较“五色令人眼盲，五音令人耳聋，五味令人口爽”和“五色令人盲，五音令人聋，五味令人伤”，可知出土的汉初竹简，意境带一孔之见，字句甚至不如个别传世版本确切精妙。找字句源流，《老子》多处非先秦用语。《老子》如《论语》般，难道不是集历代仕子深谋远虑之意，系书生千锤百炼之作？“老子”难道不能当作从前故老的总称？《老子》难道不能被视为治政理世的经验总结？

《老子》流传中，口授手抄难免会错，简帛破散混杂，错上加错，出现字错、词异、句失、段乱现象。诸如，在汉代就有“域中四大”和“国中四大”，“大器晚成”和“大器免成”等语病，一字之差，意境相差甚远。

在主流传统断代，请再三细品《老子》书，全方位拓展其统筹全局动态思帷，按规律王制治理天下的积极建设作用，事在人文思想，善良道德精神，意助中华文明荫天下，道德文化事长流，大有学问可做。

在复兴中华文流人文际，人文全球化中，请联系环境条件，反复斟酌经典文书主旨，触类旁通；深入理解章节辞句意义，举一反三；重点体会那隐含的立场意愿，灵活运用那理世的方法谋略。兼容并蓄，集理古今振兴往事，辅佐境外发展需求，襄助将来行家里手。中为洋用，大家普济天下，共同福泽后世。

目前，精确深研条件备，大器晚成时机熟。“九层高塔起于垒土，千里之行始于足下”。为方便后学，校正言词，理排句段，保留风貌，改良内联，保守原意修词句，端正文义现今象。先琢坯璞供大家，期待美玉传天下。

二　道德新经

今参照王弼刻本，将《老子》组编成三卷约五千言新书，分道纪十四，德行二十六，王制二十四，计六十四段落，呈献于前，再将古文今意，新解新说，翻述如后，供批评参考。

上卷　道纪

道，可道，非常道。名，可名，非常名。无，名天地之始，有，名万物之母，此两者，同出而异名，同谓之玄。玄之又玄，众妙之门。故：常无，欲以思其妙，常有，欲以观其徼。

视之不见，名曰夷，听之不闻，名曰希，搏之不得，名曰微，此三者不可致结，故混而为一。道之为物，其上不皦，其下不昧，绳绳不可名，复归于无物，是谓无状之状，无物之象，是谓恍惚。

恍兮惚兮，玄兮冥兮，道兮事兮。其中有象，其中有魄。其中有物，其中有信，其中有精，其精甚真。自古及今，迎之不见其首，随之不见其后。执古之道而御今之有，其德不去。能记古事，是谓道纪。

太上，不知谁之子，绵绵若存。下有知之，其次亲而誉之，其次畏之，其次侮之。道冲，似或存，渊兮，似天地之宗，塞其兑，闭其腹，终身不勤。湛兮，象帝之先，挫其锐，济其事，终身不救。

天门开阖，能无雌乎。谷神不死，是谓玄牝。玄牝之门，是谓天地根。用之或不盈。开其户、解其纷，闭其光、和其尘，是谓玄同。牝牡合而力作,精之至也,生生不息。益生曰祥,心使气会僵。

有无混成,先天地生。寂兮寥兮,独立不改,周行不怠,可以为天地母。人不知其名,故字之曰道,强为之名曰大,号之曰一。道大,天大,地大,王亦大。域中四大,人居其一焉。

大曰远,远曰逝,逝曰返。大象无形,大方无隅,大白若辱,大成若缺,大盈若冲。其用不弊,其用不穷。大道氾兮,其可左右。反者,道之动,弱者,道之用。

道之在天下,出于无有,入于无间,飂兮若无止,泊兮若未兆,荒兮若未央,犹川谷之与江海。道者,万物之奥,善人所保,不善人所宝。无为而无不为。不言之教,无为之益,天下希及之。

道生一,一生二,二生三,三生万物。生而不有,为而不持,长而不宰,善贷且成,谓之玄德。见小曰明,守弱曰强,信不足,焉有不信焉。天下万物,生于有,有生于无。抱一为天下式。

载营魄而抱一,能无别乎。负阴而抱阳,冲气以为和,知和曰常。用其光,复归其明,无遗身殃,是谓习常。知常容,容乃公,公乃天,天乃道,道乃久,没身不殆。常足容,容乃全,全乃公,公乃王。

昔得一者:天得一以清,地得一以宁,人得一以神,王得一以为天下贞。天无以清将恐浊,地无以宁将恐裂,人无以神将恐灭,王侯无以贞将恐蹶。万物无以通将恐歇。

天下有始,以为天下母。既得其母,以知其子,既知其子,复守其母。何以阅众甫之状,从此。孔德之容,唯道是从。从事于道者,道者同于道,德者同于德,失者同于失。同于失者,夫亦乐得之,道亦失之。

天长地久,以其不自生,故能长生。百姓皆谓之自然。希言自然,飘风不终朝,骤雨不终日。天地有时变,何况于人乎?天地相合,以降甘露,民莫之令而自均,孰为此者,道大。悠兮贵其言,人之所教,我亦教之。

道生之,德畜之,物形之,势成之。人法地,地法天,天法道,道法自然。是以天下尊道贵德,道之尊德之贵,夫莫之命而常自然。吾将以之为教父。

中卷　德行

大之道，不召而自来，不言而善应，繟然而善谋，不争而善胜，损有余补不足，天网恢恢，疏而不失。天下莫能与之争。功成事遂，道隐无名。德之出口，淡乎无味。

道常无，名朴，常无欲。生养万物而不为主，作而不辞，利而不害，畜之长之，毒之盖之，万物归焉而不为上，以终不为大而成其大。天下莫能臣。候王若能守之，万物将自宾。

道常有，名依。形微夷，视之不足见，听之不足闻，用之不足既。持之而生而不辞。生之育之，亭之复之。似在作小，功成弗居，是谓大德。此德深矣远矣，常与世反矣。

天之道，犹张弓与，高者抑之，下者举之，有余者损之，不足者补之。人之道则不然，损不足而奉有余。孰能以有余奉天下？孰能浊以久静之徐清？孰能安以久动之徐生？孰能众以久伺之奋起？唯有道者。

致虚极，守静笃，万物并作，吾以观其复。夫物芸芸，枯荣岁复。生发没身，复归其根。归根曰静，静曰复命，复命曰常，知常曰明。不知常，妄作凶。

天地之间，犹橐籥乎，虚而不屈，动而愈出。天地不仁，以万物为刍狗，圣人不仁，以百姓为刍狗。余食赘行，物或恶之，物壮则老，谓之不道。不道久矣，有道者不取。

知其雌，守其雄，为天下溪，常德不离，复归于婴儿。知其白，守其黑，为天下式，常德不忒，复归于无极。知其荣，守其辱，为天下穀，常德乃足，复归于朴。

有无相生，难易相成，长短相较，高下相处，声音相和，前后相随。枉测直，洼测盈，敝测新。少则得，多则惑，获则失。古之谓曲则全者，岂虚言哉。

柔胜刚，弱胜强。天下莫柔弱于水，攻坚强者，莫之能胜，且无以易之。知常楷式，人故无忧。天下至柔，弛骋天下至坚，柔弱胜刚强，天下莫不知，却难行。

人之生也柔弱，其死也坚强。万物草木，其生也柔弱，其亡也枯槁。坚强者，死之徒，柔弱者，生之望，兵强则终输，木强则先折，强梁者不得其死，是以强大处下，柔弱得上。

勇于敢则杀，慲于敢则活，此两者或利或害，圣人犹难之，孰知其故？天下所恶。持而盈之不如其已，揣而锐之不可保长，金玉满堂莫之能守，富贵而骄自遗其咎。

五色令人盲，五音令人聋，五味令人伤，驰骋畋猎令人发狂。厌饮食，服文彩，财货有余，仗权贵，带利剑，唯功唯利，谓之盗夸，非道也哉。兵锋过，朝甚除，田甚荒，仓廪虚。难得之货令人仿妨，贪婪足欲令人损亡。

为学日益。为道日损，损之又损，以至于无为，无为而无不为。言有宗，事有君，知之者希，则己贵。名与身孰轻，身与货孰亲，得与亡孰多，甚爱必大费，多藏必厚亡。贵以贱为本，高以下为基，故致数舆无舆，不欲碌碌如玉，珞珞如石。

不出户知天下，不窥牖见大道。其出弥远，其知弥少，是以圣人不行而知，不见而名，不为而成。知者不言，言者不知。知，不知，上。不知，知，病。夫唯病病，是以不病。贤达不病，以其病病。

古之善为士者，微妙玄通，深不可识。故强为之容：豫兮若冬涉川，涣兮若冰之释，犹兮若畏四邻，混兮其若窬，俨兮其若堞，敦兮其若朴。保此道者不欲盈，故能敝不新成。

上善若水，利万物而不争，处众恶而不离，故几近道。心善渊，与善仁，事善能，动善时，立善正，居善地。是以大丈夫，处其厚，不处其薄，处其实，不处其华。故去彼取此。

善建者不拔，善抱者不脱。图难于其易，为大于其细。轻诺必寡信，多易必终难，是以圣人犹难之。为无为，事无事，味无味，多少，大小，报怨以德，终无难矣。

善人者，不善人之师，不善人者，善人之资，贵其师，爱其资，虽智大迷。善行无辙迹，善言无瑕谪，善数不用筹策，善闭不动关键，善结不必绳约。物尽其用，故无弃物，常善救人，故无弃人，是谓要妙。

三十幅共一毂，当其无，有车之用。埏埴以为器，当其无，有器之用。凿户以为室，当其无，有室之用。故：有无相生，有之以为利，无之以为用。

天下皆谓大，似不肖，夫为大，故似不肖，若肖久，亦细也夫。

人德三宝，持而保之：一曰慈，二曰俭，三曰不敢为天下先。慈能勇，俭能广，不为人先能器长。今舍慈且勇，舍俭且广，舍随且先，死矣。

企者不立，跨者不行，自见者不明，自是者不彰。自伐者无功，自矜者不长。欲上民必先下之，若先民必身后之。圣人，自知不自见，自持不自大，自重不自贵，自曲不自卑，自贤不自尊，自静不自虐。含德之厚，比如赤子。

失道而后德，失德而后仁，失仁而后义，失义而后礼。夫礼者，忠信之薄而乱之首。上义为之而有以为，上礼为之莫之应，天下难事为于易，大事作于细。祸莫大于不知足，咎莫大于欲得。

唯之与呵，相去若何？善之与恶，相去几何，人之所畏，不可不畏。以善观事，以容观身，以和睦观家，以合众观乡，以礼义观国，以齐平观天下，何以知天下然哉，从此。

天下皆知美之为美，斯丑矣。皆知善之为善，斯恶矣。上士闻道，勤而行之，中士闻道，若存若亡，下士闻道，大笑之，不笑，不足以非道。故建言有之：明道若昧，进道若退，夷道若颣，广德若缺，建德若偷，质德若渝。

修立于事其德乃广，修立于身其德乃真，修立于家其德乃余，修立于乡其德乃丰，修立于国其德乃深，修立于天下其德乃长，子孙以祭祀不辍。所言甚易知，甚易行，天下莫能知，莫能行。

君介然有知，行于大道，唯施是畏，善有果而已，果而不得已，不敢以强取，诚全而归之。识事者智，自知者明，自胜者强，知足者富，胜人者有力，强行者有志，不失其所者久，故而不忘者寿。前识者，道之华，德之始。

下卷　王制

朴散为器，圣人用之为官长，立天子，设三公，置有司，始制有名。大制不割，国之母存，制亦既有，夫亦将知止。大器晚成，可以长久。之所以贵此道者，不曰以求得，有罪图免耶？

取天下，常以无事，及其有事，不足以取天下，将欲取之，不得已而为之。天下神器，为者败之，执者失之。受国之垢，是谓社稷主。受国不祥，是谓天下王。正言若反。故，事或行或随，或嘘或吹或载或隳。是以王侯去甚去奢去泰。

宠辱若惊。宠上辱下,得之若惊,失之亦惊。贵大久患身。所以有患,在贵身,及其无身,有何患?爱民治国,能无别乎?明白四达,能无为乎?涤除玄鉴,能无疵乎?功遂事成,能无恋乎?执左契券,能无势乎?专气至柔,能婴儿乎?

古之善为道者,非以智民,将以愚之。民之难统,以其智多。以智治国,出大伪,素朴理域,多清福。故,甘其食,美其服,舒其居,乐其俗,邻国相望,鸡犬之声相闻,老死不相往来。知此楷式,是谓行道。

大直若曲,大巧若拙,大辩若纳,大音若希。不可得而亲疏,不可得而贵贱,不可得而利害,故为天下贵。上德若谷,为无之而为,不为德,所以有德。下德若觳,不失德,为有利而为,是以无德。知止知足,常足矣。

大道常在,无为而无不为。候王若能守之,万物将自化,化而欲作,镇之以常无之朴。夫亦将少欲以静,天下将自定。执大象,天下往。往而勿害,安平泰。乐与饵,过客止。知足不辱,知止不殆,是谓袭常。

王道甚夷,而民好径,民之难治,以其上有为,民之饥,以其上食税之多。民之轻死,以其上求生之厚。夫无以为生者,挣重于贵生。是以圣人,为生不为乐,实其腹,强其骨,虚其心,弱其志,使夫智者不敢为。故去彼取此。

圣人在天下,歙歙为天下,混其心,无常心,以百姓心为心。不尚贤,不贵难得之货,欲,不欲,不可见欲,使民不争,不盗,不乱。圣人无为,故无败,无执,故无失。圣人终自不为大,故能成其大。

圣人处无为之事,为无为,无不治。行不言之教,被褐怀玉。后其身而身先,外其身而身存,故能成其私。故圣人云:我无为而民自化,无事而民自富,无欲而民自朴,好静而民自正。此为天下贵。

重为轻根,静为躁君。轻则失本,躁则失君。躁胜寒,静胜热,清静为天下正。是以圣人终日不离辎重,虽有荣观,燕处超然。果而不矜,果而勿伐,果而勿强,果而勿争,天下莫能与之争。圣人行事,用人之力,配天古之德。

左右熙熙，君独淡淡，群仕昭昭，君独昏昏，将吏察察，君独憨憨。儽兮，若无所归。君独异于人，而贵事母。见素抱朴，少私寡欲，令有所属，缺智无忧。人之所恶，唯孤寡不谷，而王侯以为称。民众皆有余，而君独若遗。兆民皆以君独顽似鄙。

贵以身为天下，若可寄天下。爱以身为天下，若可托天下。百姓皆注其耳目，王公亦孩之。处上而民不轻，处前而民不害，天下乐推之而不厌。将欲歙之必固张之，将欲弱之必固强之，将欲废之必固兴之，将欲夺之必固与之。物或损之而益，益之而损。是谓微明。

以德佐人者，不以兵强天下，其事好还。善为士者不武，善战者不怒，善胜者不与，善用人者不为上，是谓不争之德。善者善之，不善者亦善之，德善信者，信之，无德善信者，亦信之，德信尊行，可以加人，美言可以售市，人之不善，何弃之有。

夫佳兵者不祥之器，非君子之器，有道者不得已而用之。鱼不可脱于渊，国之利器不可示人。执天兵，不敢为主而为客，不敢进尺而退寸，胜之而不美。祸莫大于轻敌，奈何有万乘之主而轻天下。

以奇用兵。出生入死，生死者，各十有三，生动之死地，亦十有三，夫何故？以其生生之厚。闻善慑生者，毒虫不蜇，猛兽不据，鹰鸢不捕。陆行不遇兕虎，入军不被甲兵。虎无所措其爪，兵无所容其刃。何故？以其无死地也。

天下有道，兵之所处，荆棘生焉，欲走马以粪。加兵相抗，哀者胜。杀杀众，悲哀泣之，丧礼处之。天下无道，戎马生于郊，大军过后有凶年。吉事尚左，凶事尚右。将兵帐，贵右，君子居，贵左，恬淡为上。夫乐杀人者，不可得志于天下。

天下多忌讳，而民弥贫。士多利器，国家滋昏。工多技巧，奇物滋起。法令滋彰，盗贼多有。王道废，有仁义。智慧出，有奸伪。六亲不和，有孝慈。国家衰败，有忠臣。绝神弃智，民利百倍，绝仁弃义，民复孝慈，绝巧弃利，盗贼无有。此三者不足为文。

其安静易持，其未兆易谋，其脆易挫，其微易聚。合抱之木生于毫末，九层之塔起于垒土，千里之行始于足下。执者失之，常于几成而败之，慎终于始，则无败事。学，不学复众人之所过，力辅万物之自然而不敢为。

以正治国。其政闷闷，其民淳淳，其政察察，其民缺缺。祸兮福所倚，福兮祸所伏，孰知其极，其无症。正复为奇，奇异为妖，人之迷其，时日固久。是以王侯方而不割，廉而不刿，直而不肆，光而不耀。多言数穷，不如守中。

民不畏威，则有大威至。民不畏死，奈何以死惧之。若常使民畏死，有司孰敢为奇者杀之。夫代有司杀者，希有不伤己手。安正，可以行善，可以立国。虽有拱壁驷马，不如坐进此道。

江海之所以能纳百川，以其善下。大国处下游。天下之交天下之牝。牝常以下胜牡。以静为下，或下以取，或下而取。大国不过欲，兼畜人，小国不过欲，入事人。两者各得其所欲，大者宜为下。

治人，事莫若啬，以促早服，谓之重积德，故而无不克。服而不克，莫知其极。和大怨，必有余怨。多德司契，少德司辙。无狎其所居，无厌其所生，夫慈，以战则胜，以守则固，然后乃至大顺。

治大国如烹小鲜。以德莅天下，其神不神，其鬼不伤人，圣人亦不伤人。天亦将救之，以慈卫之。两不相伤，德交归焉。小国寡民，使有什伯之器而陋之，使人复结绳而记之，虽有舟车无所乘之，虽有甲兵无所阵之。此谓根深蒂固，长生久治之方。

大道无亲，常与善人。信言不美，美言难信。善者不辩，辩者不善。知者不搏，搏者不知，圣人不积。既以为，人已愈有，既以与，人已愈多。天之道，利而不害。圣人之道，为而不争。[①]

三　新经浅解

众说《老子》，前人诠叙备矣。按字依句，章段主意，言外深意，各得其所。在主流传统断代，人文全球化中，扶正老子事在人文思想，复兴老子道德精神，重新认识老子总统全局顾及久远的先师作用，指导地位，全方位拓展其王制主旨，道德要义，治理天下的积极作用，大有学问可做。

---

① 黄淑生1990年春初编于襄樊郧阳路1号，2015年秋修于兰州交通大学铁院新村112号。

（一）辞句

老子书字辞简练。芸芸、察察等词，像绳绳一样，一个"绳"表事物现象，一个"绳"表动作行为。"夫"可表参与其事的男丁，"我"未必仅限自身，"吾"表亲身，未必止我。

字词含义，应依上下文意、前后字意而定。"王道甚夷，大音依希"中"希、夷"等字词意义，顶好与文中"视之不见，名曰夷"等语句连贯。"生而不有，为而不持，长而不宰，善贷且成，谓之玄德"句中，"长而不宰"，意属大道德行，"长"有作"官长"或助"长大"等含意，"宰"有居权位、不妄杀、不被宰割等可能。因有后句"甲兵无所阵之"，已含威胁对抗的军需兵器，故"什伯之器"，多指什长之类基层干部的公务用具，地方首领高级长官的仪仗队之类显赫尊贵排场。"促早服"中"服"字原意，也宜按汉代先秦驾马用语推敲，以便确实解释后文与之相关的语句。

老子言语，形实生动。"冲"可理解为地形地貌。在遗存古风的南方山区，有地名带"冲"者，大多有盆谷伸岗峦出水源的地貌特征，类似滇西大盈江源腾冲坝。"冲"表现岗峦水源突出形貌，更能表现"道冲"，"似万物之宗，象帝之先"的地位作用，须知"宗""先"多表祖辈男性。"用之或不盈"则显得"道冲"实在，更好呼应"大盈若冲，其用不穷"。"冲气以为和"也包括交欢时，水和气的生动自然配合。旷野孤雁少欢事，长空雁列多和声。独处怎么和。

老子书，一字多义。"大之道"中"道"，实指大道德行。"德"虽然主要指四大善良德行，也可具体到人世范式德行，哲理与方式，途径和举措。把德只等同于获利之"得"，可能被单纯私欲情操所制。万物并作，天地也在万物之中，三生万物，则只有人世事物在万物之内。在"有之以为利，无之以为用"中，"有""无"，几乎无所不包。有之利、无之用，目的方法性质有别，但"利用"或"用利"过程办法，有相生相佐的功能效果。"谷"除表山谷外，更表米谷本意。上善若水，上，至少指上等善行、上位者。上善，内含像水那样的善良品性。随遇而安造福他人等善，只是其多重品性之一，而克服好高骛远、见异思迁，则属言外应有之义。

同一个字，顶好从过程阶段，方面主要，内外多点，理解其完全深刻意思。例如“虚”：

(1)“至虚极，守静笃”，中，单从“守静笃”而言，“虚”有冥思苦想神游天外意思。但在《诗经》《山海经》、西汉文辞中，“虚”表山丘处所。为落实后句“观”意，详尽“万物并作，以观其复”中那“并、复”实情，“至虚极”意思更重于找个高处僻静场所，观察世界事物不断生发败亡事实，感受自然“万物并作”，社会兴隆衰落，“往复不止”群动循环情形。从中了解多方事情态势变动。另外，即使达到一览众山小地方、到达社会极致状态，也有守静笃的心态风度。

(2)“天地之间，犹橐籥乎，虚而不屈，动而愈出”，这个“虚”，表示空中气体夷微状态。天地间，即天空中，被当时已知的烟尘气汽所弥漫，故，虚而不屈。天空犹如风箱在鼓动，空气对流，风云变幻，故，动而愈出。这里表明，老子婉转否定神仙天界。强化天色气候本自然观点。使太上道冲势态，只能做自在规律看待。

(3)“曲则全者，岂虚言哉”中，“虚”，表空假不实之意。

(4)在“圣人之治，虚其心，弱其志”中，“虚”被前“治”后“弱”约束，宜做教化、纯朴、漂涤解。被虚者的心意并非空白。当权者要兴圣人之治，在财货有余贪欲盛行的社会上，当然要教化士民有司，盗夸智愚，各阶层、各流派人众，纯朴其心灵，漂涤其思想，克制其贪婪。用绝仁弃智，特别是“使夫智者不敢为”等方式，才可收拾乱局，治理好天下。

《老子》句意丰富深刻。“立天子”中，“立”的方式多样，拥兵自立，就势继立，被群佐拥立，被民众选立，阴谋篡立。真做到被“天下乐推之而不厌”的天子，只怕唯圣人而已。被社会确认的天子，应是邦域交往集中代表，公权仪程的最高象征，无论如何，非天之骄子。“总统”比“天子”，根本差别在哪里？做坏事可能有过之而无不及。

“众甫”在“何以阅众甫之状”中，代表许多地位相当的对象。在“吾将以之为教父”中，“教父”只能做劝导长老权贵解。须知在那时，对老人权贵，必须像父辈般敬重顺从。劝导，可能被认为是违逆犯上。敢于去教导长辈，自信勇气令人神往。

确切老子观念主张，理解比喻的内在联系、言辞深意，要多方详察。“知其雌，守其雄”，“知其白，守其黑”等，提供侧面曲折等思维和行动方式。“大道氾兮，其可左右”表示，无论走氾水左或右支流，终究要殊途同归，言外也劝告预防大道多路岐亡危险。又如“圣人不积。既以为，人已愈有，既以与，人已愈多”，自己付出，各方同得，共同进步，相互帮助循环，积累无止境。实为“无之”表现之一。至于“朝甚除”中“朝”，既指朝会也指朝廷，在王道势微，王制崩毁时，例行朝拜、朝会甚至省除，侯国朝廷甚至被推翻清除，人们也未必起早贪黑去辛苦劳作，从而田甚荒，仓廪虚。反之亦然。

再如“正言若反”，至少有：清静为正道理，可能收获适得其反结果；正人君子正大光明理论中，可能别有用心，危害将来；冠冕堂皇辞藻，华丽文字，可能包藏祸心；合意奉承动听，正中下怀，可能隐蔽奸佞阴谋；贤良忠臣正经正当劝戒，被当作讽刺恶意领会，引起逆耳反感；正式场合外交言论，可能是虚情假意；故意造作出表面现象，让侦探方误以为真，拿去如实描述汇报，若收听者偏信此证言而轻易断言行动，将被动入彀误入歧途；揭示将来全局前途的规律性真理，可能被保守权贵当作大逆不道处置；合乎纲常道德的道理，可能螺旋循环到类同初始的高级阶段。

《老子》叙述似乎缺线性逻辑。言词句段不连贯，可能受从前卦爻叙述方式影响，不过，内在关联，却提供语气多处联系可能性，方便读者到处搬用，自便拓展老子思想。

如：“民莫之令而自均，夫莫之命而常自然。圣人犹难之，孰知其故？天下所恶。圣人在天下，歙歙为天下，混其心，无常心，以百姓心为心”，“孰能以有余奉天下？孰能浊以久静之徐清？孰能安以久动之徐生？孰能众以久伺之奋起？唯有道者”，“欲上民必先下之，若先民必身后之。左右熙熙，君独淡淡，群仕昭昭，君独昏昏，将吏察察，君独憨憨”，“天下神器，为者败之，执者失之。人之所畏，不可不畏”，“处上而民不轻，处前而民不害，天下乐推之而不厌。以善观事，以容观身，以和睦观家，以合众观乡，以礼义观国，以齐平观天下，何以知天下然哉，从此”。集联这段文字，难道没有从多方面，透露出有势百姓人家，普通民众集群声势，他们在社会，尤其是国政生活中的地位作用？难道没有蕴含被后世清晰的“自主、自由”，没有被现今美方极力标榜，甚至作为收拾他人借口的“人权、民主”意思？

类似,《论语》也好分散叙述看似无关,实可联动的许多方面、过程阶段事情,如果罗列联结到一起,多路多方揣摩深谋远虑文意,各就关联处设想,由白引黑,续接灰暗,可清晰至白,顺畅章句文意,拓展治国理世言外深意。

老子书,断句不同,意义殊异。如果"道"早已"建言有之",则"道可道非常道",断为"道可,道非,常道",更表社会对道的态度,更显出清晰道德的必要。如果道是老子专词新叙,亦可断为"道,可道,非常道",以突出非常道,两者文意明显不同。照"无名,天地之始"意思,似乎"天地之始"没有名字,便和后文如"有生于无"等多处脱节,改称"无"表"天地之始"这一非常名,即可前后照应,畅通文意,也合乎天地之始的实际态势。

(二)文意[①]

传统经典《老子》书,简明扼要,博大精深,语句深奥。现今人士,可能难以发现其中蕴含的现代意识,基本制度,生活方式,社会规律。故依照《老子》原古文(黑体),基本按先秦汉初的字意词义,初步用现今语言,逐字逐句,分段摸索语句含意、段落大意,简浅翻新其中人文现象、事在哲理、理世方法如下:

上卷 道纪(非常道的记录谱系)

道,可道,非常道。这里提起的道,可以说,不是普通常用,例如坚实耐久的铺石砥道,或便于劳作的田间小道。而是由来久远、一直广泛存在、作用非比寻常的事态道。**名,可名,非常名**。称呼这种道,所要取的名字,应该用既合实情,又别具一格的名称。**无,名天地之始,有,名万物之母**。用"无"这个别具一格名字,称呼让天地得以创始的元始道,同样,用"有"来命名,既生养一切,包括天地人在内的所有存在物,又始终起着如同母亲般作用的初始道。

此两者,同出而异名,同谓之玄。有和无,这两个出处相同,都先于天地万物而同在的道,从来就各有各的奇异名声。那异常名声来由,有和无后来的踪影,都只能说无法把握,事实上黯黑一片,一无所知。**玄之又玄,众妙之门**。即使有、无的性状形体漆黑一

① 1995年初译。

片，作为表现又踪影难觅，到底也是寻找、解开天下所有道，那些深远情况，神奇性状非迈不可的门槛，也是弄清天下万物奇特精巧、深奥奇妙性状的非走不可的门路。**故：常无，欲以思其妙，常有，欲以观其微**。要想解开非常道的玄妙所在，需要从人世不时表现的常态化的无，即“常无”，以便在思虑“天”所表露出的蛛丝马迹中，多费些心思，去发现理解、深刻体会“无”那神秘、奇妙的本质品性。同样，在到处常在的“常有”身上，或从“地”的随时到处作为中，多花些气力，仔细观察考查，去发现非同一般的踪影迹象，从而好对“有”的形态功能加以界定。

视之不见，名曰夷，听之不闻，名曰希，搏之不得，名曰微。平时，想看，看不见，就叫作夷。想听，听不到，就称为希。接触不到，就当作微。**此三者不可致结，故混而为一**。夷、希、微这三种状态情况，既不能招迎传送，又难把它们聚系在一起，便只好把所有同时存在的状况，都掺合混杂起来，当作同一的某件事情看待。

（奥妙无比的道，也只好类似对待。）[①]

道之为物，其上不皦，其下不昧。人们常会习惯地把道当作实在物考察。但“无”的上面，也就是天地创始前的情况，不可能弄明白，“有”后来可能的模样，及其下面，即万物各自的道，也无法把握。不过，捉摸现实万物生发过程，总会逐渐从中悟解“道”先前的某些本质性状，功用能力，踪影迹象。后来再也不会像从前那样觉得昏暗无比。

绳绳不可名，复归于无物。在用纤维搓绳子的过程中，它的形体总在变动，不到最后定型应用，始终不能用确切的名字称呼它。在考察道的过程中，道那体态形貌还不如搓绳实在，只好回复到用“无物”那样的状况来描述，**是谓无状之状，无物之象，是谓恍惚**。这就是说，总体而言，道是既没有实物性状的性状，也没有物体迹象的迹象，也就是说，道的性状模糊空洞，迹象逍遥缥缈。

恍兮惚兮，玄兮冥兮，道兮事兮。性状模糊空洞呀，踪迹缥缈逍遥呀，变化神秘莫测啊，存在深奥无比啊。没有器件实物形态的道，实在捉摸不透的道啊，只能用道性德行这样事态来看待啊。**其**

①（　）中内容，仅表示过渡性非原文附言。

中有象，其中有魄。道德这件事情，总有迹象可寻。即使它无影无踪，无边无际，也总该像其他常见事迹一样，也有自身蕴含的精气魂魄。**其中有物，其中有信，其中有精，其精甚真。**道性德行中含有物性成分，有物化表现。存在于万物中的道性德行很真实。德行内蕴精华，这精华集中着道的真情本性。

（例如，如上天般的王道，“犹张弓与，高者抑之，下者举之，有余者损之，不足者补之。利而不害，作而不辞”。人世实道则不然，“损不足而奉有余”道性德行只可意会言传。）

故，自古及今，迎之不见其首，随之不见其后。所以，从开天辟地到现在，无论何时何地何人迎着道，会始终看不清它起首行踪、现实的头面，伴随道，又总是见不到它后来的作为表现、终极的情况。不过，**执古之道而御今之有，其德不去。**捕捉现实诸道一直所沿袭的那些久远规矩和古老戒律，就可以把握，如“有、无”等玄道那一直影响，甚至驾驭当前一切事物的能耐，这现实的能耐，正是所有道的本性德行，它从来就没有断绝消失，也未曾离去不现。**能记古事，是谓道纪。**现在的道，总是带记，体现着它那很久以来，普遍所做的事情，人们也因此记起所有道的德行，从而推测出道那生发头绪，展开道的事在谱系。

（顺从当时权贵观念，有和无所处的混沌世界，应该有一个上辈，有人叫他“太上”。）

太上，不知谁之子，绵绵若存。下有知之，其次亲而誉之，其次畏之，其次侮之。道冲，似或存。渊兮，似天地之宗，塞其兑，闭其朘，终身不勤。湛兮，象帝之先，挫其锐，济其事，终身不救。“太上”是谁的后人，先辈是何人，恐怕谁都不会知晓，可他在世人心灵中，似乎绵延千古，络绎不绝。普天之下，可能有智哲人士，能编造出一些太上情况。如此一来，有人，例如权贵宗教人士，把太上，当作神圣，亲近尊崇贡奉，百姓由此产生畏惧。当然，也有仕子，不把太上当数，而不信鬼神的人士，甚至敢于侮辱他。“道冲”，他的地位作用更难弄清楚，到底是相似于“太上”，还是真的存在于“道大”之前，若明若暗。他如同深不见底的水潭漩涡，摆在那里，内里神秘外表奥妙，好像是清明天界，类似太上的天界祖先。他后来自堵洞门,控制住性欲冲动,懒得与外边往来,只顾自在逍遥,更不会费力去管那雌妖雄魔的闲事。真是彻底清白,十分干净啊,这个道冲,该算是管理天上神仙的天帝的祖宗。道冲一生一世,无论谁想削除他的锋芒,屈辱他的锐气,或者试着接济他的事业,他都无动于衷,不做计较,他一辈子,更不要救助。

天门开阖,能无雌乎。榖神不死,是谓玄牝。玄牝之门,是谓天地根。用之或不盈。开其户、解其纷,闭其光、和其尘,是谓玄同。牝牡合而力作,精之至也,生生不息。益生曰祥,心使气会僵。在道冲和天帝所在的仙界,只要打开大门,怎能没有仙女出入呢。类似地,在地界,也存在一个神灵,那便是默默无闻,如同庄稼和粮食一般,只会连接不断贡献、从来不图回报、管束女鬼男怪,处身深幽境地、永远都在尽义务的地母,也就是所谓的"玄牝"。不怎么显身现象的仙女、玄牝,她们的下身,可能就充当过生产天地万物的源头,即使用而不止也不会充溢。道大和她欢爱,精气是否充足,神情是否外溢,要看当时那开户、解纷、闭光、和尘等迎送情趣,也就是只能意会不可言传的暗中交合情景。每次交合欢好,双方有力动作,都靠精气来临。因此,只要有益于传宗接代、世代连续,就该说是祥和景象。当然,过度贪欢,可能损伤至病。或者,任性而为,招致气力不继而倒停,甚至身亡。类似,其他场合,如果单方面任性使气,场景可能冷落,关系可能弄僵。

(除按人世人情世故去设想道冲仙女玄牝自然性生活外,人所在的世界,又何尝不应有始终起母亲作用的"道大"。)

有无混成,先天地生,寂兮寥兮,独立不改,周行不怠,可以为天地母。人不知其名,故字之曰道,强为之名曰大,号之曰一。道大,天大,地大,王亦大。域中四大,人居其一焉。有和无,交合,出现成果。先于天地万物而生成,一直静默又无处不在,单独存立于世、而禀性作为始终不变,经常环顾四面八方,循环往复,普遍施德,周全细腻,从不懈怠停止,能够起到生养人世万物作用,简直可当作天地万物的母亲来对待。世人不知用什么恰当的名称,来称呼这位来头久远,类似太上,性能特异,起大作用的母亲。只好总其性能作为而表为道,勉为其难地取个名字:大;还送他个别号:一。在人世,类似道大,还有天大、地大,此外,还该有一个王大。

四大，主要说的是道大，天大，地大，王大，因为人的作用广大，在它们中间，人大应占同样地位。因此，在社会上，基本说的是道大，天大，地大和人大。

（分门别类所提及的这些规律性事势，共同的性能特点，主要在大）：

大曰远，远曰逝，逝曰返。大象无形，大方无隅，大白若辱，大成若缺，大盈若冲。其用不弊，其用不穷。大道汜兮，其可左右。反者，道之动，弱者，道之用。道大，普遍到只能说时久路长，漫无边际，没有止境，久远到消失难见，其实，道又在返本还原，反复照旧而为。大的迹象，无影无踪，大的举止方正端庄，眷顾四面八方，周全到几乎没有角落空子遗忘侧重。大的本性纯洁白净，好像很难被玷污。大的成就，好像总要留些余地，如同几经完善的乐曲，总归略感不足。大的功用大多善良美好，不会造成弊端害处，效用久远，假使某地阻塞不通，也不会穷尽全力去破解。大的能力充沛，好像外溢泉流，不会中途衰减，别人怎么取用，也不会枯竭。道大的行为路线，就好比舟行汜水，可以选择左或右侧河道航行。反复变动的德行所表现出的道性，完全与世俗事物的性能相反，尽管广泛持久的善良德行，如少儿作为般嫩弱，但这种轻微柔软到难以觉察的行事方式，正是道一贯的实在作风。

道之在天下，出于无有，入于无间，飂兮若无止，泊兮若未兆，荒兮若未央，犹川谷之与江海。道者，万物之奥，善人所保，不善人所宝。无为而无不为。不言之教，无为之益，天下希及之。各个道存在于天下人世，都根源于无、有，存在于无的时空，终止于无的境界。现实中，则无时不在无处不入，深入事物内部起作用，在事物间表现。道那德行，如高处冷风吹拂啊，好像从来没有要停止的迹象，假使有过停歇静止，好像也没有任何征兆显示，道那影像，散漫在辽阔荒野，好像没有凝聚中心，要寻它的位置，如同某丝水流，要在波浪涛天的大江中确定；一粒谷米，在波澜壮阔大海中寻觅；道所起的作用，润物细无声，如同涓涓细流携带山谷砂土，不断注入江河湖海那样，终至沧海桑田出现。由此应该理解，道所在所为，无法加以落实，本性超越常识，却是万物本性来由、功能表现，各自得以生活变化，发展成势的根本奥秘所在。道性德行，擅长于保护人所要保护的事情，并不十分爱惜人所看重宝贵的东西。道，到哪里，都不会做什么实在事情，却从来也没有不去做或做不到的事情。道，用不声不响示范，很隐蔽柔弱动作，就送达事物以各取所需的益处，人世，有谁听到过，某某地位作用，影响所及，能达到道的程度。

道生一，一生二，二生三，三生万物。生而不有，为而不持，长而不宰，善贷且成，谓之玄德。见小曰明，守弱曰强。信不足，焉有不信焉。太上、道冲、有、无，这些玄道，在生养着人世间的“道大一”，生养“常有依”和“常无朴”。而这两个道，又生养存活着“天地人”这个三，联动而生造繁荣世上一切事物。道存活它们，既不占有，更不役使，一直广泛教养，给予，治理，维护，却从不支撑，控制，危害，挟持。始终高高在上做长者，却从不欺压宰割群下，自大称雄。同时好宽恕失误，愿无私借出，相助所得者和解，或成就各自的意愿，直到达到必然的归宿。所有这些在暗中做的隐蔽性德行，被称为“玄德”。能够看到十分不起眼的德行，就叫作清楚，也就见到将来光明。能够始终守护，到处保卫那并不坚强，还很柔嫩的弱小事物及其微小善行，防止被伤害摧残；守护弱小多用耳濡目染，潜移默化方式，如同积年累月积草屯粮，才能积累成势，变身强大；自身强大，不搞动辄强迫方式，也能行道护弱，被人敬重，能够这样，就叫“强”。这些真实情况，微不足道，并非是难于上青天的大事，却有人稀奇不相信。要是坚信不疑，信守不渝又会怎么样呢。**天下万物，生于有，有，生于无。抱一为天下式。**普天之下所有的事物根源，来头及其生活状况，都和“有”结渊源，按根源来说，一切实在形体“有”，都来于事在化“无”。就来头而言，任何形体物，肯定出自先前实在性“有”，本性则生于事在化“无”。任何事物，虽然活在有的实在条件下，却总养在那无的环境氛围中。总之，在世上，一切事物，毫不知情地带记着道大，怀抱那益群利众的无私本性，不由自主地依样画葫芦。至于求生存图发展，想建功立业、名垂千古的人，应选取四大中那方向性同一范模去行事，参照自然化道德方式而生活。从而造福他人。

载营魄而抱一，能无别乎。负阴而抱阳，冲气以为和，知和曰常。用其光，复归其明，无遗身殃，是谓习常。人世间，充满在个体或群体内的本性，总是溶合着道的性能。或者说，形神并具的事物，总拥抱着道大而活动。虽然都充满共同的道性，但各自的体构形态，地位作用，影响氛围，能够没有差别吗？充满人身心的意愿信念，都始终和道大同一吗？各人心身中的道德观念，本性功能，外向作为，社会效果，能够没有差别吗。世界上，任何事物内外处，相互关联来往中，无不在区分中统一，分立时同一。例如人，可能内受七情六欲煎熬，外驮兴衰荣辱激动，还是要背靠时势，担当责任，怀抱义务。物物间，尤其是人事间，都需要用泉流般不息气氛，或者能够广施雨露，耗费力气，以求相互了解适应调和，以便取用共享。知晓调和取用共享妙趣，还只能说是本能性的普通平常。广泛长久地承受、借用道性德行光明，或将它发扬光大；事物取用周边时势光彩荣华，让自身或群体，遇难呈祥，重现旧日风光，甚至大放光芒；人，学用道性德行，经过反复磨砺积累，自己也总能达到睿智水平，归入聪明行列；再回头去用高人办大事，也会顺畅通达，前途光辉灿烂。再不会出现遗忘道德，错失良机，做事漏失，自身被抛弃等情况，更不会留下灾难，让祸害他人的事情发生。不断到处学练，就会轻车熟路，也可以说，达到了习以为常地步。**知常容，容乃公，公乃天，天乃道，道乃久，没身不殆**。人，主动认识天地世界中，江河湖海，荒野土地，一草一木，一羊一鱼，居房物件，家国社会等一切事物形体；被动了解相互选择的静态情况，所有事物不时变动，甚至作用到底的动态表现；自适应周边事物那普通平常的容貌体态、那熟视无睹的生长情形、那习以为常的活动状况，及其被四大影响，都在延续一脉相传的内在性状、外在传统、总体事势；主动适应环境条件、事态气势，知晓经常修身养性方法，检讨为人处世言行，随时懂得举止大度宽容。任何社会事物，在相互接纳相互作用中，不断产生形成那共有共产、共存共同化的事势事变，到处继续维护所在环境。本能地容纳自身生发的本性功能，不得不容许其他事物存在，被迫容忍环境压力，就些就是公。公共的环境事态事势，就是所有事物都应尊崇的天。这天，主要就是道大，天大，地大，王大，还有人大的共同作用。这些道以及各种事物群，形成某些共通共用范式，公共化规矩，这就是世道。世道行时久远，就是积习日久，就是社会事势长久。四大隐蔽自身，当然不会消亡；

至于事物个体地位作用，终其一生，影响名声可能长存；群体联动，坚持前仆后继，就算中间局部受挫出差错，总体大势终究不可能泯没。**常足容，容乃全，全乃公，公乃王。**社会上，个人群团，始终长期坚持，随时到处普遍，足踏实地，足够条件，备足实力，补足缺陷，充足态势，就可经常显现宰相肚里能撑船的忍让胸襟，容纳气度。以大度包容态度，待人接物，就可准备顾及周全，言行全面举止得当，就是公道公平。言行一心为公，就能得到拥戴，就是王的风格，就可担当王的重任，营造出王制责任，行使王大义务。

昔得一者：天得一以清，地得一以宁，人得一以神，王得一以为天下贞。天无以清将恐浊，地无以宁将恐裂，人无以神将恐灭，王侯无以贞将恐蹶。万物无以通将恐歇。曾经获取过“道大”照顾的：天界，因道大作用而显得清澈明净，地界，凭借同样原因，获取安静稳固，人得到诸大道的规范，变得神灵活现，王完全凭借道德做根本，才营造出治理天下的王制准则。天，若不能用大道来维持清透洁净，恐怕将难得澄清明亮，会混沌一片；地，若没有上天帮助，照自己的规律来维持经常安宁，就可能会发生崩裂现象；人，若没有诸道德做精神支柱，将没有奇思异想灵气，恐怕躲不过厄运，甚至消亡。权贵朝廷，若不能用道德做建立王制的基准，恐怕面临失位、倾倒危险。总之，天下任何事物，不用道德做本性，联动贯通，将难以相互依存变动，恐怕各自的生活都会难以为继。

天下有始，以为天下母。既得其母，以知其子，既知其子，复守其母。何以阅众甫之状，从此。孔德之容，唯道是从。从事于道者，道者同于道，德者同于德，失者同于失。同于失者，夫亦乐得之，道亦失之。把天下的开始，当作万事万物的本源。既然找寻到、认识了那个根本源泉所在所有，就可以发现、寻出性状功能类似本源的后生，或者，既然找寻到、认识了那些现在事物的形态本性功用，就可以反回去照样寻找先前同类，或守候它的来临。怎样才能认知身边同生共长事物、隐蔽未显情形，观察到世上无数同类同种同样事物的势状？就应该从上述因果关联中去想去做。其实，就连针孔般微不足道的事物，就连虚有其表、败絮其中、内里无货的臭皮囊，也都不自觉地受道大、诸道影响。因此，践行道德的志士仁人，志同道合的同志，主动寻求大道，共同一起向大道所指方向前进，有志于改朝换代，抗天斗地的人士，同心协力，共同去追求美好目的，实现善良目标。丧失道德良心目的，道同志不同，志同道不合的人们，都像逆水行舟那样，终归失去群众，失去方向，失去事业，失去一切。智者千虑，必有一失，在耽误时机，错失条件方面，大多相似于累累犯失误过错的常人。不过，许多人士，也会心甘情愿奉送，迫不得已舍去，被逼无奈抛弃，这些情况，对他，可能是一种自得其乐、自我保护的选择。另外，道同志不同，志同道不同，以及存心抛弃道德良心、王制法纪、传统风俗而自行其是，肆意横行的人，也是一种乐意自得行为，不过，如此一来，社会道德、传统习惯、公道人心，也就跟着离开了这些人。

天长地久，以其不自生，故能长生。百姓皆谓之自然。希言自然，飘风不终朝，骤雨不终日。天地有时变，何况于人乎？天地相合，以降甘露，民莫之令而自均，孰为此者，道大。悠兮贵其言，人之所教，我亦教之。天地存在既长且久，凭借不必自谋生计的特点，所以能够一直存在长生不老。不事官事的姓氏家族，平常民众，无不在说，天地长久自立自在的本性，普遍自由自主的作为，如同正在燃烧的火焰般情景、状况、态势，就叫自然。平常听说的自然，包括如强风怒吼、暴雨倾盆那样，不以人意为转移，短促局限现象。其实，总体长久，大势稳定的自然天地，还会不时出现某些局部变动，天地都如此，人间形态，人世事势，人生遭遇怎会固定，不随势而变动呢？等到发生天地交接，天空云蒸雾漫，天昏地暗，雷鸣电击，宝贵雨雪降落的时候，平民百姓不等长官命令，也会自动按实际需要，进行均衡分配。允许这些自然行为存在的势力，是先人照道大本性所为，是凭借上古以来，自然均等分配的社会传统。思量仔细啊，去尊重故老关于天地交合的自然现象，要宝贵当年百姓据传统自主调剂等言行。他人这样的教导，还有下面所教的见识，我也将它转授给大家。

道生之，德畜之，物形之，势成之。人法地，地法天，天法道，道法自然。是以天下尊道贵德，道之尊德之贵，夫莫之命而常自然。吾将以之为教父。道大一直在生养天地万物，尤其是王道从生养世人出发，普遍及时地用自己德行培育一切，经常用从无变有方式，塑造实体形状，共同营造事物变动环境，氛围大势，成就各行各业及其个人事业，成就集群联动的人间形势，成就社会选择调剂发展趋势。世人效法地大，地大效法天大，天大效法道大，道大效法道冲太上的常自然禀性。长年累月经历，无法计量的累积，天下所有事物，无不遵守道性、贵重德行。在人世，人大、王大道德贵重处，主要是它不需要统一强迫，就会经常自主自动，普遍地完全按事物自在法则、社会传统习惯、自然而然地做众望所归的一切事情。现在的人们，不但应该随时到处学会尊道贵德，而且要用基本道德做依据，去劝导教戒权贵父老辈行善积德，总让平常百姓过常自然社会生活。

中卷 德行（人世所现德行）

大之道，不召而自来，不言而善应，繟然而善谋，不争而善胜。损有余补不足，天网恢恢，疏而不失。天下莫能与之争。功成事遂，道隐无名。德之出口，淡乎无味。表现在人世甚至每个事物中的“道大一”，不请自来。不声不响，就很妥善地应付一切。还像缫丝那样，理出头绪，谋划办法。不用力争斗狠就得到所需。长久普遍地调用剩余部分，及时接济缺乏方面。行德如撒大网，广阔而易于恢复，假如一时难以照顾周全，到时总会补全，虽然有漏网现象，或者暂时未去撒网，但终究都不会遗漏，特别是不该遗漏的东西，例如恶意罪行。正因为如此，天下谁都没有能力去和善良大德较劲相争。大道不断贡献，普遍服务，功劳圆满。道，行事遂意就隐姓埋名，甘居幕后，从不计较辈分声名。似乎浮泛于一切头上，好像弥漫在所有之间，隐藏到每个事物内部，无处不有、无时不在的道大，讲起它的本性作为，实在司空见惯，平淡无奇，没有什么特别的滋味可提。

道常无，名朴，常无欲。生养万物而不为主，作而不辞，利而不害，畜之长之，毒之盖之，万物归焉而不为上，以终不为大而成其大。天下莫能臣。候王若能守之，万物将自宾。天大经常表现出“常无”的态势，就取名称“朴”。经常没有欲念的朴，生活、教养着天下所有事物，从不自居为长辈主人，也不为任何事物行为做主。默默贡献无私服务，有求必应，从不推辞，益他利众，助人为乐，从不稍加危害。到处养活着万物，无论他们状况好坏，始终助长他们，假如某某败坏传统，丧失伦理道德，让它遭到报应，伤天害理，不可救药，便以毒攻毒，甚至让它自寻死路，有希望改正的，便加以限制压抑，给以出路。正因为如此公正公道，一丝不苟，在所有事物归顺服从时，常无仍然纯朴如小孩，不肯当家做主。因为始终不肯做大，反而成为一切事物生活的大榜样，大规矩。普天下，谁也没本事让"常无朴"或天大，屈服称臣。权贵当局们，如果随时到处守住"朴"那样的本性功能，在社会上推行道德法纪，实行王道，一切人众势力都将服从归顺。

道常有，名依。形微夷，视之不足见，听之不足闻，用之不足既。持之而生而不辞。生之育之，亭之复之。似在作小，功成弗居，是谓大德。此德深矣远矣，常与世反矣。地大经常表现成"常有"态势，取名称"依"。她模样，摸不到看不见，注视她的表现，总是觉得缺少点什么，仔细倾听她动作，怎么也没有声响，借用她的作为方式，无论如何也做不全。万物取得"依"从旁帮助支持而生养生活，把握、保持"依"的道性德行，它丝毫也不会推辞。常有依，随时到处，不断提供生活条件，经常普遍，细心培育着每件事物，收养庇护它们，不厌其烦地反复服务于每个对象。似乎随时在做下人仆役的事。待到一切都有收获，大家都功成名就，道却总是淡然置之，从不居功自傲。这应该说是大德行。这种施德不图报的德行，实在太深沉，离现实太遥远啦，这种一直普遍时常到处存在的德行，常常和实在世俗习惯相反。

天之道，犹张弓与，高者抑之，下者举之，有余者损之，不足者补之。人之道则不然，损不足而奉有余。世人，总在期望着一种如同天般高大的王道存在，祈求它，犹如经常自动拉开的弓，去约束社会高高在上势力，使其收敛作为，迫不得已时，择要压抑他们的言行。同时，让身居下位及下层民众，得到应有的扶助，发挥出潜力作用，提升地位。生活富足权益多余的人们，政府可以调用他们剩余的部分，让贫穷弱小，缺这少那的人们，都得到及时补救，让他们有限的实际需求得到满足。可是，人间实际法规制度，实在的社会习惯风气，完全不同于此，与之相反，总是在不断损伤地位低下、能力不足、缺东少西的人家，搜刮他们微不足道财货，剥夺入不敷出的收获、捉襟见肘的家底，扼杀可怜兮兮的希望，甚至不惜轻贱人命，敲骨吸髓，拿去奉献给什么都过多的官吏乡绅恶势力。**孰能以有余奉天下？孰能浊以久静之徐清？孰能安以久动之徐生？孰能众以久伺之奋起？唯有道者。**在这样的社会里，谁可以通过某些途径，用某些方法，把过多的奢望，能力，剩余的资源、财货等，奉送给世上极其需要的对象？谁能让混浊不堪的事情，通过长久沉积方法，缓慢地变得清澈起来？谁又能让长期安宁的事物，通过坚持不懈的缓慢变动，变得朝气蓬勃，生发旺盛起来？谁总能让广大民众，从习惯忍让服从伺候状态，变得奋不顾身，奋发图强起来？唯有靠理解把握、愿意实践道性德行，有志于改变社会现状，心甘情愿服务于天下民众的信道行德人士。

致虚极，守静笃，万物并作，吾以观其复。夫物芸芸，枯荣岁复。生发没身，复归其根。归根曰静，静曰复命，复命曰常，知常曰明。不知常，妄作凶。找一个山顶僻静场所，长年累月守候，心平气和全心全意地远眺近视，几个人，尽量仔细观察各种各样，各式各色事物一同生长，交相作用，不断反复变化运动情况。有空就专心致志，沉思默想，在无边无际的推理想象中腾挪。那世间事物，都如同芸草般，年复一年地生发，蔓延，枯萎，循环不已。世事形物，类似芸草，无不从根源处出生，经壮实扩展发达，再衰落败亡，又回到原先根源静态。这种返本还原情况，就叫静。静默中存含再度生机，就叫复命。复命就叫续传常态。知晓世界上经常发生，到处存在的普遍平常事物变动情形，了解事物的常性常态，掌握世事常情常势，就叫作明。耳不聪，目不明，行不实，情不真，不明人情世故，不知事物关联、问题关键，就轻举妄动，必然事与愿违，很难逢凶化吉。

天地之间，犹橐籥乎，虚而不屈，动而愈出。天地不仁，以万物为刍狗，圣人不仁，以百姓为刍狗。余食赘行，物或恶之，物壮则老，谓之不道。不道久矣，有道者不取。天空，相当于一个什么都没有的没底大容器，内中存有烟尘雾气，始终鼓胀不瘪，四季变动，艳阳高照，水汽蒸腾，就愈动愈厉害。狂风暴雨，洪水滔天，大雪纷飞，冰冻三尺，地动山摇，山崩地裂，天地表露过多少不再友爱的凶险。它们简直就把人在内所有事物，都当作可玩弄可轻视可抛弃的东西对待。类似地，基本上代表“人大”，主要代表“王大”，在社会上起善良作用的圣人，在人们摧残地大，破坏资源，残杀平民时，也会把天下母系氏族父权部落的民众，当饲料反复咀嚼折腾，当作牲畜利用，驱使愿意当走狗的人。社会中，许多富贵人家，享受过多美味佳肴，普遍比赛生活享乐，表现出无数多余无用的言行举止，恐怕连与此有关的事物，都会厌恶他们。数不胜数的社会事情，正当壮年，就极盛而衰，甚至中途夭折，不得善终，这些情况都叫“不道”。不守纯朴善良道德的不道情况，已经很普遍很长久了。凡属有道德理想信念的人士都不该做那样的事。深知天地变动规律，明白为人处世道理，始终代行四大道德的有道人士，更应当自觉自律。

知其雌，守其雄，为天下溪，常德不离，复归于婴儿。知其白，守其黑，为天下式，常德不忒，复归于无极。知其荣，守其辱，为天下毂，常德乃足，复归于朴。在崇敬强大有利形势事物，当作成就自己远大事业的溪流起点的过程中，就像雌性招惹活动那样，设法招来雄性，等候他们往来不止，门庭若市，就像是山水成溪那样，慢慢走出路来。平常将获取的道性德行，自知自守，坚持不离，相当于回到孩提时代，从而得到他人帮助照顾，达到预想目标。认知为人处事的光明正大，善良美好正面，讳言隐秘难言，虚弱无力的负面，可作为社会普遍通行的言行式样。经常坚持德行，不出差错，所走的正路将日益宽广，无从穷尽。知道自身获得或旁边出现的荣光短暂，善于忍让，愿意忍受外加的耻辱，相当于做供天下人使用的车轴、轴承，始终被动贡献，不能贪图回报，经常到处做这些朴素忠厚的德行，可算十足地传承古朴作风，就算回复到如葫芦、原木般本色性能，可归入常无“朴”的行列。

有无相生，难易相成，长短相较，高下相处，声音相和，前后相继。枉测直，洼测盈，敝测新。少则得，多则惑，获则失。古之谓曲则全者，岂虚言哉。一切事物，无不存在“有”和“无”相互转化过程。困难和容易相连转换，长处和短处相互比较，高处和低下共同相处，各种声音配合，声响和乐音和谐美妙，前面和后边跟随，从前和今后相连。事物生存，显露，消亡，无不处于相互作用，相得益彰之中。弯曲可用来测验长直，低凹显现充溢，破烂比较出新旧程度。东西过少则需要去获得，东西太多则会迷惑自己，获取越大则会招致更大的损失。古人所说，走弯曲路径，用委曲方式，可望保护现成，完备设想，获取满意，甚至得到十全十美的结果。这种委曲求全行为，怎能说是空口打哈哈，全无道理，毫无用处的空话呢。

柔胜刚，弱胜强。天下莫柔弱于水，攻坚强者，莫之能胜，且无以易之。知常楷式，人故无忧。天下至柔，弛骋天下至坚，柔弱胜刚强，天下莫不知，却难行。表现柔弱的事物势力，终究会克服战胜强硬刚强一方。世上没有比水更柔软弱势，任何可攻克最坚固强大办法，对水都无能为力，要用水的时候，根本没有任何东西，可以取代水的作用。充分认识这一最平常的事实，掌握其中的攻守方式，将减少许多担忧和不必要的忧虑。天下最柔软的水，浸润渗入、松懈瓦解天下最坚固的东西，或者在它表面自由奔跑放任流淌，争奇斗艳，占尽风头。总而言之，用柔和甚至软绵绵方式，总可克制刚毅强大势力，世人没有不知道这个普通平常事实，却很难去广泛长久认真实行。

人之生也柔弱，其死也坚强。万物草木，其生也柔弱，其亡也枯槁。坚强者，死之徒，柔弱者，生之望，兵强则终输，木强则先折，强梁者不得其死，是以强大处下，柔弱得上。人初生时样子也柔嫩力弱，人死后硬邦邦直挺挺，也算坚实强硬。一切事物例如花草树木，它生出也柔弱，死后也干枯硬朗。屡见不鲜的事实表明，在恃强凌弱的世界上，一味顽强坚挺，多成先死之辈。示以柔弱，是获取长生的希望所在。明显如，用兵只知逞强显勇，即使一时得意，终归会亏损输败。树木强大的，必然被早伐，逞能霸道的人多半不得善终，正因为如此，势力强大时，顶好谦逊随和，自处低下地位。柔弱形象，会得到普遍喜爱，得到同情尊重，可能在事实上居于上位。

勇于敢则杀，懦于敢则活，此两者或利或害，圣人犹难之，孰知其故？天下所恶。持而盈之不如其已，揣而锐之不可保长，金玉满堂莫之能守，富贵而骄自遗其咎。勇猛过人敢于抢先，却早先被杀，看似懦弱而敢于行动，多半会活得较好。当勇士称霸还是显懦弱当仆从，从中或者得利益或者受损害，连圣人也感到难以判断选择。谁知道这是什么原因造成？主要是天下事物本性，平民百姓节操情感，无不厌恶这类极端事情。贪心不足，争持到满溢，还不如刚好足够。猜测别人意图暂时抓住关键，强自出头，或者藏住锐利器具以备攻防，不时打磨利器到无以匹敌，都不可能保持长久优势，终究少有长远意义。许多金玉财货堆积如山人家，几乎都不能长期守护，甚至招来横祸。富贵至极，骄奢淫逸，专横跋扈，引起不满甚至公愤，自己被处分遭不测，给家庭遗留过失，后患无穷。

五色令人盲，五音令人聋，五味令人伤，驰骋畋猎令人发狂。厌饮食，服文彩，财货有余，仗权贵，带利剑，唯功唯利，谓之盗夸，非道也哉。兵锋过，朝甚除，田甚荒，仓廪虚。难得之货令人仿妨，贪婪足欲令人损亡。在工多技巧的时代，同时看到黄红黑白兰等眼花缭乱诸多色彩，同时听取金鼓雷鸣、齐声呼喊等多种声响，甚至过长时间听尝角徽宫商羽五音妙律，都会弄得耳背甚至发聋。甘酸辛咸苦五味俱齐，山珍海味，肥甘厚腻，不加节制地饱食终日，难免伤害身体。声色犬马，围场打猎，会兴奋到疯狂。富贵子弟，讨厌平常酒席，精美食品，穿红着绿，挂金带玉，争奇斗艳，金钱物品堆积如山用不完，抖搂官威财势，身带锋利名剑，招摇撞骗，心目中只有功名利禄。这些招摇过市，华而不实，奢侈浪费，违道背德的不良不善行为，就叫“盗夸”。社会上，战祸连环，兵火锋头扫过，不只是朝廷会议难正常，甚至改朝换代。这些情况下，流离失所，无法耕种，田地荒废，粮米仓库也就变得空空荡荡。市场上，越是很难得到的货色，就会引人注目，千方百计假造冒充，甚至引起非分之想，盗取行凶。无止境的贪心欲念，无限制地放纵享乐，追求满足，多半都会招致损失甚至伤亡。

为学日益。为道日损，损之又损，以至于无为，无为而无不为。言有宗，事有君，知之者希，则己贵。名与身孰轻，身与货孰亲，得与亡孰多，甚爱必大费，多藏必厚亡。贵以贱为本，高以下为基，故致数舆无舆，不欲碌碌如玉，珞珞如石。做学问，博览群书，当学生，深入求教，必定日益博大精深，博学多才。不断宣扬道德，不懈地实践德行，在改变风俗习惯，损除社会残渣余孽的辛劳中，损失自己的精力，一次又一次，一地又一地，先付出损己，后清理损人，反复除旧布新，除暴安良，扫除不良不善社会现象，让美好事物百花齐放，直到不需要再费精力行动。那时，即使自己不作为，社会也自在努力而为，因而再没有任何做不成的事情，所以可达到无所不为的境界。评说古今，议论现实，都要有中心问题，主旨要义，从事任何工作，必须据守让别人信服的从前根据，现实依靠，取舍任何事物，都要依道德、照传统，从公据法。知道上述事情，且照样去做的人很少，那么自己的言行，就会被有心有志的人士重视，从而显得那言论行为弥足珍贵。社会中，名誉和身心相比，哪个分量较轻，身体和货物相较，谁值得亲近爱惜，所得到的和所失去的东西相比，哪些应当多占多得。在权衡利弊时，过分强调自己所喜爱的部分，必定付出重大代价，过于收藏宝贵的东西，必定引出严重后果，甚至产生影响后代的深厚灾祸伤亡。不要忘记，社会上，现今因富而贵的情况，大多发生在贫贱根基人中，经奋斗才得到，因此也被基本市民向往，获得立世根本。位高权重的士大夫，依靠下层多数做行政根本。即使权倾天下，威势也必须建立在广大下层可依靠的根基上，因此，从乘坐合乎身份的车驾开始，达到多马驾驶、随从簇拥的荣耀地步，也要谦虚谨慎，礼贤下士，顶好保持相当于没有车驾时的身份样子。让下属民众认为，自己并不想像精美的玉器那样，被当作华丽摆设来珍惜，倒是愿意保持纯朴本性清静心态，起如同普通基石的作用。

不出户知天下，不窥牖见大道。其出弥远，其知弥少，是以圣人不行而知，不见而名，不为而成。知者不言，言者不知。知，不知，上。不知，知，病。夫唯病病，是以不病。贤达不病，以其病病。货财不缺的人士，可组织力量，自己不迈出门户，就会知道全社会的形势事实，不必窥视房顶明瓦天窗、墙壁门窗，就可想象到外边大道作为。走出去寻找道理的人，走得越远，道听途说越多，未必都能验证，很难判断取舍，真知灼见反而更少，正因为如此，通情达理智慧超群、可做世人道德楷模的圣人，多半借他人之力，自己不需要亲力亲行，就了解掌握、规划引导天下众生事业。人们不用面对，就来慕名请教。圣人不要费力去办实事，事情事业就群动事势而成就出来。明了这些事理的明白人士，大多慎言有度，那些夸夸其谈、似是而非的人们，其实并不知晓多少复杂内情，变化过程。知道一切，寡言少语，可能被当作缺知少识，但能这样做、大智若愚的人，属于可担当大事的上上人选。一知半解，自称尽知，是犯了浅薄的毛病。大丈夫因为犯了没有毛病的毛病，所以少有缺陷。贤惠明达人士，一般不会犯病，是因为从来都犯着没有毛病的毛病。

古之善为士者，微妙玄通，深不可识。故强为之容：豫兮若冬涉川，涣兮若冰之释，犹兮若畏四邻，混兮其若篱，俨兮其若堞，敦兮其若朴。保此道者不欲盈，故能敝不新成。过去从前那些长于担当大任的士子，大多显得思虑精深灵异，形象深奥神奇，言语明了彻底，行为顺畅通达。他们心机深沉、目的长远，办事出神入化，很难一目了然，因此试着归纳他的部分喜乐哀愁形象：内心欢欣呢，如同在冬天的冰面上滑过大河时情绪；散开的神情呢，好比冰雪消融时水面的情景；假装犹豫不决呢，比如不敢得罪乡亲故老时的畏缩；做事举止，就像在编枝条篱笆；一旦庄严，整齐规矩得如同城墙上的齿状墙顶。忠厚老实的言行举止，简直比得上朴实无华的朴式器皿。真能如此这般的有道人士，事实上，都力求不表露己欲，过清淡生活，适应现成习俗通行法纪，不愿违背传统道德，不去追求时尚标新立异。

上善若水，利万物而不争，处众恶而不离，故几近道。心善渊，与善仁，事善能，动善时，立善正，居善地。是以大丈夫，处其厚，不处其薄，处其实，不处其华。故去彼取此。身居上位的上等善良言行，大多学用水的性状功能，基本上便利万物而不和它们纷争，身处恶劣环境而不轻易背离，随遇而安，常处低位，随时变化贡献，循环再生服务，接近到大道德行水平。有这样性情的人士，心地长于深谋远虑，交往喜爱同情友好仁心义举。做事高明周到能干。选好日子搬迁，行动长于抓住时机。确立事业高明正当，居住找环境条件、风水供给、进出交往皆合适的地方，任职，只站在力所能及的位置上。如此一来，有雄心壮志、功成名就，功德圆满的大人物，为人处事，总求立足于公认正当适合、共同共通的厚重地位，不站在势力单薄，前途渺茫，作用极为有限的一方，立足实实在在事物上，不被事物华丽外表所支配。为人处世，顶好放弃改正与上述情况不同的其他言行，而取用这里的主张做法。

善建者不拔，善抱者不脱。图难于其易，为大于其细。轻诺必

寡信，多易必终难。长于待人接物，善于建设新事物，有建树的当事人，大多不敢超越现实太远，也不会轻易被更换。容易拥有的东西，一般不会得不到，也不会让它自己脱离。谋求脱离苦难或办成难事，大多从容易处开始，一般，谋求取用克难渡险，先从方便处着手。做大事，成大事，须从它的细微处着眼，从细枝末节着手。许多情况下，轻松答应很快允许的事情，必定出现不守信用，不能兑现的情形。现在许多很容易办的事情，必将遇到意外，终究变得越来越困难。**为无为，事无事，味无味，多少，大小，报怨以德，终无难矣**。尽量去做“无”或“无之”那些事，不做不该做的事情，如果自己不费精力，动用大众力量去做，大事都能做成。无论是具体事情、群体事势、社会态势，都不必大惊小怪；办任何事情，只要认真对待，放开手脚，勇往直前，最终都不会出大问题，而且事过境迁，将会像没有过的事一样；做了事当作没做什么事，有作为当作没有作为，成事或出事，都抱无所谓心态，全在于认识境界、追求水平。品味人世诸般风味，习以为常，好像就感觉不出特别的味道；行事趣味重或觉没有味，在于心情喜好、严重程度不同。结果是多是少，是大是小，全在于必要程度、判断取舍不同。有了区分尺度，满足界限，遇上多少各式各样大小麻烦挫折，无论得失多少，是大是小，以及对待所有的抱怨，甚至怨恨，一概都采取宽容态度，忍让方式对待，甚至还表感谢之情。这样，艰难困苦，最终都会迎刃而解。

善人者，不善人之师，不善人者，善人之资。贵其师，爱其资，虽智大迷。善行无辙迹，善言无瑕谪。善数不用筹策，善闭不动关键，善结不必绳约。物尽其用，故无弃物，常善救人，故无弃人，是谓要妙。高明待人的人，并不喜欢充当别人的老师，不甚喜爱人的人，倒是特别喜爱别人的资格资产资历。只知敬重似乎可做师父的言行教训，只爱那资源财富贵重身份名声，虽然聪明有智谋智力，其实已经把自己处于醉心迷惑糊涂境地。善良美好作为，要做到没有一丝踪迹，良好高明的言语，要找不出丝毫不妥的痕迹，让人找不到可以指谪批驳的地方。有巧妙的计算能力，就不必用筹码之类记录来策应。有奇特的防备关闭能力，就不必去动用门闩枢机之类器具来实现。有完备的结节结构能力，就不必动用绳索等来捆绑约束。事物的点滴长处、好处被用尽，就不存在要闲置丢弃的废物。经常用尽一切办法去帮助救济别人，心中就不会觉得有必须抛弃的人。这就是说，善于处理言行要领的人，也就掌握了为人处世的绝妙办法。

三十幅共一毂，当其无，有车之用。埏埴以为器，当其无，有器之用。凿户以为室，当其无，有室之用。故：有无相生，有之以为利，无之以为用。三十根条幅共嵌在一根车轴外，当轴承车轴车轮在运动过程中逐渐磨损，也就是从“有”变成“无”的过程中，车就起了车的作用。加工陶土打造成器皿，在陶土转变和劳力转化过程中，相当于消费土壤和劳力，才开始形成产生陶器的用途。挖洞开窑做成居室，当窑土不再是原先样子，人工也消失后，窑洞才起居住的作用。随便列举的事例，无不说明，实体性存在，即有，经过事情性存在，即无，转变成新的形态用途，一般而言，有无相依为命、相辅相成、相得益彰。占有使用实在事物，可以谋取实际利益，在使用过程中，改造交换奉送丢弃事物，同样达到有用目的。

天下皆谓大，似不肖，夫为大，故似不肖，若肖久，亦细也夫。人德三宝，持而保之：一曰慈，二曰俭，三曰不敢为天下先。慈能勇，俭能广，不为人先能器长。今舍慈且勇，舍俭且广，舍随且先，死矣。世上所有人都在说道大的本性功能作为，好像显得幼稚，低浅，朦胧，轻贱，不值得器重。大，作为大，就该相似于“不肖”，如果顺应世俗习惯，随波逐流，混为一体，时间一长，失去大的个性特质，就会变成细小平常事情了。在诸侯无法无天，士子异想天开，市面世风日下的时期，根本而言，人应该学大道，把握且全力以赴保持三种值得尊重宝贵的性能：一个叫慈，像母亲般慈爱；另外叫俭，生活用度节省朴素；再就是做事不敢争先恐后，尤其是去争权夺利。因为有慈爱弱小情怀，就会路见不平，就能勇敢无畏，见义勇为。节俭持家，家和万事兴，俭以养廉，事业前途广大。不在人前争长论短、争强好胜、争权夺利，就能取长补短，超越现成，还不会惹是生非、招人注重，甚至招灾惹祸，就能够安居乐业，安身立命，家国事业兴隆长远。现今世风人心，大多舍弃慈善，崇尚武勇，舍弃俭朴，追求奢靡，舍弃跟从，奋勇当先，强自出头。这种风气已经遍及天下，个人，家族，候国，王业，先成众矢之的，遭受败亡在前。

企者不立，跨者不行。自见者不明，自是者不彰。自伐者无

功，自矜者不长。欲上民必先下之，若先民必身后之。圣人，自知不自见，自持不自大，自重不自贵，自曲不自卑，自贤不自尊，自静不自虐。含德之厚，比如赤子。一般情况下，踮脚不能久站，单纯盼望，怎么也不会有事业成立。抬高腿部，不能算作行走，大跨度走路，不能持久。类似非正常情况不少。固执己见，不一定真的明白事理，只强调自己见识意图，全不顾环境大势他人意志的人士，实在不算高明。自抬身份，自以为是，自吹自擂，自鸣得意，自欺欺人的人，始终不可能得到彰显，事业未必顺利进行，就连君主，也不被世人尊贵。自作主张，随意攻杀对手，制造内乱，或者擅自讨伐他国，都无法记功封赏。自悯自怜自尊自大的人，不可能长久得意安全无恙。除去这些毛病后，想要位居民众上头，必须先深入民众下层，如果要引领民众，同路齐行，必须顺乎民意，跟随溯流，顺势而就。圣人，自己知道怎样做才好，但并不总是坚持己见；自己掌握方向大业，从不目中无人，独断专行；自己注重言行，自重身份名誉，但不会在人前显摆尊贵；自己委曲求全，但并不卑躬屈节；自己不断修身养性，广泛培养道德能力，却根本不想养尊处优，称王称霸；自守安静心境无欲，自持无为平静环境，但是又不与世隔绝，虐待自己。这些类同“人大”的德行，高深宽厚，有如刚出生婴儿那样地，全无做作，纯真朴实。

失道而后德，失德而后仁，失仁而后义，失义而后礼。夫礼者，忠信之薄而乱之首。上义为之而有以为，上礼为之莫之应，天下难事为于易，大事作于细。祸莫大于不知足，咎莫大于欲得。世上实际情况与圣人言行相反，迷失前进方向，背离传统道路后，便生出恃强凌弱，有之以为利等为人处世的议论、共同性道理、标准性实德。等到公认的实德也不以为然后，便开始喊起仁慈友爱口号，当这种自欺欺人的口号，被事实戳穿否定后，又推出公益性公正合理的正义要求，希望人人见义勇为。可惜，一心为公，为他人而奋不顾身的仁心义举，太少太少，只好又实行礼制讲究礼节。公认的这个礼制，大多是做样子给人看的表面文章，不但不能改革世风日下形势，而且成诸侯作乱的借口门面。上层有所作为，大讲仁义是有目标的刻意表现，上等礼数做得再周到，也是过场应景，不要信以为真随即响应。许多困难甚至天下大事，坚持先从轻易处着眼，始终从细节处着手，将被逐渐克服，迎刃而解。这时，切忌骄傲自满，得意忘形。须知，灾祸，大多和贪心不足相关联，罪过，没有超出欲壑难填的原因。

唯之与呵，相去若何？善之与恶，相去几何，人之所畏，不可不畏。以善观事，以容观身，以和睦观家，以合众观乡，以礼义观国，以齐平观天下，何以知天下然哉，从此。唯唯诺诺、阿谀逢迎和呵护备至相比，差别有多大？善良和罪恶，相距又有多远。在"盗夸"常见社会，人人所惧怕畏缩的事物，不可以掉以轻心。在事物错综复杂的世间，以善良与否看行事，以宽容程度看自身，以和家睦邻行为看家境家教，以乡亲父老聚合状况看乡规民约，以公益公正礼制举动判断国君品性，国家形势。以齐头并进，公平公正，均衡态势去判定天下事态形势。依靠什么去确定天下大势、社会走向呢，上面提到的样子，可供观察分析综合决断时参照。

天下皆知美之为美，斯丑矣。皆知善之为善，斯恶矣。上士闻道，勤而行之，中士闻道，若存若亡，下士闻道，大笑之，不笑，不足以非道。故建言有之：明道若昧，进道若退，夷道若谷，广德若缺，建德若偷，质德若渝。天下任何人都知道美的东西美在哪里，美到什么程度，那东西就显得平常无异，相对新鲜美妙难言的事物，它就显得丑陋了。所有人都知道照善的样式去行善积德，那普遍的善就不算什么善，甚至成为后来人厌恶且要改进提高的行为。类似现象还表现在对世道的取舍上，上等水平人士，听从正当道理道德规范，经常到处尽力去推动实行。中等人士则各取所需，各行其是，各得其所。水平低下人士，大力讥笑它，如果不讽刺，不足以显示违背道理勇气，非难道德的冲动。正因为如此，先人已为世人立下的良言中，有如：明明白白的世道，其实还有昏暗之处；进行中的世事，有时需要退让，好像还在退步；看不到分不清的道理，好像拉弓射箭，全由射手与目标双方主意和能力来取舍；推广道理实行道德，不可能十全十美，总有缺陷，还有改进余地；建设道德风气习惯，顶好是获得士民认可大众同意；本质纯朴的世道人德，如同被雨水日积月累徐缓作用，逐渐变得或坏或美，反复变化，从而世事也不一而足，总会与时俱进，千变万化。

修立于事其德乃广，修立于身其德乃真，修立于家其德乃余，

修立于乡其德乃丰，修立于国其德乃深，修立于天下其德乃长，子孙以祭祀不辍。所言甚易知，甚易行，天下莫能知，莫能行。仕子学用圣德，对待环境自然事物，整治世事，社会道德就因此普及宽广；用道德来修养自身，安身立命，这德行就是真情实意，真才实学，真理真言，真实可靠；用来整齐全家立业，这德会充裕而余情未了；修建到乡里乡亲，齐心协力立社稷根基，这德就会丰富多彩；修饰到国家，长治久安，这德就此深得民心，深信不疑，根深蒂固；修建到普天之下的世界，和平安宁，前途无量，这德就变得长足进步，长盛不衰。后来子孙因此崇尚而祭祀不断。这样的言辞道理，很容易明了，最容易理解，随便就可以实行贯彻，可是世人似乎都不以为然，几乎都不肯用真心实意去践行。

君介然有知，行于大道，唯施是畏，善有果而已，果而不得已，不敢以强取，诚全而归之。识事者智，自知者明，自胜者强，知足者富，胜人者有力，强行者有志，不失其所者久，故而不忘者寿。前识者，道之华，德之始。君子君主中间，稍微有些见识的，无不知道，施展正道推举规制，行遍天下，必然是最应该小心谨慎甚至严肃畏惧的事情，做捍卫传统、扶危济困、扶正祛邪等正道法纪，有些收获就宜适可而止。有些胜利后果，可能始料不及，甚至迫不得已。所有图谋，皆不能强词夺理，强行摊派，强迫接受，巧取豪夺。全神贯注，全面准备，全力以赴，将近全面收获，顾及各方，分别归还给所应得的人众，逐步波及缓慢停止。透彻了解事物的人士智能丰富，有自知之明的人较聪明。自力更生获胜者，多半强大强盛。知难而退知足常乐者，大多富有富强。总能胜券在握，战无不胜者，有能力有势力，顽强拼搏，强国富民者，有志气有志向。从不失去群众依靠者，事业长久，名垂千古。身后不被遗忘者，才真是寿比南山。在人世，先于他人而预知人世事物现实状况、群体态势、将来趋势人士，在道生德育，物形势成过程中，依道据势，未雨绸缪，不断使王道性能显现华丽，甚至光辉灿烂，人道德行则因此得以普及，重复再现。

下卷　王制（治理邦域的基本制度）

朴散为器，圣人用之为官长，立天子，设三公，置有司，始制有

名。大制不割，国之母存，制亦既有，夫亦将知止。大器晚成，可以长久。之所以贵此道者，不曰以求得，有罪图免耶？社会上，锯解原木，加工葫芦做成器具很普遍实用。圣人仿效这种过程方式，设立官级首长管理制度。在影响所及，特别是行政权势所能到达的邦域，拥立如同天之骄子的王，下设主管治域安邦主要大事的三个方面的最高职位，如太师、太尉、太傅，再分部门委派职事官吏，营运互相联系互相牵制的规章制度。逐步完备名副其实的基本制度，常备不懈众所周知。这些治理社会各行各业、辖治诸侯国政的纲纪，只要不被分割、破坏、否定，就该像各诸侯国的母亲那样，得到共同尊重，长久维护。纲常制度发挥有效作用，士大夫都因此知道行止有度。经过年复一年日积月累，终成天下极有权威体制，便可以长久规范世事。许多势力之所以建立行时驭世体制并贵重其权威，难道就没有从中获取所需，表现冀求的内容，就没有在被人论罪或违禁犯法时，得到保护身家性命，甚至无罪的辩解词吗？

取天下，常以无事，及其有事，不足以取天下。将欲取之，不得已而为之。天下神器，为者败之，执者失之。受国之垢，是谓社稷主。受国不祥，是谓天下王。正言若反。故，事或行或随，或嘘或吹，或载或隳。是以王侯去甚去奢去泰。凭借现成势力，去争夺天下一切，正常情况是靠形势趋势而就，如果匆忙乘乱而起，或制造事端谋争到天下，单凭一己之力，将很难顺利达到目标。社会化的事物，想去取用，想获取弱小诸侯领土，一般都是迫不得已才奋不顾身去实行。在历史上，做成九鼎这种表天下一统权势的神器，几乎都以失败告终。胆大妄为，一时将其据为己有，不久就会被夺走。行为荒唐，失道寡助，丧尽天良的君主，无不落得丧权辱国，国破家亡，失去江山社稷下场。忍受着万般无奈的灾祸，经受过国家莫大耻辱，守护住乡村家族宗祠及其土地资源，才能说是敢于担当，可以做国家性社稷的正当主人。承受全部诸侯社稷遭受的不测祸患，才称得上是天下崇敬的大王。听到这些存在的事实道理，应该警惕与其相反的情况产生重演，及早做相应的准备。清静为正道理，可能被当作讽刺恶意领会，收获适得其反结果；正理正当劝诫，忠言逆耳；许多正经言论数据，其实是心术不正表现；一些正式场合公开言论，不排除口是心非诡计；言词顺耳动听奉承喜欢，人己收获相反。所以，君主公侯权贵阶层的基本应对方略，是兼听则明，以身作则，要求合适不过分，生活俭朴不奢侈，力求社会安定清静，带头去除言行中的过分极端，如放纵欲望，超前享乐，鱼肉百姓等事情。因此要注意到，社会上任何事情态势，总有领先开创之人，也有跟随其后之众，存在着出现，或者从旁轻呼暖气相助，或者狂吹冷风为难的情形，或者鼎力相助拥戴而行，或者费尽心机让群情堕落、事业败丧的努力等情况。正因为如此，王朝君臣，侯国官吏，都应去除过分脱离群众的追求，骄奢淫逸生活，贪图安定无忧、坐享其成的习惯。

宠辱若惊。宠上辱下，得之若惊，失之亦惊。贵大久患身。所以有患，在贵身，及其无身，有何患？爱民治国，能无别乎？明白四达，能无为乎？涤除玄鉴，能无疵乎？功遂事成，能无恋乎？执左契卷，能无势乎？专气至柔，能婴儿乎？被上宠信或被轻视甚至侮辱，都会引起惊讶甚至惊慌失措，设法邀宠上司，尽量折腾欺侮下属，得到点东西感到惊喜，失去点东西感到惊讶，终日惶恐不安。许多历史事实表明，凡位高权重势力过大，年代积累富贵过盛，隐患袭来祸不单行，必将危害身家性命。之所以惹祸上身，是因为过于贵重自身家计。等到不顾身家性命，还怕什么祸患，有什么灾害不能拖挺过去？口头上，要爱护百姓士民，从善治国理政，事实上能够一律平等对待吗？思想上明白世事，通达事理，行动上能够不再随意妄为乱动吗？毛手毛脚地擦拭大桶沾上的污垢，去除铜盆鼎器上的黑锈斑，能够不留丝毫痕迹瑕疵吗？细心治政理世，结果如愿，所办事情，大功告成，能够做到等闲视之，无关痛痒，不计得失，孤芳自赏，感恩戴德吗？掌握借据存根，债券契约，能够气派平和，不去仗势欺人吗？收敛所有气势，表现出心平气和，能够达到婴儿般真挚地步吗？

古之善为道者，非以智民，将以愚之。民之难统，以其智多。以智治国，出大伪，素朴理域，多清福。故，甘其食，美其服，舒其居，乐其俗，邻国相望，鸡犬之声相闻，老死不相往来。知此楷式，是谓行道。过去从前，善于按照时势潮流理世治政的士大夫，从来都不会去普及所有知识，提高民众智慧，反而想方设法用知其然不知其所以然方式，使多数市民乡士，百姓家庭盲目跟从。即便如此，一些士子市民的言行，还是有很多不服指挥号令的表现，这是因为他们互相交往，见多识广。由此可见，单靠智谋处理国政，单用权术统一行为，终归奸佞当道，出现重大变故。相反，坚持简练朴实原则方式治理邦域天下，将享用清除祸根后所得到的很多清静无为的幸福。因此，治理社会需要文明文化双管齐下，发展生产，甜美民众口味饮食，增多供应，丰美身上外边服饰用品，舒适居住条件，安逸生活环境，欢乐邻近风俗，乐意于社会习惯，以至于邻国边界相望，各自都乐守家国本土，安分守己，安居乐业，安身立命，到老死也不想借往来机会，见异思迁，出国去另谋高就。如果当局，官僚都清楚这样的行事方式，就可以说，真是在行道布德，为社会绝大多数人造清福。

大直若曲，大巧若拙，大辩若纳，大音若希。不可得而亲疏，不可得而贵贱，不可得而利害，故为天下贵。上德若谷，为无之而为，不为德，所以有德。下德若毂，不失德，为有利而为，是以无德。知止知足，常足矣。人世圣道，行事正直无私，在方法上，却似乎让人觉得旁敲侧击，委曲求全，好走弯曲路线。极为灵活巧妙言行，也似乎显得有些笨拙，假若争辩，也显得大智若愚，木讷得很。极大的消息，首先不会让许多局外人听到，重大号令，非不得已，不可随便颁行。社会势力在任何时候，都不应该按所得好处，而去区分亲近疏远，不能因为贡献大小，而分别尊贵轻贱，另眼相看，不可因一时获取利益，就判定其有利有害。这些思想方式，行为方法，实在值得为大局长远计人士掌握、珍贵。人世间，上等高尚德行，好比粮米，只为牺牲自己，贡献一切而生存，起作用，不刻意行德，因此表现美德。下等浅薄德行，就像车轮车轴，本身并未忘却本分失去本性，因被放置在被利用的地方而起作用，因此只归没有美德之列。由此而论，任何情况下，有自知之明，知道起止进退，拥有现成，适可而止，知足常乐，就会心满意足。

大道常在，无为而无不为。候王若能守之，万物将自化，化而欲作，镇之以常无之朴。夫亦将少欲以静，天下将自定。执大象，天下往。往而勿害，安平泰。乐与饵，过客止。知足不辱，知止不殆，是谓袭常。人间规律性的世道，无处不在，经常起作用，平常感觉不出它做了什么，却什么都受其影响，被其参与。诸侯君王如果能够守候四大，崇尚以它们为基本依据的正直公平王制，世上一切事物也将接受教化、认同，自愿行动。不过，社会普遍变化中，可能出现违道背德、违法乱纪等私欲作怪行为，安定这些，须要培养形成纯朴厚道如“常无”那样的习惯传统，必要时以不仁之举，压盖严处。为非作歹的那些人，才会克制贪欲，表现平静，这样一来，全社会不必压抑，就会自然安定。始终维持王道完美形象，候国、社会各方，将齐来向往，交往之中不加伤害，不会担惊受怕，社会便形成安全公平、康乐太平景象。心情欢乐衣食无忧，生活方便环境安稳，境外来客就会落户生根。凡事，满足现成就不会感到低贱，不会经历侮辱。任何事都知道适可而止，任何时候都不会遭遇危险。这些合乎传承道德的社会常态，叫作“袭常”。

王道甚夷，而民好径，民之难治，以其上有为，民之饥，以其上食税之多。是以圣人，为生不为乐。民之轻死，以其上求生之厚。夫无以为生者，挣重于贵生。实其腹，强其骨，虚其心，弱其志，使夫智者不敢为。故去彼取此。王道制度被当作口号，不被官方作数，甚至弄到视而不见地步，民众可能因此乘机当盗匪，甚至无法无天造反作乱。市民这般难以治理服从，主要是官方胡作非为，不堪重负所致。百姓饥寒交迫，很大原因是上头花天酒地，花销无度，政府除什一税外，没完没了征收苛捐杂税，严苛无度。因此，圣人注重基本生活需求，不去鼓吹醉生梦死欢乐生活。民众之所以不再贪生怕死，主要是骑在头上的势力，无限制地贪图荣华富贵，极尽压榨之能事。那些难以生存，没有办法维持生计的人，只好冒险挣扎，铤而走险，不愿再去过苟且偷生的日子，求当下生存更重于珍重长期生命。官方，社会各方，应当采取实际步骤，设法让人先吃饱肚子，强壮其身体筋骨，空泛其心思欲念，削弱其冒险意志，使胆大包天智士，不敢带头作乱。治政安邦，治理社会，该去除那些与此不同的做法，而采用这里提到的改善民众困苦状况的基本办法。

圣人在天下，歙歙为天下，混其心，无常心，以百姓心为心。不尚贤，不贵难得之货，欲，不欲，不可见欲，使民不争，不盗，不乱。圣人无为，故无败，无执，故无失。圣人终自不为大，故能成其大。圣人为人处世，愿意吸纳讨好和合，都是为天下人众需求着想。主动糅和社会各方心思意愿，顺应民意，并不坚持自己拿定的主意，随势把百姓的心愿，当作自己的心愿。不单纯片面崇尚贤能才士而离弃大众，不抬高奇特货物价格，不独特贵重难得一见的事物。自己的欲求，尽量克制，甚至不让旁人看出来。经过带头示范作用，让市民不敢放手多争利，贫苦之人不敢为非作歹，社会多数安分守己，异想天开的人士不能作乱天下。圣人居中顾端，不主动胡作非为，无事生非，就没有失败的可能。圣人没有需要特别把握的私利，从不为个人得失劳动他人，因此，不会失去不该失去的东西。圣人谦虚谨慎礼恭下士，始终不在左右群下间称能称王，因此总得到周围社会的敬重，事实上成了被仰赖大人物。

圣人处无为之事，为无为，无不治。行不言之教，被褐怀玉。后其身而身先，外其身而身存，故能成其私。故圣人云：我无为而民自化，无事而民自富，无欲而民自朴，好静而民自正。此为天下贵。圣人用无为方式处理天下大事，只做“无”所做的，以及做“无之”那样的事，从没有什么政事、世事、家事做不成，做不好，达不到目的。圣人不用高谈阔论教训指责，而用行为示范去激励群佐，教化万民，一年到头身着普通粗糙衣服，怀着服务天下的良心，身跟社会潮流，思想却走在群众的前头，到时站在运动队伍旁边指引，保证自己安然无恙，因此而实现达成自己的目标。所以圣人告诉大家：君王没有乱作为，民众自己会被德行感化。官吏少生甚至不做劳民伤财的事，市民自力更生得到富裕。权贵不做非分之想，不兴足欲之举，民间自然安居乐业，朴实无华。当局喜好清静无为，平民百姓将自守正当正直言行。这些方法，很值得天下各界宝贵。

重为轻根，静为躁君。轻则失本，躁则失君。躁胜寒，静胜热，清静为天下止。是以圣人终日不离辎重，虽有荣观，燕处超然。果而不矜，果而勿伐，果而勿强，果而勿争，天下莫能与之争。圣人行事，用人之力，配天古之德。世上任何事物，把握重要关键，是获取轻松顺利的根基条件，处事冷静，其实是平静躁动不安的主脑。轻浮盲目则损耗丢失重大根本，急躁妄动可能失去主脑主宰。谁都有体会，内躁外动可抵御寒冷寒气，冷静言论可以克服过分热情，平静热烈举动。清心寡欲冷静处事，清水衙门清晰透明，清规戒律清楚公正，静无声息，静观其变，静态平衡，安静平和，始终保持清静本性作风准则，实在是世上最正常正规的德行正道。正因为如此，圣人始终不忘供需给养，不离物质基础，不伤社会根本，虽然得到成功的荣耀光辉，却像屋檐巢燕般，淡泊人世喧哗。获取重大成果一点也不自负骄傲，明知胜利在握，也不无故主动征伐，事业兴隆也从不自大逞强，眼看收获有望，也不放肆出手相争。结果，世上谁也别想和他比肩称雄。圣人为人处事，要领是，无不尽用他人智慧能力，同时配合以天地道德威势、社会古老传统习惯、王大威力。

左右熙熙，君独淡淡，群仕昭昭，君独昏昏，将吏察察，君独憨憨。儽兮，若无所归。君独异于人，而贵事母。见素抱朴，少私寡欲，令有所属，缺智无忧。人之所恶，唯孤寡不谷，而王侯以为称。民众皆有余，而君独若遗。兆民皆以君独顽似鄙。身旁亲近不时暴露欢乐，君主对待这些举止，独自轻描淡写，群佐下属大多显摆地位身份，君上如傍晚昏暗般自处，将士官吏尽力考查争举，君主届时则显示憨态呆板。形态颓废啊，好像没精打采、没有好的办法恢复精神活力。君主不同于平常人士，自有独特的思想境界、生活追求。似乎不在乎些许现成，却特别尊重主流传统，崇信王制。平日，坚持清淡简朴生活，减少私心杂念到几乎没有私欲的程度，只要命令切实可行、有所指亦有所执，发出后可能政通人和，虽然短少智谋智能，也没有当前大事值得担惊受怕、未来趋势值得深思忧虑。世人习惯厌恶孤苦伶仃、寡不敌众、自命不凡，不事五谷作物耕种，与此相反，不事劳作的王公诸侯巴不得称孤道寡，位尊权重，称心如意。假如，市民乡众生活都有剩余，而君上仍旧孤家寡人一个，甚至被人遗忘，那处境样子，让无数的民众，可能都误以为君上，生性愚蠢笨拙、行为低劣庸俗，就不会特意采取针对他的不轨行为。

贵以身为天下，若可寄天下。爱以身为天下，若可托天下。百姓皆注其耳目，王公亦孩之。处上而民不轻，处前而民不害，天下乐推之而不厌。将欲歙之必固张之，将欲弱之必固强之，将欲废之必固兴之，将欲夺之必固与之。物或损之而益，益之而损。是谓微明。地位高贵、心甘情愿、用身家性命，去为天下百姓付出的人士，才可以把天下事业寄希望于他。能够像爱惜爱护身家性命那样，珍爱天下的人士，便可将天下大事托付给他。这个过程中，百姓无不听其言观其行，担当责任义务的王公，言行就该似小孩般，顺从周边的意愿要求。身居高位，民众不会对他轻举妄动，领头前行，甚至上战场，随同民众都不会心存疑虑，加以谋害，为天下安康而全力以赴的君主，不但得到普遍拥戴，而且长久拥护而不会半途离弃。处理人世事情，要讲究方式方法：要让他吸气，必定扩张他胸膛，想要削弱它，必先安稳加强它，想要废止它，必先兴旺它，想要夺取它，必定先给他些东西。其中道理，如同，事物或者在损失中获益，或者在受益后遭难受罪。知道这点，可以说初步明白了处事常识，掌握了为人处世的皮毛。

以德佐人者，不以兵强天下，其事好还。善为士者不武，善战者不怒，善胜者不与，善用人者不为上，是谓不争之德。善者善之，不善者亦善之，德善信者，信之，无德善信者，亦信之，德信尊行，可以加人，美言可以售市，人之不善，何弃之有。用善良道德、历史传统辅佐君上的人士，并不用兵力称强于天下，这样一来，即使遭遇力不能及的大事争端，也还有回旋余地、解决出路。善于做士大夫，智勇双全，也不特别注重武力去解决问题，善于作战的将士，一般都会抑制怒火，不被激怒，能征惯战的军队，决不会轻易言和让步，善于出奇制胜的良臣，多加笼络而不轻易放走送人。善于使用别人智能的领导，从不装腔作势，自高自大，这些都叫不争的德行。善良能干的人，周到地照顾他，言行缺乏善意的人士或对手，也还是要善待于他，言行守德、友善、守信、真诚的人，相信他是真心实意而信任他。没有德、善、信品性的人，顶好也暂时相信他的言行是不得已，体谅理解他。世上用德信而被尊重的言行，都可以起教化作用，美好动听言语，在市场上可以得到响应，甚至被人抄卖。人可能存在不良习惯，或做出越轨行为，何必一定要放任自流，或者置之不顾，抛弃他。

夫佳兵者不祥之器，非君子之器，有道者不得已而用之。鱼不可脱于渊，国之利器不可示人。执天兵，不敢为主而为客，不敢进尺而退寸，胜之而不美。祸莫大于轻敌，奈何有万乘之主而轻天下。英勇善战攻守皆佳的军队，到底也会是带来凶险的因素。不是君主士子应当特别重视宝贵的势力。有道、行道的人士，只到迫不得已，非用不可时，才动用武力。正如大活鱼不能离开深水源那样,军事实力,临战准备,决战决胜,克敌制胜的兵器,顶好不让别人预先知晓,让对方自生疑虑而畏惧。等到掌握战无不胜的兵力时,也应当利用优势,不做主动攻击,而做被动应对,占势占理而进军,胜利在握,攻城略地之时,则要坚守原则底线,寸土不让,不做牺牲性让步。其实,开战而获胜,双方付出多,社会损失大,并不是值得特别赞美的事。战争斗智斗勇,事出意外偶然变故,防不胜防,造成败迹招来祸害,无不是因轻敌而造成。奈何实力极为强大、兵力占绝对优势的君主,总有蔑视天下形势,轻视对方全部实力,临场轻敌等情况存在。

以奇用兵。出生入死,生死者,各十有三,生动之死地,亦十有三,夫何故?以其生生之厚。闻善慑生者,毒虫不蜇,猛兽不据,鹰鸢不捕。陆行不遇兕虎。入军不被甲兵。虎无所措其爪,兵无所容其刃。何故?以其无死地也。主意难以捉摸,取向出人意料,路线不可预测,辎重置运隐蔽,战场安排诡异,对阵样式奇特,进退方向难料的奇兵一出,临阵拼杀,健全或阵亡将士兵卒,各占1/3,其余带伤者,在战场抢救运送途中,死亡人数大概约30%。为什么是这样,主要是所有的人,有奋不顾身意志,尽力求生本能,生存意志浓厚。听闻在战场上,善于防护、寻机获生的人,周边有毒的爬虫不能咬伤他,地上再恶狠的走兽不能捕杀他,天上再凶猛的飞禽不能抓获他,行军深山老林,碰不到怪兽猛虎。扎营布阵,进入对方军阵、兵帐,不用披甲执兵器,也会安然无恙。他们让勇于老虎般的对手不知如何下手,对方兵众没法阻挡他的兵锋刀刃,这是什么原因,是他计虑周全,准备充足,步骤细微,进退有度,无隙可乘,没有给人以柄的地方、落败杀他的机会。

天下有道,兵之所处,荆棘生焉,欲走马以粪。加兵相抗,哀者胜。杀杀众,悲哀泣之,丧礼处之。天下无道,戎马生于郊,大军过后有凶年。吉事尚左,凶事尚右。将兵帐,贵右,君子居,贵左,恬淡为上。夫乐杀人者,不可得志于天下。天下如果尊王道贵王制,兵众活动所在地方,到处带刺灌木在杂草中丛生。因为想骑马耀武的机会极少,如同难得一见的粪蛋。在迫不得已动用军队打仗抵抗时,悲愤填膺一方会获胜。在格斗厮杀中,被杀害的士卒众多,必须举行悲哀气氛浓郁追悼会,隆重地安葬他们,不时悼唁被杀害的众多兵民。一旦天下弃道背德，丢弃主流传统风俗备战，装备齐全的战马，只得活动在城市之外的郊区，大批长期安置，不可避免地生下马驹来。庞大军队进行轰轰烈烈的战争，社会必定业凋人稀，情景惨烈。风俗习惯中，吉祥好事崇尚左侧表示，凶恶坏事崇尚右方表示。在将领议事军帐中，贵重右手行列。在君主议事厅上，南面为尊者，认权位左高右低。讨论大事，举行活动，以坦荡淡雅为上等姿态。那些乐于大批杀人的君主，无论志向如何，很难长久地保有权位，都不可能夺得天下。

天下多忌讳，而民弥贫。士多利器，国家滋昏。工多技巧，奇物滋起。法令滋彰，盗贼多有。王道废，有仁义，智慧出，有奸伪，六亲不和，有孝慈，国家衰败，有忠臣。绝神弃智，民利百倍，绝仁弃义，民复孝慈，绝巧弃利，盗贼无有。此三者不足为文。人世太多习惯性的顾忌避讳，而民众不但得不到保佑，反而越来越贫苦。士大夫主意多，方法齐，言行尖利，手段狠辣，用具超常，生活奢侈，国家却不断被他们弄得景象昏乱。民间工匠各有技术，巧夺天工，大量奇珍异宝被不断加工出来。社会环境杂乱，治理天下的方式方法层出不穷，国家法令不断丰富彰显，盗贼却也增多普遍。总之，王道被轻视当废物，社会才需要仁心义举补充道德缺失。朝野作奸伪善之士才有机可乘，家里亲戚之间再也难得和睦，于是才需要有孝顺慈爱行世。等到国家衰落败亡时，忠心耿耿的臣子才有用武之地。由此看来，断绝装神弄鬼举动，止弃奸诈狡猾，市民将普遍正当获利、正常达到难以置信的高水平；止绝假仁假义，平民百姓会恢复孝敬长辈慈爱他人；断绝能工巧匠供应，限禁奇货可居市场，从而消减暴殄天物、暴利盘剥现象，普遍温饱安定生活，盗贼也就没有产生条件、生存必要。这三方面情况，利弊皆备，不宜片面强调，因时因地因势，酌情处理，不必正式行文，公开论处。

其安静易持，其未兆易谋，其脆易挫，其微易聚。合抱之木生于毫末，九层之塔起于垒土，千里之行始于足下。执者失之，常于几成而败之，慎终于始，则无败事。学，不学复众人之所过，力辅万物之自然而不敢为。事物只要安定清静，很容易被把握使用，事情没到占卦兆定取舍之前，就还有商议讨论余地。事物性质脆弱，就容易被折损。事物处在弱小阶段，就可以将他们很轻松地聚集起来。双手抱不住的树木，无不是由细小的种子逐渐生长而来。盖起九层高的塔台楼阁，都是从挑土堆叠打基础开始。向千里之外目标走去，必须从第一步开始行走。多少事物，总是把握不住，得到后就会失去，办事情，时常在快要成功地方失败了。要想物尽其用，事半功倍，应该从一开始就小心翼翼，谨言慎行，坚持不懈，慎重其事直到终止。从而减少失败可能，得到成功的机会。学习借鉴，就应吸取教训，总结经验，不再重犯他人特别是群体性的过错。应当全力以赴帮助事物，让其按自身规律，自主生存，自在发展，而不应违背自然而然的规律，社会习惯传统去胡乱作为。

以正治国。其政闷闷，其民淳淳，其政察察，其民缺缺。祸兮福所倚，福兮祸所伏，孰知其极，其无症。正复为奇，奇异为妖，人之迷其，时日固久。是以王侯方而不割，廉而不刿，直而不肆，光而不耀。多言数穷，不如守中。用清静各方面为准则的公正制度，规范行政活动，治政理世安国家，多半是规制原则宽大、条文简明扼要，即使操作方法细致、步骤周密，也并不明显让人觉得烦琐严苛。长此以往，民众生活也变得淳朴厚道，如果制度条文过于精审，烦琐，民众会因缺乏了解，不得不争执护短，补其所缺而受罚。得失之间，祸患啊，可能是得到幸福的缘由、正确的依据。幸福呢，不但潜伏着惹祸上身的因素，甚至是遭灾惹祸的前因。祸福转变过程，特别是社会化灾祸积累，很难预测那严重的极限在哪里，因为平日没有明显症候可以把握。正常正规的事物反复变异，可能起到奇怪作用，得到异常后果，奇异奇变到一定程度，就会成为妖魔鬼怪般令人毛骨悚然。新奇惊讶令人喜欢迷惑，以至于经常追求刺激，很长时间就习以为常。王侯当局，在社会杂乱，人心迷惑的情况下，当然要正大光明，不说天下四面八方，就算在十里地方上，也坚持行端坐正，不搞特别的时变规矩，坚持正直作风，又不引发刺激伤害事实。即便已得到很有价值的东西，也绝不开作坊仿造，开店铺售卖。因此而获得了荣光，也从不去显摆炫耀。世事纷繁，有无数为人处世的方式方法，但都不如居中顾端方式，能公正公平地对待处分人世所有事件。

民不畏威，则有大威至。民不畏死，奈何以死惧之。若常使民畏

死，有司寻敢为奇者杀之。夫代有司杀者，希有不伤己手。安正，可以行善，可以立国。虽有拱璧驷马，不如坐进此道。事实上，假如民众不怕王制威严、社会势力威胁而乱作为，必定会有最大最重的威力来对付他。现实中，总有置生死于度外的人士存在，再用死亡去逼迫他就范，必将无济于事。如果平常要让民众怕死，有关部门顶好是枪打出头鸟，杀鸡给猴看。但是，有人敢代执法单位去镇压杀人，多半会遭到抵抗，因此很少看到没有不伤及自己的情况。乡野安分守己，市民安居乐业，社稷安稳，天下安定，公侯清心寡欲，清静无为，官吏清廉公正，正直无私，社会具备公共安全条件，存在公正公平的法纪环境，从而可以普遍推开善良的道德风俗、长久维持美好的生活秩序、树立长治久安王国体制。现在，虽然官长们，享用拱门照壁，深宅大院生活，拥有雄伟军营势力，坐在四骑以上高级车驾上，调动千军万马社会势力，一时得意扬扬，一地得心应手。到底不如在坐享社会历史现成基础上，经常主动广泛落实、随势推进，做最有长远性全局化意义的平正、清静、安定工作。

江海之所以能纳百川，以其善下。大国处下游。天下之交天下之牝。牝常以下胜牡。以静为下，或下以取，或下而取。大国不过欲，兼畜人，小国不过欲，入事人。两者各得其所欲，大者宜为下。大江大海，之所以能够容纳流进的众多水流，是因为它们总处在低下宽大无止境的地方。类似地，地广人多势不可挡的强大侯国，顶好自己处在世事潮流下游。在天下诸侯互相交往中，大国宜学做那天下女子都在做的普遍行为。她们好像弱不禁风，似乎心甘情愿被置于从属地位，却往往能够收服驾驭强健的大汉。由此类推，柔弱安静、平和从顺，甘居人下被动，却取得了自己所需，或者，主动充当下人帮手，从而以达到自己目的。照例而言，大国自制不表示野心，不把自己的好恶强加在他国身上，同时千方百计，尽力召集人才积蓄社会资源，形成人多势众形态。地小人少势弱国家，无法自不量力奢望，也无力率性而为，主动加入大国事业的行列，起协助主要势力的共同作用，从而安稳现成地位，获取兴旺发达前途。要想实现强弱大小国家互助互利，各得其所，各取所需，最理想的事态是，强大国家主动不称霸一方，反而静处下游收众。

治人，事莫若啬，以促早服，谓之重积德，故而无不克。服而不

克，莫知其极。和大怨，必有余怨。多德司契，少德司辙。无狎其所居，无厌其所生，夫慈，以战则胜，以守则固，然后乃至大顺。治理个人、群体相互交叉社会事务，治政理世，政通人和，尤其是国际公共事业，需要当局，选调贤良，官吏，用他们依道法去治理社会，人尽其才，没有比精兵简政、奋发图强，防止滥竽充数、层层加码，开源节流、自力更生等更好的节省原则。用勤俭节省方式来促使各有所长人士、各有所好的势力，信服道德习惯法纪，尽早充当如同驾车的中马，服从调动管理，也就是说，让他们自己随时不断克制私欲言行，想方设法取得上下信任左右支持，到处经常重视行善积德。积累智能，办起事来就顺畅，没有什么困难不能克服，任何事情都能攻无不克。外表服从，一直谨言慎行，被动方未必心悦诚服，主动或被动方，每个人的心思急难，以及治世的标准，终极企图，最难知晓，更难摸透。千辛万苦劝和，平息重大怨恨后，必定遗留些顾此失彼的怨气仇怨。经常广泛行善积德的人士，一般像掌管权柄、握着契据那样，居于主导地位，发挥主动作用。而缺少德行的人们只能被动，例如去做沿途察看车迹，逢山开路之类伺候性工作。世人处境各有千秋，没有必要轻视某人的地位，随便调换他的居所，无须厌烦别人习惯的生活方式，讨厌他从事的生计工作。士大夫，只要做到慈悲为怀，一视同仁，普遍加以慈爱，那么用下属进行战斗就会胜利在望，用民众进行防御也会有备无患，坚不可摧。这样一来，个人群体事业，国政大势，天下时事趋势，如同顺水行舟，都能大致顺畅通达，大体长治久安。

治大国如烹小鲜。以德莅天下，其神不神，其鬼不伤人，圣人亦不伤人。天亦将救之，以慈卫之。两不相伤，德交归焉。小国寡民，使有什伯之器而陋之，使人复结绳而记之，虽有舟车无所乘之，虽有甲兵无所阵之。此谓根深蒂固，长生久治之方。治理好天下，其中包括地广人多势众大国，好比烹饪出鲜美的食品般，须要良好的工艺程序，讲究加工条件和方法。类似，将善良道德主流传统用于治理天下，道德传统中的精神，不应令人神秘不解，偶尔不仁，迫不得已用阴谋诡计、鬼蜮伎俩办事，也不宜伤害绝大多数人众。圣人行事，一般都不会故意伤人。假如事出意外，事发偶然，如天般高大的有道势力，应该及时救助被伤害的事物。应当经常用慈善言行去护卫他们。社会上，如同天地生物那样，群体势力间，家族个人间，都互不有意伤害对方，总算功德圆满。如果真能这样，可以设想：善良道德普遍持久实行，各地乡亲，市场工商，社会群团自动汇集，随便形成地小人少自主分立的社会形态；中央政府采用清静无为政策，让什长之类底层官吏，将自己拥有权力排场及其行使的方法，地方首领、中上层官僚们，将享受的资源条件，高贵仪仗标识，逐步变得简单、平和实用；让市场交易恢复到以物换物，只用绳子打结来计算的状况；路途上，虽然舟船车马方便省力，人民却宁愿步行，不常去使用它们；政府军队虽然威武雄壮，却用不着去冲锋陷阵，减少什伍兵卒部队装备，甚至不必使用武装力量进行对抗。从而出现：各人自力更生，自食其力，群体风俗纯朴，社会和平的常自然远景，应该说是，这才是最能巩固公共政权体制，安稳社会不断进步，理世治政长治久安，所需要追求的基本良方。

大道无亲，常与善人。信言不美，美言难信。善者不辩，辩者不善。知者不搏，搏者不知。圣人不积，既以为，人已愈有，既以与，人已愈多。天之道，利而不害。圣人之道，为而不争。大道特别是王大，从来就不会区分亲疏，没有培养亲信及用人唯亲的习惯，时常与行善积德的善良的人一起行动，经常将善良事实、美好希望送给需要的人。社会上，富含真情实意言语，直截了当没有装饰，不见得美妙动听。慷慨陈词，辞藻华丽，未必真诚实在，很难令人深信不疑。善良的人士，不为自己意图言行辩解，好于争论辩护的人，大多心地狭窄，甚至居心不良。具有真知灼见的智者，一般不去强词夺理、争高低胜负，那声嘶力竭、自以为是、得理不饶人的人，多半都孤陋寡闻、知识浅薄、滥竽充数，知其然不知其所以然。理想化圣人，从不靠积聚来称能，已经到处作为，于人于己，都各有所获，而且与日俱增，愈来愈丰盛。既然随时参与其事，各方共同所得，会日益积累，愈加多起来。相当于如天道般的王道德行，应该随时广施恩泽，一直益群利众，始终不去伤害任何事物。圣人般的人际德行，应当全力以赴尽本分，服务全面、周到无私，努力形成人人清静如砥道铺石的社会态势，从不去争长论短，争奇斗艳，争先恐后，争权夺利。[1]

---

① 2014年秋修改于汉口万松园43－10号。

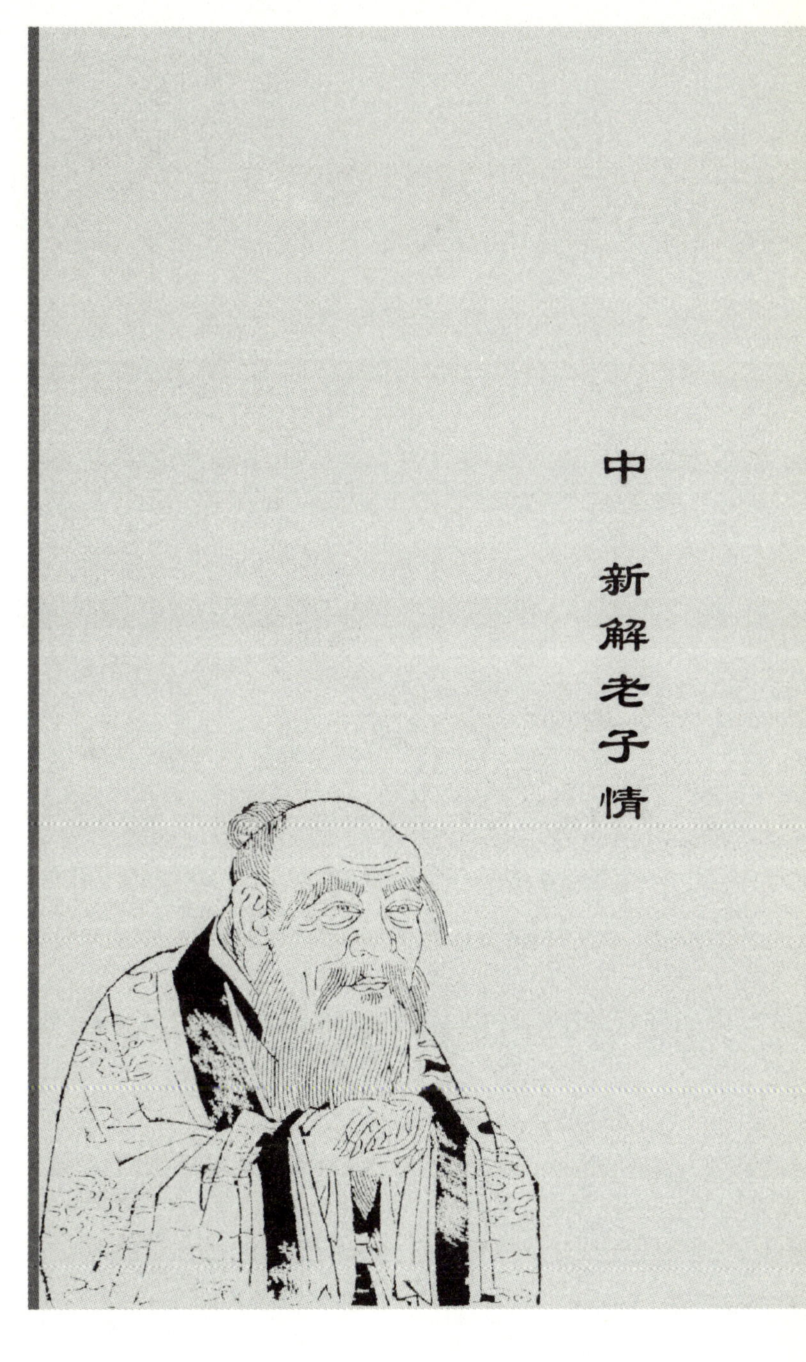

中 新解老子情

第二章　道德议

《老子》用“道可道非常道”开篇，此概念性“道”，实属《老子》专词新叙。在体会了全文分时段多方面相关内容后，不难把握“道”的重点在非常道，不难理解非常道与实在性“道路、路径”，在其内在的独立、安分、逶迤、供用性状；外在示向、导引、规范、承载功能等方面，有相通之处。老子借用人类前进道路的性状功能来表非常道的道性德行，开宗明义。

一　非常玄道

老子以总括方式，总体节结思帷，从静止现象方面，从不断变动过程，阶段循环中，多线索表现“道者，万物之奥”本性，多方面分述道的功能。通过“天地之始”，那只能思索，不可能有离散形体表现的存在“无”；“万物之母”那无从观赏，没有器件实物形态的事实“有”等，揭示常在的“道”，虽然无形貌，性状却很精真，功能执古御今，即便性玄体冥，影响作用却普遍长久，随时到处始终存在；是不同于平常路、通常径，天下希及之的“非常道”。总之，非常态的性状功能表明，“道”不属平常形体“物”，只能属事。

（一）道德

道德，到底是什么样的事？**恍兮惚兮，玄兮冥兮**。性状模糊空洞呀，踪迹缥缈逍遥呀，变化神秘莫测啊，存在深奥无比啊。实在捉摸不透的道，只能当成事情来对待。道兮事兮，其中有象，其中有魄。道这类事情，总可通过如常无态天，常有态地等，寻出某些迹象。即使它无影无踪，无边无际，也像其他常见事迹一样，总该流露自身蕴含的精气魂魄。因此，道的迹象，应是道那因时因地、因人而现的持续德行，德行中的气魄，应是道那古往今来、始终不变本性。

值得一提，道是德的本质本性，德是道的性能作为，事在性的道性德行，互为表里。如果单独提起德，是强调道的作为表现。单独讲起道，应该同时想到它的善良德行。

被“强为之名大”的“道”的性能，集中表现在不召而自来，不言而善应，繟然而善谋，不争而善胜，损有余补不足，天下莫能与之争。功成事遂，道隐无名等方面。

道大起着大作用：“天得一以清，地得一以宁，人得一以神，王得一以为天下贞”以及“大道常在，无为而无不为。候王若能守之，万物将自化，化而欲作，镇之以常无之朴。夫亦将少欲以静，天下将自定”等方面，显现过许多高者抑之，下者举之，天下希及之的禀性、功用和气势，个别普通平常事实，绝对起不了那么大的作用。

因此，道，不但属事，而且主要是总体化规律性事态。至于天下那些浮泛在一切之上，存在于所有事物之内，活跃在分立事物之间，且由每个事物来体现，源于道大，性状属“无”之类的各种事在道，都以不言之教方式，在做无为之益表现。

老子从人世万物中，选择“夫物芸芸”年度循环变动的生存情况，揭露包括人在内的万物皆经生发、兴盛、衰落、败亡、繁衍生息、重新归根、再生、扩展壮大的过程。观“万物”深意，正如观高塔起于垒土，大树生于毫末过程那样，不但在于集群，联动，选择，调剂的普遍“并作”事实，而且于由界面因果，阶段循环，螺旋路线来充实的“其复”过程，从而把握：道，其实是影响驾驭事物变化运动的根本规矩、普遍戒律、趋势潮流、原则方式。换言之，道是事势性规律。展开规律事态的实际表现，可认清道的德行。社会道德经历史积累，终被世人自觉不自觉接受，遂成社会最基本的言行规范，立法依据。

由集群，联动，选择，调剂规律所表现，由界面因果，阶段循环，螺旋路线来充实的大道，则是人在自然界即世界上，最基本的群动规律。数千年的社会发展已经和正在表现着：人世趋同是全人类的总需求，世事发展的最基本规律是群动化，主要是世人集群活动的行业社会化。不正视非有集零散为总体，分工协同，统一调度的组织机制，就没有集群结党的运动、革命治国的果实。

（二）道系

《老子》在理会当时权贵神鬼观念、市集趋利见识的同时，按“既知其母以知其子”及“既知其子复守其母”的方式，破天荒地自天地开始，前后左右呼应，展开道的自然谱系：

非常道，由非常名的“万物之母”“有”，和“天地之始”“无”来续接。有和无，表现出不同凡响的观念，相当于常说的阴和阳，或如现今俗称的物和事。按“既知其子复守其母”的反推法，通过认知人世“道大”“地大”等的德行，踏入玄妙之门，探索无人自在域中，“无”和“有”的性能。又由这两类“同出而异名”的非常道，引出先天地生可为天下母的道大，且归根到生发出“无”和“有”的玄静性元始道“太上”。

“绵绵若存”的“太上”，“象帝之先，似万物之宗”的“道冲”，表征占男性宗主地位的自在“常无”，总带承欢神情的自然仙女，或用带地母门户的“天地根”“谷神”，表现居女性地位的“常有”。再通过“反者，道之动”，“大曰远，远曰逝，逝曰返”，“弱者道之用”，隐示出诸玄道，始终共存同在并作的玄妙处。非常道祖谱，全靠借实事设想，真是玄之又玄。“似或存”的“道冲”，极可能是汉代后人为坐实无、有而设想的自在性存在。

人世中，按顺序，同样可梳理出“道生一，一生二，二生三，三生万物”的谱系：按先秦尊男为宗主的风俗，“道冲”生养存活着可为天下母的“道大”，也就是“昔所得一者”中的“一”。道生一。一，照顾培养着人世“朴”所代表的常无，和“依”代表的常有，一生二。有无相生，这二者，生活着天地人这个三。二生三。人中王，又循天地之道，组织世人在天地间群动，从而形成包括人身的天下万物，且维持它们各自的道德。三生万物。社会因此而现“得道多助，失道寡助”事态。

道家太极图，显示世上没有单独绝对的事物。将“太上，道冲，玄牝”或道大，天大地大及王大人大，相辅相成，相得益彰情况图形化，方法巧妙，富有哲理。

另外，内视阶段性事在域，分析“道生一，一生二，二生三，三生万物”。“道”可特指传统化环境条件、社会习俗事态，生养存活着离散事物那各自分立的静态一，道生一。每个一，可分前后两段、主次两方、两部分，及其新旧、里外、轻重、缓急、好坏、是非等二。一生二。还总存在：有无相生，难易相成，长短相较，高下相处，声音相和，前后相随，正反相抗，偶然相遇等二。与一相关的各个二，通过“相”这个背景或中介而同一。分立的二和中介组成三，二生三。三生动活泼，相得益彰，三生事在域中万事万物。三方群动再现一现二。对事实、对象，采取不断一分为二的观念行为，简明扼要，主次清晰。

按既知其子复守其母的反推思路，统分现实万事万物为三，归属于主客中介三类，归纳为天地人三门，归结为事意物三界等，世上所有的三的性状，都属状态恍惚玄冥“无”，而星辰天体、大地和人体，一切离散形体物，皆属“有”，也就是事和物，这个二，存在于宇宙这个一中，宇宙总受群动规律即元始道的规范。这又是“道生一，一生二，二生三，三生万物”的一种总体说法。

万物并存，各自内部及相互间，总有一生二，二生三，或者合三为二、合二为一的仿效分合过程。一或二或三中，当然又生出顺逆、立破、快慢、成败等动态判断，以及长远／当前，整体／部分，主要／次位，明显／阴暗，常态／偶然，老旧／新生，盘算／意外等静态选择事况，事实生生不息，层出不穷、错综复杂的三生万物情形。矛盾串事物各方，不时出现交叉重叠，甚至形成凶险对抗斗争。

每个人在深广社会、旷野市场中披荆棘，求生存谋发展，图殊途同归，又无不受道制约，从而在人生道路上，在社会生活中，各种实有道德逐渐被演化表现出来。

（三）道性

“域中四大”，“域”按时序，至少主要可划分为以下几类：

（1）玄道自在域。天地形成前的混沌事在域。是太上主持，以及偶尔一现的道冲、始终存在的玄牝所在处。实在该是天地之始，先天地而在的自在大环境，甚至是奇点大爆炸前的宇宙。

（2）天下自然域。是大道所主张，天大、常无朴，地大、常有依所表现所存在的世界资源域。实在属天地无机环境，有机生物活动的场所，是世界物间，事间，及事物间的事在域。

在天覆盖的域中，即“天下”，主要指地面社会，王制所及的地方，普天之下莫非王土，率土之滨莫非王臣，就是佐证。现在，基本指全球世界，主要是所有国家所在的社会。将来只是同一的社会。地，在过去，概括成金木水火土五行资源，实在的山河湖海田地原野，还包括地下鬼域冥界。现在，应特别注意，还有人类为生活，不时创用的人工物化条件，社会积蓄的文明事物。

(3)人际群动域，即社会。是形成人大又被其支配的人世。等效于天地人共存的社会环境事势、条件氛围。主要是王大经常所在的邦域。人大，人，地大，地，还有王制，都属共性事。地，包括人体，属物。每个人，还有特别的思维意愿。因此，社会实为事在、物在、意在，独自交相变动的人文域。

(4)事物内构域。宇宙一切事物，均存在内在结构事在域。如天下，再具体如人造物等内构联动关系域，尤其是人的思维构想域，也就是想过去，思现在，意曾经，愿将来的意愿域，一直是太上、道冲、玄牝等活跃的事在场所。

域中四大，四大，主要指道大，天大，地大，王大。根本指道大，天大，地大，人大。天，地，人，像王那样，有多重意思。对天下起作用的天大，是“无”的常在，即“常无”状态。属“道冲”可思索的主要系列。天大，其实指地外环境氛围变动规律。此外，是非权势所能掌控的社会时势潮流。孔子畏天命，多含此意。

其实与地外大环境相提并论的天大，本性德行集中在：“常无，名朴，常无欲。生养万物而不为主，作而不辞，利而不害，畜之长之，毒之盖之，万物归焉而不为上，终不为大而成其大。天下莫能臣。侯王若能守之，万物将自宾”等中。

不能和物界分离而起作用的地大，是“有”的常在形势，属“玄牝”可观察的主要系列。其实指生养天下万物的物化条件，态势规律。

取名“依”的“常有”，是地大的代表，本性德行集中在：“形微夷，视之不足见，听之不足闻，用之不足既。持之以生而不辞。生之育之，亭之复之。似在作小，功成弗居。此大德深矣远矣，常与世反矣”等表现中。

“道大，天大，地大，王亦大”中的“王大”，属“常有依”系列。浮泛在人世之上，主导社会群动过程的王大，其德行主要表现在：道生之，德畜之，物形之，势成之。高者抑之，下者举之，有余者损之，不足者补之等方面。主要是邦域性行政化治理规律。事实上是统治社会的根本制度，原则方式。基本上是治理天下的选择和调剂规律。圣人之道是其基本态势。

四大同域，相提并论，肯定王大在四大中同等地位、王大对其他三大的反作用。王主导天下的地位作用，全靠以一为贞的王制，民众被“王制”势力组织动员，集群联动，成就气象万千的社会事物、万紫千红的人文景象。王大该与道大、天大、地大地位相当。“王亦大”，恰如其分。王制被当作天地人王大集中存在形势，王侯无以贞将恐蹶，王制表现王大。王制，被分封候国所敬奉，故被称为诸侯“国之母”。此言足见母系氏族传统作用之久。

王制主要是威服左右、划地辖治，管理邦域、掌控政府、治理社会的行政法规联动制度。王大有效影响“王制”及其势力，以及由此而起的国政形势。民间敬畏王制到如天的地步，当作是“天之道”。“天意如此”，“畏天命”中，怕王制的成分较多。

斗转星移，四季轮回，历史兴衰，更朝换代，心思反复斟酌，社会阶段螺旋循环。老子随势“以善观事，以容观身，以和睦观家，以合众观乡，以礼义观国，以齐平观天下”，从而了解王公候国、民众阶级，社会政治军事、外交经贸、文化教育等行业方面各自需求及其对王制的反作用，认清人文阶段诸方面，进程态势正反情况。

改朝换代，靠实力统一全邦域的势力中，根基浅薄的派别，必须依赖领袖权威调和，方能维持其地位作用。汉高祖刚坐朝，得不到有实力与会者尊重。要统一朝政意志，令出一处，不得不恢复“天子”至高无上的皇权礼节、外姓不称王体制。但局部分封亲近，家族王坐大，竟危害到中央集权，终用削势方式取消中央以外世袭封建制。重总体、尊上司等礼节，一直被后世采用。

现代社会结构中，即便在西方消极拆台性民主方式中，下级尊重上级，地方听从中央，事前请示明确，事后择要汇报，仍是常识，因它是群动有序的正常需要。奈何有智者，要求放弃按民主集中程序营运的积极建设性民主，而采用西式消极拆台毁灭民主，放弃齐头并进共和，而采用强势节制的共和制度。王道偏曲，王制衰弱，何以独立自主于天下？

无论是从前的王，后来皇帝，如今总统，都由人当。沧海桑田，古往今来所有人，抗天变地，改朝换代，争得人在天地间的地位，成就王制、王、王大在世作为。王制地位作用全靠人事支撑维护，干部是决定因素。王大性能全靠群动的人来操作实现。王大、王制和王本身，受人大节制。没人，他们就没有权威和业绩。人的地位不言而喻。“域中四大，人在其中焉”，充分肯定人在天地王大的作用，实事求是。

“人大”表人顶天立地的地位作用，人本思想开天辟地，人民当家做主理所当然，人民民主恰如其分。社会上，人所应有的共性德行，集中反映在“人大”之中。“人大”属“常无朴”系列。基本是社会上集群联动规律，主要社会言行法纪的基本准则，为人处世的原则方式。具体成社会化公共性理世规律。实在是存在于社会群动潮流大势中，习以为常，难以即刻去除的积累性事势化道德态势。

“人大”中的“人”，应指所有具有历史性社会化共性的人。是具有生物遗传形态性能，被意识形态教化、习惯于社会传统风俗的一切人，并非仅是指被内心意愿支配的部分人及其现实个体。被眼前局部私欲支配的个人主义，与由长久需求支配全域权益的集体主义，大相径庭，甚至水火不容。孰取孰舍，在谋社会前途上，主次应该分明。在市场社会上，个人行为引发事故、矛盾，当事人相互依规按理商议解决，后果自负。一旦争执不休，公权参与，依法制裁，且确保法律严肃。

那些不愿轻易利用现成，愿意花巨大努力创新资源的先人，培养起依靠乡野林水资源，就地取材安居乐业，自力更生求生存，艰苦奋斗图发展的风俗，物尽其用，人尽其能的习惯，使家庭，乃至国家，无伦遇上什么天灾人祸，都有退路归宿，获得起死回生、重振声威条件机会。

老子面对“王道甚夷，而民好径”的社会状况，指出“民之难治，以其上有为，民之饥，以其上食税之多。民之轻死，以其上求生之厚”。故“夫无以为生者，挣重于贵生”。意在警醒权贵智者尊道贵德，以民生民心为怀。否则，为生不为乐的圣人，也会不仁，尤其在霸权横行祸害天下的时代。

现代一些巴掌大的国家,彻底脱离乡土,完全寄生于商品的市民,在遇到货物短缺艰难际,不是乞怜摇尾,便是铤而走险。资本及“经济学”仅为有“利”而为,是以无德。克服资本恶习的基本出路,可按“政治经济学”精神去发展生产贸易。

有广泛代表性的人民政府,始终以贫弱基本生活需要、弱势改观要求为怀。为民需而动,为众用而为,应是损补调剂工作的中心。以马列主义为指导的经典社会主义有限实践,自叹不如。以资本彻底社会化为中心的社会主义,将使公权强迫管束处分民事的传统方法,逐渐向到公正评判及时指导方式过渡,完全实现全心全意为人民服务目的。

人从何来? 有、无,生天地人,“二生三”;“人法地,地法天,天法道,道法自然”,都已透露人来源于天地自然,且形成于万物变动之中。十几个世纪后,这一先进观念传到欧洲,孕育出现代普遍相对联系、物种进化观念。推出能制造工具,会用火熟食的人,源于古猿进化。当代,人体胚胎发育时变形状,肯定人形演化,取决于动物性基因链的变化。以有序流存意愿为根本的人文共性,成动物和人类性能的分水岭。

中华域族这些人,由来久远。中华邦域巫山,考古发现过全球最早的类人化石。经历万年为单位的基因变异,元谋、兰田,特别是被美国人弄丢的许多具北京猿人化石,以及经山顶洞人,大荔、马坝、丁村、长阳、柳江等处过渡,化石形貌逐步相似黄种今人。仅凭出处存疑的个别头骨推敲,断言东非是人类共同发祥地,仅做单向迁徙设想,以蒙古人种代替中华人种,将其与全由外来人传种,且和四分五裂的欧罗巴人相提并论,恐非学术单纯。恐有自卑之情,阴暗之意。

(四)道理

“人法地,地法天,天法道,道法自然”的次序,也就是“人法地大,地法天大,天法道大,道大法太上”的大道理。“法”有效仿或制约性质。取“生”传承受制之意,依“反之亦然”思路,全句反向意思:自然生道一,道生天地二,天地生资源、人以及人营运的社会三，或事物意这三。三方相辅相成，互相制约，共同营造人世万事万物。万物在各行其道，循环提升过程中，表现出阶段方面，各自对自然的抗衡改造，且显示其分界因果。

老子通过“道之尊德之贵，民莫之令而自均”，“吾将以之为教父”等，期望受人敬重的权贵父老辈，也应改变自大观念，骄横习惯，尊道贵德，过“夫莫之命而常自然”的生活。

所谓常自然，主要不在于天地事物皆普遍长久自然而然，而在于，人经常依借周边条件，到处珍惜资源环境，一直顺从社会习俗、国家法律、人文道德，广泛地维持安分守己，安居乐业的社会状况。每个人，习惯长久过自力更生，自给自足，自立自主，善处善容，随遇而安，安静平和，自由自在，经常到处“力辅万物之自然而不敢为”的清静生活。

所谓自然，总体上，已透露在“天长地久，以其不自生，故能长生。百姓皆谓之自然；天地相合，以降甘露，民莫之令而自均；希言自然，飘风不终朝，骤雨不终日，天地有时变，何况于人乎”等言语中。

自然，首先，是始终自生自灭，不受约束的自在环境，概括着自在天地，以及被大气充塞的天地间动而愈出的气象；天下环境地理资源，及其长久变化运动过程；其次，是社会各界自立自主，自由自在，本性纯朴状态；是群体、个人自力更生，无私贡献的过程及其氛围态势，也包含长期广泛存在的社会化生活习俗、制度事势、意识形态，即，习以为常、难以立即消除的积累性传统化社会态势。简言之，自然，就是事物完全的自在自主状态，始终自生自燃自为自灭的过程。一句话，自然，是世界普遍始终变动，习惯性共通化的事态。人可“观”一切，可思一切。所以，此主观是彼客观，此客观是彼主观，相生相克相得益彰。自然而然的社会事，强分主客观，终究是想选用主观而已。

集数十万年劳动积累，八千多年前文字出现，人类才真正表现出人的社会共性和基本个性，逐渐形成人文事业。孰能以有余奉天下？孰能浊以久静之徐清？孰能安以久动之徐生？孰能众以久伺之奋起？唯有道者。明白天地自在规律，懂得为人处世基本法则的有道者，才肯学“圣人之道”，真正践行存在于每个人之内，集中在群体之间的损有余补不足“人大”性能，便成政府调剂的根本。

老子认为，“修立于事其德乃广，修立于身其德乃真，修立于家其德乃余，修立于乡其德乃丰，修立于国其德乃深，修立于天下其德乃长”，事实上又提出如何实事求是地兴盛传统人文的方法任务，让“子孙祭祀不辍”，天下人文事势经久不衰，个人名垂千古。

不要忘记，马克思并不被许多与会者尊重，百十年前，全德工人联合会兴隆一时，能说马克思无理？二十世纪五十年代，美国政府镇压共产党人，能说其自由民主如何？苏联飞快强盛至极，又能说计划经济怎样？一时局限性实践，只能验证带局限和功利性的方略、政策、观点权谋等的损益好坏。至于判长久广大意义标准，是放之四海皆准、行之万代有效的规律道德。

人被资讯组合的意愿支配，意、事、物皆得以集群生存，联动变化，人意选择方向、调剂因果，造就人意文化、人工文明。人文作用无穷无尽。期望将来为主的人文所导引现实的社会全局中，群体分门别类，各行各业各层各节结，各阶段各环节必定各有其事，从而各有实道。劳心者治人，劳力者治于人，更使自在天地、纷繁事物日新月异、社会人文形势变化多端，经常会出现，和而为二、合而为一等普遍情况。故不断合三为一观念行为，理所当然。

在势分强弱，群分主次，人分尊卑，弱肉强食的人世，随着资本市场全球化，中华人民共和国类似延安地位，各方势力已入腹心。当局把握规律，准确判断，坚持按长远需求主导全局，全国一盘棋，深谋远虑，统筹兼顾，公正法纪，舍小顾大，展曲成势；全球一盘棋，纵横捭阖，举止正义，稳步方圆。勇敢无畏，力求天下尚同事业成势发展。

当代全球形势，类似战国，兵争成主要政治，实力是主要依据。形势局面变，言行取舍变。革命重一分为三，治理重合三为一。政府作势，善用时机，借鉴历史传统，抗争分合，定战略，明目标，全力引领社会前进，高明在选择正：目标对，路线好，时机准，场所奇，主要精，方式妙。

二　行德立道

老子要义在善良德行。非常道，生而不有，为而不持，长而不宰，利而不害，功成身退，谓之玄德。玄德是道在冥冥中，默默无形的无私作为；是天得之以清，地得之以宁，人得之以神，万物得之以生的广泛长久的利他规范；是善贷且成，养育，培植，奖惩，保护周到慈爱态势；是天网恢恢疏而不失的始终公正；是“高者抑之，下者举之，有余者损之，不足者补之”的到处公平。德主要是道的善良表现，道是支撑德行的精神魂魄，“孔德之容，唯道是从”，遵道贵德，实属自然。

希腊盗火助人神话，大约是公元前二十世纪，源于地中海东岸的某个故事传说，与此故事不同，二十多万年用火，两万年前烧骨遗存事实，确实了中华一脉已从生啖转向熟食。此种生活方式创新之德，古老传说以燧人氏纪之。类似地，将从洞穴转到巢屋，那种惠及当时福泽后世的大德，以有巢氏纪之，至于许多有益于自力更生，自给自足，相互交往的行业性德行，如医药，很久后，方加褒显。

生活需求推动生产方式转变，从游动渔猎转到定点养殖，从临时采摘转向垦荒种植的大德，先儒以伏羲神农氏祀之，发现收藏过万年的谷物，表明神农所代表的时代不晚于一百八十个世纪前。此大德深矣远矣。

（一）大德

老子归纳大道以及四大的大德，表叙成：

“大”之道，即“一”的德行：不召而自来，不言而善应，缫然而善谋，不争而善胜，利而不害，作而不辞。损有余补不足。视之不足见，听之不足闻，用之不足既。天下莫能臣。

“常有”之道，即地德，常无欲。生养万物而不为主，生之育之，畜之长之。功成弗居。似在作小，以终不为大而成其大，是谓大德。此德深矣远矣，常与世反矣。

“常无”之道，即天德，万物归焉而不为上，持之而生而不辞。亭之盖之，毒之复之，天网恢恢，疏而不失，天下莫能与之争。功成事遂，道隐无名。候王若能守之，万物将自宾。

天之道，实喻如同天般大的王大德行。高者抑之，下者举之，有余者损之，不足者补之。王制本应执大象，天下往，往而勿害，安平泰。用道德求天下归心，用安平泰环境和必要的生活条件，吸引客众前来，一起壮阔江山。王制本应无亲，常予善人，国政制度，如果违道背德，人心背反，改朝换代事在必然。

人之道，即人大德行，本应依诸道大而行，平等相待，善容益众，自力更生，改天换地为要，平时，人之不善何弃之有，德善信者，信之，无德信者，亦信之。可惜，人世所奉行的实德则不然，损不足而奉有余。

老子将“常无、朴”大德，假想化为圣人“为无为”上德，以垂范世人德行。“为无为”：做“无之”那样的事；像“无”那样去为；做无私性的事。“无为”和不做、不动、不争、不思，尤其对国政大事不议、不论、不问、不理、不管等虚无消极观念，风马牛不相及。

《老子》产生当时，财货经多代日积月累，候国自足自主。王所辖治的天下，被强势候国，搅得社会绝仁弃义，王制失威，大道岐亡。老子为削诸侯权势，暗示用“小国寡民”制取代分封制，甚至盼望“公乃王”天下到来。当然都以百姓安居乐业、丰衣足食为基础。

“上德若谷，为无之而为，不为德，所以有德。知止知足，常足矣”。“下德若毂，不失德，为有利而为”。大道德行如谷米作用，损毁自身满足他人需要，享用者应当崇尚此德，身体力行。世人言此德行，甚易知，却实难行，下士甚至大笑之。他们喜好役使别人已成风气习惯。“孰能以有余奉天下？孰能浊以久静之徐清？孰能安以久动之徐生？孰能众以久伺之奋起？唯有道者”。心怀解放全人类目的智识志士，应坚持圣人之道，做“为道日损”模范。

以百姓心为心的圣人，舍己为人，有如谷米，如同燃烛烧尽，全为牺牲贡献而生存，含德之厚，比如赤子。他无为，故无败。无执，故无失。不主动生事妄为，不争、不言、不召、不生事，让民自化、民自正、民自富，后其身而身先，外其身而身存，故能成其私，终自不为大，故能成其大；果而不矜，果而勿伐，果而勿强，果而勿争，天下莫能与之争；这是相信依靠群众创造历史的先声。

以智治国，出大伪，素朴理域，多清福。知此楷式，是谓玄德。夫礼者，忠信之薄而乱之首。若全社会都守法制，厚道德。循道德道理，尤其是劳心者，为众，有所必为，为己，有所不为，天下安定繁荣，国家大顺至治。是历史事实。

社会行上德，也有对主动行善的自觉自律：(1)王公官长自觉，守俭、慈、不争三德，善处、善容、善供、善惩。平常不售美言，不加尊行于民，无为而民自主，无事而民自尊，无欲而民自朴，无执而民自由，享为无为，无不治清福。(2)行政吏役自律，不以为不轻为，不妄为不能为，不争为不敢为，守制度听差遣，主动作为。政通人和。(3)贤达为道自持，坚持为学为道、不欲见贤的德行，坚守微妙玄通、蔽不新成的自得，坚定受国之垢、受国不祥的自恃，树社会楷模、政府中坚形象。(4)社会各界各层各派自制，自食其力，公平善容，各显其能，变无为有，变有为无，展开创造万物、支持公益、救助贫苦的活动。克制欲望，不做违反道德制度之事，社会祥和平静。

行上德可使：(1)世界缓动徐生，王制日积月累，逐步完善。(2)社会势力相安无事，百姓自食其力，丰衣足食。(3)王侯为而不争，为无为而无不治，统治长久。(4)各界各操各业，随遇而安，安分守己，逐步富裕安稳。(5)官吏关心群众生活，注意工作方法，相信和依靠群众，追求目的，组织群众，完成任务，达到目标。(6)家庭自力更生，就地取材，自给自足，过常自然的自主生活。

(二)善德

老子宣扬“大道无亲，常与善人。不可得而亲疏，不可得而贵贱，不可得而利害”，主张利群益众，克己奉公，天下为公等道德行为，还显现在“大之道，损有余补不足”；“圣人不积。既以为，人已愈有，既以与，人已愈多”；“天之道，利而不害。圣人之道，为而不争”等句段之中。

老子“为无为”，主要是劝弱势权贵为无为，即便是强势，也是上“有所为，有所不为”。士民则能自劳、自主、自立、自选、自决，这是社会自由，市场自主，国政民主基础。无为德行，其实是“为”的过程、限制、方式、效果、状况、境界。无为境界，是指挥若定，不必亲临现场奋斗的无不治态势，是不出户知天下，劳心不费力状态。

是不行而知，不见而名，体不为而事会成的效果。无为方式是对妄为、轻为、乱为的限制。孟子就中却发挥出“劳心者治人，劳力者治于人”的历史性社会观点。

为无为，是“为道日损”过程，“损之又损，以至于无为，无为而无不为”。是通过非常作为，达到无为境界，收无不为效果。再重开“为道日损”征程。儒家于是有“劳筋骨，苦心志，空乏其身，天降大任”等修为。

老子倡议“为道日损”，含规劝自制道理：(1)劝王侯去甚，去奢，去泰，欲不欲，不可见欲。以道莅天下，利万物而不争，处众恶而不离，行道，直至无为。防之于未兆，治之于未乱。舍身为天下，不得已而取天下，终自不为大而成其大。不做大道废，奸伪兴，六亲不和，国家昏乱不道事。(2)劝仕子，与世无争，不自足，不自伐，不自见，不自矜，不刻意追求名、利、禄、爱、好、藏等不善事。(3)劝民众，勤劳苦俭，自食其力，与人为善，不急于图新、发、盈、全、得、直、惑，足欲贪婪事，不做执者失之，事几成而败之，甚至好径，仿妨，纵欲事。(4)劝业界，知足知止，尊规守制，公平交易，不贵难得之货，欲不欲，知不知，执左契而不欺压人，不做昧良心，坏环境，毁自然，违道事。(5)告社会，“不足为文”的事，该做不该做，适宜适度为界，尽量物尽其用，人尽其能，做到人之不善，何弃之有，常善救人，故无弃人。(6)告诫所有群团势力，即便在革命过程中，也要讲究无之以为用的方式。

全文“无”字约九十，以“无之以为用”为重，比如：加工消耗现成，抛弃放弃既得，疼改恶习，挣脱束缚，援助救急，无私贡献直到自我牺牲，转手交易，分送赠予，攻守争夺，革命消灭等等，须多方细化。当然，对己对人对社会有益的“无之”，过程有长短缓急之分，方法有严松快慢之用，方式有方面主次轻重之别。

在成就前所未有伟业过程中，为道日损，含“无之”深意：

首先，要自制，修养教化，克制损公肥私、损人利己、争占享用、自私纵欲、保守现成等有之以为利潜意愿。政府应当通过宣传教育和法纪制度加以帮助。

其次，要创造，变有为无，推陈出新，去粗取精，去伪存真，变无为有，创造新思想、新事物、新制度、新生活。

再者，要奉献，供送现有，如质优量足，薄利多销，诚心服务；及时满足成就他人需求；见义勇为奋不顾身，直至为公为众为他人牺牲一切。这是对过去官权统治意识的革命，是对有之以为利市侩风气的限制。

第四，要积累，劳心的军政人员，更应主动善知善行。善于管理智者，处事居中，损有余补不足，及时调剂，不主动生事妄为；广泛尊重群众的自主意愿，及时发挥群下自觉首创性，充分相信和依靠群众力量；走群众路线逐步改造社会；在舍己为人，各得其所过程中积累成熟，逐渐把叫人“如何办”的习惯，改成监禁他在“办什么”风气。

古今贤达，参照老子自知不自见，自持不自大，自曲不自卑，自贤不自尊，自重不自贵，自清不自浊。多用忠诚事业，孝敬长辈，仁被贫苦，义助急难，礼待来客，信守承诺，勤劳节俭，勇挑重担等修养心身德行，不断改良自身言行，补充和家合众齐平天下内容。

有志贤良儒仕，自制自律，尽力实践老子所言善良德行：

心善渊，与善仁，事善能，动善时，立善正，居善地。上义为之而有以为，上礼为之莫之应，天下难事为于易，大事作于细。

善建者不拔，善抱者不脱。图难于其易，为大于其细。轻诺必寡信，多易必终难，少计较，事无事，味无味，多少，大小，以德报怨，终无难矣。人之不善，何弃之有。

上善若水。善人者，不善人之师，不善人者，善人之资，贵其师，爱其资，虽智大迷。善行无辙迹，善言无瑕谪，善数不用筹策，善闭不动关键，善结不必绳约。物尽其用，故无弃物，常善救人，故无弃人，是谓要妙。

合抱之木生于毫末，九层之塔起于垒土，千里之行始于足下，中华主流人文，经历了人类人文全方位发展全过程，从家庭延续，风俗传留，行业拓展，市场兴衰，道德完美，理想充实，国政仁善，法律监察，交相争斗等方面，展现出社会应有尽有情况和处置经验，用中华主流传统主导世界前途，势之使然。

（三）世德

老子经历乱世，忧心国事。希望各国以正治国，“少欲以静，清静为天下正，天下将自定”。坚守常自然、强制度大礼智世德。期望当局尊道贵德，始终“执大象”，营造“天下往”形势。且“终日不离辎重”，到处建设常自然条件，“不狎其所居，无厌其所生”，充实民众生活条件，损有余，补足民众，特别是贫苦弱小不同需求，社会过着“往而勿害，安平泰”的生活，必要时也可恩威并施，当刍狗用。老子轻言仁义，却彰显仁心义举德行及志在改造社会，改良天下信念。其兼顾社会多方的方式方法，显现关注天下众生利益的政治经济学精神。

老子特重守中倚德养性，既要求利他益众，又让其各有所得。主张人德三宝，行善积德，亲历亲行。虽已指出“下德若毂，不失德，为有利而为，是以无德”。还是承认个体需求，甚至承认“之所以贵此道者，不曰以求得，有罪图免耶”。足见连过分需求也能体谅。

老子批判归结出社会经常性的“损不足奉有余”不道，树“大之道”无上权威，倡导“损有余补不足”，“以有余奉天下”调剂原则。大道，提供损补的最高法理依据，只损“有余”部分，且只以“有余”奉天下，足见老子求权益平等，而非硬要补“不足”到“有余”一样的绝对平均地步。古代曾有学用例子。

损补，平等有阶差，平均属阶平；应用范围广及天下，唯有社会化公权机构才有如此大的责任能力。有余、不足，内容事项，调剂空间深广，民主自由人权等也在其中。有余、不足、损、补，分寸由情势而定，多操作裕度。损补对象方式内容尺度不同。革命时段，治理时期，损补对象内容变，方式方法也变。

真正普遍实施按劳分配法规，一定先明确，劳是什么，脑力体力价值等级如何规范，劳者尤其是劳力者，何以主导分享劳动累积形态成果，如何平等退休待遇，如何保护地位人格平等，应是社会主义人文当代化的先声。将来国政法治基础。

老子认定“民之饥，以其上食税之多，民之难治以其上妄为”，“民好径”不但因“兵锋，朝除”，而且因“财货有余”。怀着忧天下、尽人事的无奈，倡导“不可得而亲疏，不可得而贵贱，不可得而利害，高者抑之，下者举之”，期盼社会人人地位平等，国家齐平，社会尚同。“共产党宣言”表此基调，按马列主义营造的经典社会主义有些表现。

工业革命、殖民主义原始积累的血腥,唤醒良心受现代平等博爱自由观念影响的知识分子。如何减轻消除资本罪恶?马克思发现,资本恶性来源于利润积累过慢,根源于生产力低下。供应所求的出路在生产率极高的工业化生产。产品足够却仍然供不应求,因为交换被分配制约。之所以有不合理的分配方式,是因为资本势力在操控。改变资本的社会属性,势在必行。巴黎公社被镇压,表明推翻资产阶级统治成当务之急,与当局权势拼死搏斗,必须组织起坚强庞大阶级斗争势力。形成持久战斗力的态势,顶好由无产阶级政党来主导。

总之,在供不应求时代,以平等为前提,以其人之道,还治其人之身为方式,以组织多数群众、武装夺取政权为任务,以公权组织社会生产、保障所有供给为条件,逐步实现社会尚同天下齐平理想,号召"损有余补不足",革命性阶级斗争方法论鲜明地再现于人世。

马克思拓展"为道日损,损有余"等"无之"方式,领会出夺取政权,消灭剥削压迫制度的彻底革命方法。结合原始积累资本不道不善不良方面,从社会许多事物中,理解出"有余",除自主节省,过剩多余等外,基础在生产财物。在"以有余奉天下"的"无之"过程中,彰显天下尚同的"国际主义"等惊世骇俗意愿。"全世界无产者,联合起来"的方式目的,成就了二十世纪社会主义阵营、民族解放运动胜利。

不过,个人处境不同,能力不同,作用不同,得失甚异,需求不同,积累地位阶差矛盾。奈何,不少革命家,对"既以为,人已愈有,既以与,人已愈多"那"无之"积累多方效果,未明显重视,对民"莫之令而自均","莫之命而常自然"那种均等支配,用自然资源条件造福全社会,而非只归强势占有的先进思想,还无法实行。马克思可能以为单靠领导自知自律,可解决劳心者治人,劳力者治于人的社会统治常态的困难。恐怕也心有余而力不足。布尔什维克,被以其人之道还治其人之身方式所束缚。联共(布)对天下为公道德、使乎智者不敢为等治国要领,可能时机未到。

全面弘扬老子求平等而非搞平均的道德，深刻拓展其不同凡响的主旨要义、包罗万象智性智能，不难发现其是人类最为先进革命的人文意识，最具中国特色的文化宝典。

一直延续的道德理想，充满和家合众齐平天下精神，长期磨砺深入人心，渐成社会判断是非的依据。有益世事的公正道德主要是：

生存条件为本，邦域一统为大，安居乐业为良，共荣避耻为先，制度益民为公，爱国护群为重，卫弱禁暴为勇，行政律令为正，处事公平为主，前赴后继为忠，福泽后世为贤。

主要含益公利众的传统化世道实德在：

敬先贤、崇表率、树权威、立尊位、一众心，上德。正良心、彰善事、贬恶行、设阴司、保来生，下德。居中位、顾八方、置有司、集公权、主公平，中德。

以公权制度天下的王道正德更加众说纷纭，理其要略为：

和家兴业树人，孝悌承德；帮助扶携、不图回报，义举善德；克尽职守、精益求精，操持品德；容忍恕饶、乐善好施，慈蔼仁德；权术周细、合众齐业，敬事功德；克己奉公、无执无畏，忠诚贤德；谦让温恭、相互尊重，礼遇和德。仁心义举被及天下，才真的高尚文明。

旷世无匹的中华人文主流，传流到明、清际，行政使权的理学仕子，重佐君之道，轻民生之需。继续限技术集成普及，更加抢知识创见更新。洋学仕子，窘急需求，邯郸学步崇西洋，保守宗庙，苟延残喘尽人力，数典忘祖，大事无成，虎狼当道，国家危亡。

四十多年前，中华人民共和国实力有限。自主行政，眷顾社会多数，限禁不善智者言行，端正思想观念，人心凝聚根基厚实。礼义仁善，力主天下平等，得道多助。用军事主张正义和平，有惊无险。现据广阔地域活动，持人多势众资源，与对手博弈，更立不败之地。为求全胜甚至不战而屈人之兵，多管齐下十分必要。

尊先哲之诰，借鉴历史事实，广纳当世经验，与时俱进。人民政府始终坚持损有余补不足调剂规律，按长久趋势选择目标，按全局现实调剂需求，全面按需波及权益，逐步消灭剥削压迫。享用多年的权贵富豪，宜强化德操，接受社会主义改造、主动出资合股、共同振兴中华。若只顾国政，彻底否决个别需求，属“左”倾。不顾群团，完全顺从个人私欲，属“右”倾。同时居中兼顾不易，只好分时分地逐步波及。

在美方势力蓄意围攻挑衅之际，独立自主确立治军、行政、强国等大政方针、政策措施、立法理政。不断积重大实力。自觉坚持真理，主动修正失误，知难而上，即使一时受挫，也要坚定坚持坚决，不怕牺牲，排除万难，去争取胜利。

忍让求世界和平。全面组织社会力量，到处拓展就业机会，挖掘所有潜力，央企营造完善营运方式机制，设法多方指导社会创新扩大再生产，掌控价格波动范围，补助必须守成的大量简单再生产，共同分步骤走出去，帮助众多发展中国家齐头并进，分享现代化成果，尊重其消费者选择权，促进国际消费市场健康发展。

不拘一格召集国内外专业人才，引用营运精英参与管理策划，匠心独具技师最高薪酬不受限制，都有促进发展超越作用。发展中国家，恢复推动尊重应用手艺方技，扶助民间企业创新，重视新科技胜过财富，应不以GDP，而以科技成果、充分就业、安居乐业、安定平静论政绩。

政府如此做，自食其力民众，自力更生享“美其食，舒其居，盛其服，乐其俗”等田原诗般富足康乐生活。自给自足国家，众志成城，谋“邻国相望，鸡犬之声相闻，老死不相往来”的自主自立、和平和谐、平起平坐理想前途。包含兼爱、尚同、共和，民主、自由、人权、自主等良心的大公益群平常道德、社会革命意愿，倒是马克思主义先师，科学社会主义的真谛。

从前，马克思主义主意在解放全人类，目前正是用政权实力，将世界革命进行到底转折期。抓紧努力，团结一切可团结的势力，削弱隐蔽反对力量，在美日走卒挑起战争时，组织一切卫和势力，几十亿人动手，葬送罪恶旧制度，达到党纲目的。劝诫图私政客，开阔持续合作眼光，全球共享久远视野，增大共同理世肚量，放下架子与中华亲近，以求生存久远。否则莫怪，沉舟侧畔千帆过，病树前头万木春。

（四）守成

守成是维护既往的过程、开拓进展的基础。社会生活无不在守成习惯中前进。合乎社会道德规范的事业，无不在斗争持续中营运，“天下皆谓大，似不肖，夫为大，故似不肖，若肖久，亦细也夫。人德三宝，持而保之”。按“高者抑之，下者举之，有余者损之，不足者补之”基本道德立法。按公益性的道法要求，树各式各样有利共和，具体可行的律令、规章、条例、命令、职事、政策权威，特别督促中下级身体力行，力保“清静为天下正，以正治国”吏治传存。“不失其所者久，故而不忘者寿”。

弱势国家，在争取政治解决国际冲突际，首先要坚持国家利益至上，其次要坚固联动阵线，以其人之道还治其人之身，理所当然。改变“形而上学”表相思维，推进道德观念同一；揭露美方制度虚伪，民主消极，自由惑众，人权挑衅；全面增长实力，着力改善民生状况。坚守马克思主义精神的政党，面对全球发达财势纠集随从造孽，在掌控社会基本生活资料、集中统一公共权力、加强独自行为能力外，现实主要的相持方式，将是近交远攻，营造全面共和局势，柔弱胜刚强。

如今，蚍蜉撼树谈何易，蛀虫挖心难防备。随着城乡商品化，除传承社会治理主要方式外，不断完善社会分配、行政事权、监理市场、经贸活动，允许民众各自发挥主动性，约束智者言行，稳定社会局势，保持执政党的高度团结、政权的高度统一，贯彻联合国宪章宗旨，主导社会公平正义，是处理国际关系前提，而政通人和是主要条件。

天下事务，代表不易，政党政治，科学实难。市民需求宽深，利己思想泛滥，个人主义普遍风行。力解天下困扰，敢字当先。在同类竞争与日俱增中，和平属意愿。自主复兴急需强国，披荆斩棘急需强军，社会安宁靠威严巩固，和平环境靠斗争维护，世界尚同事业规划争取，更需科学道理指导。大家深研主流经典，重启老子道性德行，拓展老子志趣，丰富马克思主义，强化集体主义，理革命治世成就，供取用于当今，传经验于后来。

中华数千年兴衰经历，积累起无可比拟的原则方式、斗争艺术，加上人多势众，国力深厚，军威强大，用科学发展信念，复兴中华途径，承担主导世界人文前途重任，当属众望所归。力所能及，前景灿烂。

坚定保卫和平决心，坚持做不得已用佳兵取天下准备。不断在统一意志、步调一致中检验，坚决清除阻碍破坏势力。团结欧亚诸国主要势力，资助第三世界多数弱小，敢把皇帝拉下马，敢教日月换新天。

三 基础合德

老子很清楚，"天地相合，以降甘露，民莫之令而自均。三十幅共一毂，当其无，有车之用。埏埴以为器，当其无，有器之用。凿户以为室，当其无，有室之用。故：有无相生，有之以为利，无之以为用"。"工多技巧，奇物滋起"。"物或损之而益，益之而损"。

"绝神弃智，民利百倍，绝仁弃义，民复孝兹，绝巧弃利，盗贼无有。此三者不足为文。"

数千年中华社会状况，错综复杂，参差错落，难以尽言。物资生活，是维系现实，开拓将来的基础。基础厚实，民众皆有余。"揣而锐之不可保长，金玉满堂莫之能守，富贵而骄自遗其咎，祸莫大于不知足，咎莫大于欲得。难得之货令人仿妨，贪婪足欲令人损亡。厌饮食，服文彩，带利剑，财货有余，五色令人盲，五音令人聋，五味令人伤，驰骋畋猎令人发狂"；造成"兵锋起，朝甚除，田甚荒，仓廪虚"。

为改陋习，得民心，执政党坚持用道德做社会言行基准，立法行政依据，事实上顾虑全民利益，率先克己复礼为仁，丰富社会生活，坚实万世伟业基础，把握解决主要问题，"无狎其所居，无厌其所生，夫慈，以战则胜，以守则固，然后乃至大顺"。困难在志同道合、政通人和、转奢入俭、勤劳勇敢，始终贯彻落实。

（一）状况

古往今来，家庭乡亲，城市居民自然分群，社会不立党派，道儒传统深入人心，集中公权于庙堂中央，分散财势于乡野市集，政府与市场并行不悖，政治主导社会，始终如一。社会遇难呈祥，同化壮扩，国政延绵。

现代财势，压榨全球，长期积蓄，有财货使欧盟，尤其是人少国度搞高消费。欧美高福利，当初是受苏联社会完全福利所逼，同时是财阀资本转移负担给政府，挽救自己的方式。假若所有差距矛盾尖锐国家，难以避免地贪图享乐，以百亿计没有家底的人，养成抑制不住地往高生活欲求，可能造成何等社会局势？

近年来，发达财政，捉襟见肘，债台高筑，度日如年。希腊当局被美国资本所误，极重商业，服务，习惯仰仗他人。从2010年起，大举借债以供消费，仰人鼻息。欧盟为获取积年利息，借救急而放债，非要其接受紧缩条件不可。政府被选下台。经贸在2014年小幅回升，生产总值还是缩水，居民收入下降，失业率高。用他人钱财搞社会化高福利制度，坐吃山空，恐难久远。看那民怨沸腾，罢工游行，安检严苛，可知单纯追求高物欲的文明制度，显然不合人类永远昌盛的需求。

随着殖民家底丧尽，自力更生乏力，高福利恐怕难以为继。从主权债务沉重的国家看，入不敷出，被动跟从，日陷窘境，第三产业反成拖累。问题出在不务实业和超供给能力的高消费高福利。政府限奢倡俭，开源节流，多方担待是机会、是出路。

前车之鉴难忘。无不是：懒惰奢华积蓄尽，勤劳勇敢事业兴，以财货为命的财势，图利恭顺，得利背反，从来就是争权夺利好手，动乱天下的祸根，政客肆意穷兵黩武，挣扎求存。甚至使国家千疮百孔，众叛亲离，民不聊生，贫苦各不自顾，等待依赖，家庭痛苦不堪，反美反帝反财阀起伏不断。“患不均”仍是当前世界大问题，

新中国循行社会规律，全力准备小康条件：强盛邦域统一市场，共同文化共享文明，秀美环境保护资源，传统推陈出新，社会全面和谐，生活普遍富足，国家治理创新。

国内市场经贸情况，与刚离去的时代比，特色大致有：

(1)采用市场自主形式。社会各式各样的积极性主动性创造性，被广泛调动充分发挥。原始积累临近尾声，富豪资本正在得势，行业垄断重新结构，集团化正在起步，竞争对抗方法还在探索，资本社会化开始展现，科学监管市场正在积累。

(2)政府拥有巨额资产。必然被动表现市场主体资本性能，政

府讲究多方效益责无旁贷。有计划地部署科技工艺合理生产流程，在壮扩服务业，特别是金融业时，始终与第一、第二产业休戚相关，以防不测。

(3)政府全力促进市场有序。尽可能用多种手段公正权益分配，公平交易利害，主动保障商品质量，减低市场级差，及时到处干预使用安全，细微周到。

(4)不断树立支柱产业，迅速增长领先实力。拓展行业，轻工家电，通信网络，房产基建，名胜旅游，外包服务，基因生化，海洋太空，劣煤化工，资源循环，不断创新，值得规划研发形成扩展。

由于基数厚重，产能过剩，成本总升，消费缓增，传统产业市场壮扩，总体趋向平缓。尽管低落是趋势，却正是将大量普适产能推向世界、复兴人德三宝、推进社会由奢入俭的好机会。加之外势压迫，自身利润追求，可望立竿见影。只要宣教外事推动得当。

在市场交换中，发挥城镇各自特点。千方百计使众多满足基本生活需求的公共服务，营造政府民服机关和家庭间的联动机制，改良营运方式，提高现成能力，维持简单再生产循环。城市营造，要在创新规划设计。搬抄发达样式，至少是能力不足表现。消费、储备、生产并重，储粮于民。展开市县部门联动，平时设法维持生存品产销物价，在战时，特别关心群众生活，注意工作方法，充分解释教育，不可杀鸡取卵，竭泽而渔，求得万众一心。

"工多技巧，奇物滋起"，有壮扩社会基础的积极性。中国制造遍地，所积外汇惊人，供应世界生活日用品，功不可没。全世界约七十亿人口，日用轻工消费品需求，变换量大持久，查勘开发加工资源，市场巨大无比，除继续充足衣食住行，不断添枝加叶，丰富更新个人家庭消费外，应主动长期着重围绕"用"品创新，营造新行业。另散民营大有可为。活民企、多就业、扩外需，增内销、增税入、固政权。增多就业须贯彻常用技术产能，不断推广集成改进，政府控股企业，创新营运，主导市场营造方向，前途不可限量。

不断调整结构，总是涉及行政作为、内销拓展。尽力提高以亿计的劳力者收入水平，内销将显著增长。体制改革主要是变动分配制度，分配广义为公正调剂。计划调节实质是公平安排比例。比例是齐平量化分配关系。国家政府、群体单位、个人家庭三重分配，大有细致周到改良工作可做。旅游旺盛，表明城市智识者收入过剩。可惜不少花费在境外。合理利润调剂政策，禁止单位分光行为。明确分红比例，规定职工薪酬。可否平时只按社会平均收入发放，年终按其安全如期完成任务的质、量等确定补足或扣赔。年终主管不分红，集攒到其职务变更时，一次性补足或扣除。

民营企业总体作用重大，除颁布优待政策外，更须部门联动，及时到位贷款技术人员支持。针对不同层级产业、新旧产品、地域市场、消费时段，变动税率。改善税制，减少非税收部门任意"苛捐杂税"，财政投入引导方向重点，税收减免补助有力救急扶助，极大考验宏观调控能力和现场处分能力。鼓励支持企业，尤其是央企在全球壮扩。

奖励匠心独具人才，努力超越创新。科技创新首在解放思想，重在学科联动，不破根深蒂固畏缩习惯、概念术语，很艰解除自我束缚。单靠知识，或单靠实践，大多费力不讨好。设计实验相得益彰。就业青工，服务时不要衣冠取人，尽心尽力，珍惜本职，精益求精，贡献争先，进步其中，克服急功近利，买主求荣，见异思迁，自以为是等恶习。

市场活动中，政府导引监禁皆要主动。在考虑当前得失时，主要按长远全局需求来决断。如果经常重财不重物，重物不重人，重人不重众，重私欲不重公益，重交换不重分配，重分配不重弱小，重流通不重制作，重方面不重全局，重眼前不重长远，重门面不重里实，重红利不重就业，重享用不重劳作，总之，重末不重本，长此以往，一旦有事，驻足观看者众，为国为党者稀，前车之鉴不只是苏联。

发达的某些表面技术财货量度指标，全员社会劳动生产率，GDP数据，掩盖两极严重分化、市场阶梯悬殊等社会真实。采样讲究，很难概全的社会性统计数字，抹盖多少不公不平！

经贸是市场动态表现，市场生产交易，永属社会经常事务。当主要，只是阶段性需要。照顾太多，力不从心，政要才为市场经贸发愁。眼中仅存"有之以为利"，颠倒国政市场地位作用，甚至借此岐社会道路，偏行政方向，主要是新生财势欲求，非社会"无之以为用"的将来趋势。

（二）市场

垄断资本早已冲破国界藩篱，跨国公司触角缠绕全球。世界市场态势，资源配置以赚钱为好，产业结构以获利为优。发达“经济”无“济”可言。许多市场结构严重畸斜。资产兼并到不只是富可敌国，不但政府出面组织国际经营，而且多国政府共理市场成常态。巨额资产尽向比较效益高处流动。矛盾积累，市场社会化助长社会两极化。

资本市场全球化，主要市场主要由权势调控，甚至还搞跨国支配。一国政治经贸地位每况愈下，甚至独木难支。中小企业少壮扩发达之机，个体农户无抗拒天灾人祸之力，传统产业江河日下，高新业主来势汹汹，低价商品淡出超市，雇佣劳工俯首帖耳，贫穷政府忍气吞声。

当今世界，政府逐步加强主要行业发展的计划性，乃是当代主要国家积极干涉、调节、管束市场活动的基本方式。世贸组织应运而生，推动世贸组织WTO原则普及深入，合力反对美国破坏活动极为重要。在这贫甚富极、强弱悬殊的松散组织里，强强联手主宰阶梯市场，力图用高标准规则统治世界。

市场是实现效益地方，也是减少利润的场所。营造营运，管理才出效益。前提是合理分配。长官指示要求，听从率大不如前。会议决定指向，实行有限。依法监管市场，业主自主发展，将成将来主要营运方式，财税政策作用大增。

社会生产力水平，信息资讯大数据，决定政府规划主导，民间广泛自主，官导民营市场联动三层次：上层，联动化国际金融市场；中层，专业银行，行业垄断市场；下层，供销协作，直销市场。层间存级差，层级联动靠政策、规则、财货、运通、网络调剂。国家公司，获得超常市场，联合上下游是必须，联合相近同业是捷径。

央企有百万亿计的营运资产，营运收入近资产额的1／3，有可观利润可调剂必亏单位，填平补齐。提高其大多数职工收入福利水平，极有利于坚固执政依靠主体。提高其营造管理水平，加强其营运服务意识，父业子接，师技徒传，形成关键技艺、管理专业化家风，都属复兴基础工作。处于弱势的央企，若不以其人之道还治其人之身，集群联动，领先创新，营造自主规则，顶多也只能跟从。若不设法挽留专业人才、培养熟练技师职工，恐怕产能都难以发挥，别再说壮扩创新。

（三）干预

二十世纪七十年代，电脑广泛进入办公室后，又逐渐成为家庭用户终端。自金融服务协议出炉，英国传媒美国银行利用信息传输网络，广泛提供交易中介服务。二十世纪后期，变动惊人的证券股市使不少国家惊慌失措，无能为力。日新月异互联网时空，让人们说长道短，形同当面。现今为开拓市场为钱钞奔腾的业主，正把网络交易扩展到企业居民、直接消费、最终生活用户，营造产销及时对接中介业，营运快速服务场。政府在引导其发展时，网市买空卖空，欺诈中介凭空消失等行为，将与日俱增。不但要立法限禁，而且要及时到位。

世界银行标榜市场自由化，却始终限制发展中国家市场营运、资源配置自主化。我加入世贸组织，原始积累血腥，资本垄断冷酷，投机吞并奸诈，金融风暴严峻，国际交往摩擦等，进一步纷至沓来。通货喧宾夺主，金融有变为主体的取向。在生存资料奇缺时，货币金融将乱上添乱。

不同于闲散资本小量投机，权证金融为主力的国家，巨额投资，总爱兴风作浪。须防西方多国争入“亚投行”有恃无恐，可能干扰误事。“自贸区”行政部门，快步提高对财货贮运安全、技术批量品质、门面服务标准以及实况巡检水平，是经常严格监察市场的重点。督察官吏，有待充足其言行经常办法，随时到场深入坚行责任。

1　网银

1996年，由电脑和信息传输中继器服务器构成的互联网，做成商业资本即时交易生意场。网络成为世界交易快捷场所，新的交易方式，被传媒名人炒作为“彻底清除产生经济波动和周期的内在根源”，事实恰好相反，美国证券交易商自动报价系统，指数大起大落。市场金融危机，有增无减。“新经济”到底不过是中介操纵的网络交易，只在社会安稳，实体产业兴旺时，才有繁荣景象。终归可利用而不可做依靠。

经贸全球化以及地区战乱，让大量有钱人迁入美国，带动高消费，以至有人惊呼“滞胀”。科技股权炒高市容率达数百倍。银行甚少个人存款，幻想一夜暴富的散户不断被吞噬，被戏弄。游资通过本地市场，发行可转让权证，获取巨额本币，经沽空连环冲击，获利出逃，金融风潮此起彼伏。尽管金融将成盛世经贸主体，背离资本运动规律的运行机制，金融市场波动，频发趋重，发达问题严重。美国金融股市问题甚多，不宜被动搬弄，最宜逐渐自创运营体系规则。

二十世纪以来的金融风暴，凡属政府干预、财政调节，国家管束的市场，代政府而行美联储，都收到力所能及效果。限定贷款利率，就足够有效监管，含外资在内的金融行业，自主营运。当前，无论如何，也要设立合股银行，统一汇率利率，鼓励人民币结算。稳定金融秩序出路在：组织全球化公共性新机构，用公权及时按资本运动规律吞吐财货，到处调剂市场，监禁网上非法交易。华尔街逼日元就范历史，故技新招，必须全面攻防。争取几种货币同时支撑某型信用流通，取代美元结算储备规则，值得继续稳步推进。

政府尽快监管市场，特别是钞券全球通行方式方法。监督市盈率甚高的股票权证，防止低价购进的股权暴利过分，或者高价狂抛，造成价位过度跌损。限定市场波动价位，仿效马克思的凯恩斯方法，仍然有用。壮扩国际自由市场，全程掌控主要上市公司炒作动态。只要新股上市，股市不会因监管而衰落。公司上市，不过是网上借款，规定公司用股权，随时调节流通股数，维持合理股价，保持公司随时有依法偿还权证筹资的能力，有借有还，确保道德信誉。

现今金融财势雄冠天下。美国会容许华尔街放手，撤销存款利率控制，再三放松金融竞争和获利交易约束。“金融服务贸易协定”让华尔街银行准入更加方便。住房购车，长期巨额贷款，储贷公司银行空前旺盛。

金融业流行以单据权证做交易，储贷公司允许用存款证券票据等，做抵押借款和转账凭据。闲散资本货币变为远隔实业的权证资本，在银行间挪借流通，在互联生意网交易，背书转手暴利。

无论按高价位收盘价或日均价计算,主要权证都泡沫如山。

经纪性权证投机,交易冒险成风。透支变现,资不抵债,挪借链断,掀动次贷狂飙,祸害天下。股市衰竭,存户血本无归,公司倒闭职工失业,资不抵债城市破产。欧盟招架五劳七伤。通货膨胀,市场危机,社会乱杂,袖珍国家破产。所谓“资本市场是化解防范金融风暴的有效场所”,至多是权宜应急手段。

2 监理

股票上市,最初定价就超出公司本值,造成基础泡沫,流通量越多股价愈高,交易泡沫越大。实迹不佳上市公司,以泡沫维持泡沫,必做手脚,还有金融杠杆,维持放大投机泡沫。

除交易性泡沫外,还有结构性泡沫。二十世纪八十年代,日本银行贷款,大量投向私房私车,造成东京泡沫。九十年代中期后,外资涌入纽约高新科技股,纳斯达克(NASDACS)指数,四年升高五千点,形成举世惊恐大泡沫。泡沫破灭,世界股市风雨飘摇。有钱人账面损失巨大。

股票量与股价之积称期权,高低期权之差为收益,收益既是公司筹资根本,也是股市炒作动力。总量巨大,在全球随机聚散的闲散资本,听风就是雨,盲目投入,股价飙升,泡沫鼓胀。抽离转移,泡沫缩水,股市波动不已。

泡沫本身就是风险。自愿上市是博弈。上市股值遂成经济主角。些许红利惠及工薪福利,股民分散化。据说,长期统计,只有10%股权盈利,70%股权亏损。只准闲散资本自由入市,有利于稳定社会,保护大多数散户家庭安定。

实行集资保护A,适度投机B,自由进出C,三类股市管理。绝大多数个股,受损轻微,却能抑制股价疯涨,有利可图,风险可承受,闲钱热情就可鼓动。超过中值的期权收益,应征收累进所得税。

华尔街操纵汇率,本国制裁他国,冻结私有资产,保护本国业主利益,事实上否定了他国所有制属性、WTO准则。西方“宪政”,现在难道不是行政专制经贸,难道不是操作性命令,到处挑战不时否定指导性法律?将来组建共理型公平性交易、结算、储备、货币、金融活动新形态,替换减弱被发达支配的世行作用。

正言若反。世界被发达主宰，诡计多端借口不断，口是心非，有步骤依计划干预调节经贸，兴动护短摩擦。有预期地损害发展中国家权益。此外，市场竞争，主要发生在同业同行间。政府全面调剂市场因素，让主力互补互助，强大领先到形成无可匹敌的国际竞争力。以其人之道还治其人之身，势不可免。

政府用行政命令，禁止银行外的投资理财活动，是否有利银行外财势活动？准入银行，可能用不担风险的理财名目投机获高利，坐享其成银行，理财只赚不赔，合同法精神似乎不适用。网上非法负面，与道德信念理想意志，人品人格等社会表现相关。及时进行法律追究不可避免。

互联网新经济，金融投机转瞬间。东南亚股票危机，美房贷全球遭殃，国家破产欧盟软，市场萎缩中国急，危及社会人文、当代文明成果。要求部门行政，以身作则有始有终，特别是及时强化统一规划，集中规划监理机制：

(1)组织部际联动的大公司。着手组织集中供销，协议分成，银行参与机制，大型央企应及时组建部门性行业链式业务公司和多部跨国联动的控股公司，发挥股东作用，改变服务方式态度，提高效能，完备经营方式，形成左右全球市场的竞争力。国家间又何尝不是如此。

(2)全面组织行业性民营联合体。政府用税制税率、利率技术、政策等，调节区域分工，组织行业联合，形成中小企业主导地方市场的态势。以主要产地为中心形成跨省性行业协会，争取银行、大公司与之形成互利互助联动机制。强化行政对市场的全面监理、及时调节。完美按使用付出分配效益，共享进步成果的规程；同一成本全程跟踪核算、品质认证、课税服务、维修理赔、安全保险、设计标准等监管规程；合理设计、流程、技术、工艺、项目、投资、生产、待遇、贷款、利率、担保、汇率、便验、退补等转化规程。

(3)着力推动技术创新。广开技术引进门路，加大技术转让投入，建立不拘一格如学历、资历、国籍等的用才机制，普遍强制制造业的设计升级换代改造，提高工艺流程标准，开发形成发达与发展，产业与服务两类，高中低三级新需求的新产能；政府用较少财政收入做项目带动费，专攻技术改造，如未曾开发的海洋领域，关键如航空动力领域，重点如信息生化领域，基础如煤化工能源领域。大力支持原创性、超越性和集成性的高精尖特技术，营造按分散招标、分散研发、比例分红、部件总装等规程运行的技术集成公司，拓展发达市场空间，更新发展市场需求。

（4）进一步完善政府监理机制。不断丰富与提高加工、消耗及性能、功能、效能等产品性质指标；分别三级市场的准入标准；全面全程掌握成本、有机构成比例；支持行业协会规范产品地方最低价位，查禁明降实升和假冒伪劣欺，特别是农资、中药加工销售品质不合格等投机行为；支持基层党组织与工会群团联手与经营业主商定技术等级标准，公益费用及工资分配比例等，提高专业监管水平能力，确保市场低价高质优势长盛不衰，各方权益得到合理保障。在工贾商贩追求高利润的市场上，质量随机认证等单位，到处关注产品，尤其是生活用品、农产品的化学残留、物理性能，依法事前确保其合乎用途及人身安全标准。在减少放弃行政审批的市场上，须经常加大强化对原料、产品、服务的量和质的不意质监抽检工作。市场监禁单位，严格查处产中产后、售中售后不该发生的所有问题。质监方，亟待提高检验纠正对象品性功能的客观能力。尤其是医药食品，例如正药效力，农副食品被污染。市场管理方与相关方协调，统一定规，常态行事，真干见效。党政部门，如果轻视监禁，各行其是，终以浪费资源，伤及百姓，危害全局告终。

（5）规范成本工资构成。出台固定资产、技术创新等投入的限期折尽政策；设定职工安全、保障、发展所需和税金在成本中的比例，形成投入折尽，公益分摊的成本构成规程，由行业协会主持职工代表大会，议定本单位技术等级标准和公积金比例，所有人员先按经营、管理、操作、辅助岗位领用日常生活费，再按协议分红标准让全体职工按四种岗位，各得效益工资。迫使全体职工休戚与共。正常经营达到折尽年限后，企业便成为全体员工共有、民主管理的公私合营股份制企业。

（6）推动银行参与经营。主动变存贷中介为参与经营伙伴，改变银行运作重心。将小额放贷款转向民营、技术、农户，将大部分储蓄款参股，支持新技术创业和中小企业经营。设法学习外国银行兼并、做大做强、以百分之几的股份操纵全权的经验，争取十年内做到少量股权，带动万亿元计资源运作。央行按保本不亏原则监理。估计很快就会改变微利重损的实况，收到坏账少、收益广的效果。

(7)完善当场受理全部承办规程。服务部门单位，应该杜绝现场推三阻四行为。取消医疗、运输、邮电、广电、文化、出版等单位在商业化市场服务中，优越无责合同格式，担当合同法所有责任义务。所有服务业，兼并重组变强，应该成为积累贡献大户。

如果联网分级汇集各地银行、市场、超市、铺面、门房逐日簿记，采用按收入消费群体实际比例，更新加权平均过程，严肃公布统计分类大数据，人从中把握社会发展真情实况，特别是外在态势和社会财富集中，收入悬殊，市场疲软，营运艰难，物价攀升，人心散乱等情况，从而做出合乎具体时势的判断，提出可能解决问题的足供选择的程序办法。

重新调整结构，也许涉及公务人员。坚持为人民服务宗旨。改变公务员要背景、吃皇粮、借裙带等就职任职习惯，拓展平常人行政机会，将来，改革尊上意议事行事等行政习惯，既是体制改革条件，更是共和社会前提。

在二十年内，围绕人治变法治，监督还必须追加社会承担。政府行政方式，必须有从管理，经监理，向服务的渐变。工作从被动上行下效、照样画图，到主动因事制宜、奋发创办转变；围绕技术创新，逐步推进社会均衡，是治理社会的基本任务；保障公共安全，特别是资源分散隐蔽、空中主动权和所有家庭生存的基本需求；分批分期满足各地发展的主要需求，同时干涉个人享乐的过度需求，是统筹规划和定量实施的基本出发点。降耗减排去产能，任务更繁重负担不轻，地方规划不能不慎之又慎。

3　规划

执政党建设创新型国家，创新内在规程、外在制度，从而强盛国力，改善社会生活状况。执政党日常事务，概而言之：掌管法纪权力、主要资源、基本生活物资、军事实力；主导社会潮流、群团需求、人心向背、社会动态；主持目标规划、道德宣教、行政程序、情况反馈；防范敌意对手、动乱潜流、市场波澜、地方取向。守住现成，开导前途。

改革开放,根本是使社会人文性能功用充分发挥。许可自主消费,是完全市场化表现。政府主导社会发展,不是舍弃发展规划比例性,不是舍弃政府对市场营运监察的全面及时到位。调控,不再是只有政府指挥一切,调动一律,包办一切,始终一刀切的行政命令,而是调整地方发展需求计划,更重多方管理跟进,多面多重同时参与。

社会主义事业目的,要求分配朝公正公平尚同方向发展,各尽所能各得其份。重新公私合营股份制。追加外资单位社会保障义务,享受同样的国民待遇。财政困难地方,独立核算单位难担义务,中央照顾。大国人多,难像发达国家那样全包社保环保公益高消费,个人消费实行家庭、单位、政府三层分担制,三方视实情,有侧重地分担,逐步制度化。在十几亿人的大国,采用政府分级引导、各方参与、家庭尽力、个人尽责方式,鼓励一事当前,就想、做、改、试、用、报、奖、广。当地科委科协帮助组织,传媒义务宣介,营造一种主动找事研究,争先改造创造,共同扶助贫弱的社会氛围,万众创业好时候。

税收财政涉单位个人消费,须限时节尺度。物价水平涉家庭单位消费,宜设法减少生存消费价大幅波动。物价调节,涉及许多社会关系法律问题,征税方法要通过管理解决。财政重在顾及贫弱辈。工作基本同工同酬,量和质不同,则加奖励,年终一次性兑现。做出点成绩,立即兑现,可能变成投机浪费动力。国家,视国如家。冠名"国有"的企业利润,首先让无利国企,同时让全国民众分享。城乡工农士民,能力不同,分工不同,作用不同,品性不同,但社会人格、法权、分享地位应当相同。不同的作用,已由任职时按劳付酬荣誉差距表现。

充分就业将是维护人权,增改社会消费,实现小康的基础。主管方通过各地各级,分门别类消费,簿记十年,把握住95%以上实物流通和直接消费的巨细状况。政府通过直补,掌控医药、军工、生存必需品的简单再生产。从财税入手,让超市常供价廉物美实用小商品。都可缓解收入低、物价高、品种欠、负担重、运销难、苦难急、心情偏等情况。其社会意义久远。

市场促进产品结构优化,产业行业也因此强大,财政纠补市场社会畸形，人人有望生存无忧，发展自主。国家通过政策调剂，省市规划，营造大环境，创造区域性生产条件。企事业单位就近营造、维护、保持周边山野河湖生态，救助家庭困难、扶助发展，列入成本实报范围。

设计人员，管理长官，尤其是现场处置者，事事随时注意，养成由远及近，由表至里，由面到点，由整体达局部，办一还三细致习惯。官民联动，因地制宜。稳定农家收入等等。体会乡亲为何搭乘农用车的无奈，单机械设计，就不能从刚强结构，降低重心，限定时速等提高稳定安全性？管方体恤农户手工小贩疾苦，社区物业尽责，提供市集场所，方便生活品交易，满足居民各种日常修补正常需求。让政府关怀直接当事人。减少医保等福利中间繁报、卡扣、挪用、贪没环节，由此取消名目繁多，官腔形式不少的“管事单位”。执行层努力在无数细微处修为，多少日常细碎工作，需要加强服务管理，多少青壮年劳动态度、责任心需要提高。

同一事业目的，明确阶段目标，保持法纪连续，维护现成秩序，重在宣传正道，要在县委能力。落实跨任期长远规划，在完成计划任务中，选好人事传承，完善操作规程，细致举措办法。职业技能培训先行，道德品性教育先重。

较长的过渡阶段中，政府干预调节市场流通责任重大，许多跟进性重复性行为，使特产不特，效益不高。民主议事程序中，知识官吏的责任，实行终身追究制。逐步树立世界共和为上，国家权益为重，单位发展为荣，法纪规章为准，自力所得为傲的社会风气。在人治转向法治期，怎么严肃法纪也不为过，执权人自作自受是考验。

市政府利用主要产品资料库系统大数据，及时掌握社会市场行情，主动指导经营方，做好看市场、赶稀缺、新品种、高品质、计销售、改装备等工作。地市经常与相关方形成分工合作、市场联动机制，可提高调节干预的效率。

我国改革时，一千多万技术干部和大中型国企中百万骨干，不乏佼佼者。但只有少数在技改岗位且有主动权。技术人员当行政领导和搞技术，地位作用天壤之别。分配方式，舆论，不利技术作用充分发挥。随时调集各方各种骨干会战，都有破解疑难妙用。让五十岁左右熟练技工退休，可能后继乏人。组织退休能人意见，继承质量安全有效规定，完善营造官控大企业营运机制，全面组织相关力量，直接参与其壮扩的任务繁重。到处挖掘所有潜力的工作非同一般。组织企业行业交流，有益于管理专业水平提高。提高水平根基在教育。教育创新科研与生产需求脱节的体制非改不可。

设法多方扶助必需的大量简单再生产，指导主要的社会扩大再生产，促社会平均利润率稳步提升。尊重消费者选择权，除生存资料外，自主消费由市场调节。拓展全球质优量足新颖日用品市场，始终是“中国制造”的基本任务，是外汇积累的可靠保证，是技改升级设计创新的努力方向。

中华人民共和国一直礼待弱小，善待其事，被世界特别是亚非拉多数国家传统势力信任崇尚，拉美经济体和加勒比海地区国家，在制定发展战略时，“准备双边多边渠道机构，以满足中国市场多样化要求”。呼唤携手前进，营造互通有无，力所能及的好机会，稳步世界完全社会化进程。

中美建交，邓小平得以促成主要向西方开放的运动，就势立政策法规，重点防范政治思想宣教领域偏向，同时监管及时到位，例如目标、任务、安全、质量、价格，细致具体。促以财振兴方略，归入全面复兴正道。正道，非阶段是非，更非方面取舍。西方只顾当前片面得失，切断前后历史，损害邻边权益，就事论事的方式方法，有害科学发展传统复兴，首先从宣教内容入手，快速改正。

规划社会移风易俗任务、地域性经贸联动化、基础开发任务。计划互助合作项目，提出法律、政策、资源、保障、服务、咨询等分工责任。依靠综合实力，营造共和机构，着重前途战略权衡，制定各国民俗融合，各尽所能，地位平等，民主协商，祸福同享国际行为准则，分步骤走出去，帮助众多发展中国家齐头并进，分享现代化成果。

（四）域族

在人文开创前期，一女多男、一男多女情谊生活，正常普遍，集群联动是主流，独自游离属偶然。定居种植养殖，再简陋的务农食宿，也会使多情男女同居，两代同屋，几代同堂生活。随着营农收获增多，得失婚姻介入，人丁需求增旺，一男多女生死相依，大家小户，社里乡亲，姓氏宗族，和睦部落，势之所然。

家长养育无私牵挂无限，照顾几代嫡亲，联动出同甘共苦家门，兄弟眷顾，联动出休戚相关宗亲，世代宗亲，集群成荣辱与共姓氏宗族，同时，宗亲姻亲联动出兴衰相济、枝繁叶茂氏族社会。沾亲带故亲朋好友氏族往来中，利害分担，团结互助，联动出协商办事，共同进退部族。在部族成员活动所及的部落内，人伦错综，利害有别，分工专业化，合作门类化，交往，逐渐营造出日新月异、丰富多彩的社会形态。

相邻姓氏部落甚至国家，难免为口角仇爱颜面、财货资源领土而争斗。失败方战俘，大多供主人役使，家庭成员非亲化，部落成员等级化。家庭始终是家人生活条件、集群规制权益的基本捍卫者、贡献者。群体为重，家私为轻，命运同一，群体主义日积月累。仁被全局，义顾他人，兼爱风气难能可贵，利他益群道德根基日渐深厚。在务农为基的“社稷”中，表现出部族最基本的社会特征：家庭宗族、乡亲氏族等亲情结构，生产环境条件，生活习俗规矩，公权调剂制度。

部族内分群团，在矛盾中进步，斗争中壮扩。各方自觉不自觉地营造其共同性能，主要有：(1)依靠资源环境，使用它们而形成技术能力、组织方式。(2)集群联动，形成各操其业的三教九流群团，各有需求。(3)生活交往，志同道合，形成约束各自言行的风俗习惯、道德信用、公权权势、调剂规制。(4)生存发展，人意主动，事势传动，形物被动，人主域事，事域制人。(5)道同志异，为利为权，为公为私，为近为远，为己为人，生出无数是非。(6)利害冲突，相互争斗，规制失去威严，社会难得安宁。主要势力选择，不断调剂分久必合，合久必分，循环进步的事态。

1 家庭

家成社会细胞，更是国的砖石。成家立业旺香火，糟糠之妻不下堂，家人朝夕相处，情感深厚无间。严父慈母，舍己无私，兄妹孝悌，尊老爱幼，患难与共，舍生忘死，母护家庭，子承父业，媳为家盛，齐心协力，勤劳苦俭，无怨无恨，家和万事兴，子孙祭奠不辍。

妻不嫌家贫，子不嫌母丑，全力为群为用，尽力为国分忧，光辉门庭，丧而不忘者寿。

血亲、姻亲、乡亲所维系的乡土是国的基础。钱财、利害、足欲、懒惰、地域习惯，某些法纪，则离散基础，破裂砖石。存在老人化、少儿留守、空巢社会，法定长养幼，亲养老，否则刑罚侍候。假若征收所得税，按核定家庭人均收入计，此种分配，应当有利于社保福利，有益于培植家庭责任，便于复兴主流传统。

婚姻大事，多带家庭利害得失取向，门当户对成潜规则。男欢女爱两情相悦情感，虽然一见钟情，不计知识阶差，未必都走向婚姻殿堂。非婚同居有后代绝非妄念。传统婚姻法过多照顾优势地位一方财产分割权，婚姻合法性，未必保家庭先进合理性。

婚姻应是男女建立家庭的自主权利。婚姻法实质是家庭组织法。应该明确，成员尽心竭力自力更生贡献家庭义务、未来家庭结构、均等享用等责任。家庭涉及的许多利害关系，另有其他法律规范，何必重复，造成一事多方管困局。

情投意合、志同道合男女可能情爱一生。交往产生交情，可能深化不舍。催生生理冲动。妻子是否是丈夫的私货，反之亦然，这不但涉及法律而且牵涉习惯道德。提倡核心价值观后，民政是否要坚持人身专属制，否定外遇情感的合理性。干涉私人情感利害的查办，难道真的需要？总结局部细微问题，减少精力费耗。

传媒主动传送主流经典思想，很好传播富含亲情、友情、同情、同志情的家风、家教、乡俗民约、国家意志，讽刺伤风败俗行为，批判压榨腐朽氛围。许多非国事，不因极少概率，而不许民众自主做。绝症吊气，增长病人家庭友朋疼苦、医生医保财政负担。强力抢救，弊多利少。行政推动，坚持勤劳节俭、生产互助、成果共享方向，鼓动财政、家庭、单位分担共理社保福利，社会意义深长久远。

2 住房

住房发展，从穴居到别墅，都集中表现着家庭经济状况和社会地位，无论形态功能如何，都维系着私有制的基层关系，表现着社会生产力水平，影响着生产关系发展，显示出城乡地域时代传统等差别，影响环境和社会，孕育着社会新矛盾。住房不但是避风雪的场所，而且是成家立业的基地，是大量暂时降为贫弱家庭的需要。

主要向西方开放，发展商品经贸，社会基础改变，住房需求迫切。

其实，“安得广厦千万间”之类的道德呼唤，在资本主义制度下有充分表现，资产阶级国家曾为改善恶劣的居住条件采取过立法行动。社会主义制度一开始采取完全的住房福利，有力地促进世界住房福利。可是，支配现代社会的经济规律所造成的实际后果却不如人愿。现在不少国家正在改变已经实行的社会福利政策，不过在住房私有化浪潮中，由国家帮助低收入家庭解决住房的做法还在沿用。

我国人民历来注重住房问题。古代对有巢氏的崇敬和衣食住的顺序表明住的地位。人们在饥寒交迫之际，也有对住房的向往。在温饱之余自然产生对住房的执着追求。不少家无余财的人家，宁愿节衣缩食，也要争取自有家园。住房是一种基本家庭消费，正在向主要家庭消费方向发展，必须及时着手指导。我国曾实行过轻生活重生产的政策，有利于将有限的社会力量集中使用于最重要紧迫方面，在当时的历史条件下是完全必要合理的。住房日积月累到非要解决的时候。尽管政府做了很大努力，仍然满足不了普遍的需求。分配不均使许多家庭的居住条件不堪言表。

国家大力建房，因为分割财权事权，使少数单位可假公济私，事业单位用商业性行为，不正之风泛滥。分配不公引起急切需要住房并被平等观念教化的人们的愤慨。经济和社会问题并现。国家准备使住房商品化，以为商品只有一次交换性质，要求进行住房买断。但是不少已有住房的家庭不愿放弃已经得到的福利好处，大多数住房困难户一次性购买力极其有限。何况把机关干部圈定在一套住宅内，不利于调动其他方面的改革，住房再分配一再受阻。企事业单位日益把希望寄托于社会。不愿承担解决住房困难责任。不少想借住房发财的社会力量完全无视价值量大的商品要加强计划性的经济法则，盲目投机，不但造成住房生产过剩危机，波及市场物价稳定，而且无助于住房问题解决。

从无偿消费到高额消费，从福利用品到高价商品，房改须多方配合，需要有一个转折过程。现在国家实行部分福利政策，建立住房产业是较好的选择。

国家和大多数家庭一样，总有一部分收入是纯消费，不会创造再生产的直接价值。把住房纳入纯消费基金中,是取之于民用之于民的合理做法。由国家统筹种种关系,集中力量迅速解决住房问题正是社会主义特色表现,住房福利性来源于此。应当看到,住房福利事实上只被部分少数成员享用,是社会分配不合理。另外国家建大量住房一时有捉襟见肘困难,国家将投入资金做例如收回成本考虑,既有经济意义又是处理社会和个人利益分配的适当方法。把体现社会福利的住房当商品对待,是部分福利政策中心。

取消单位领导对公房分配权,将现成公房一律收归社会保障系统所有和管理,由他进行再分配是当前房改的基本任务。在2000年前,房改的主要任务是形成规模适度的房建产业,生产足够经济住房供应居住困难和流动人口使用。至于满足高收入人家对住房的超前需求,将由逐渐形成的房产市场去满足。但对于私人和农村住房发展则由社会保障体系统一规划指导。

住房建设不由单位而由社会保障系统规划管理,住宅区设计和建设均由法律事务所进行公开招标,不由个人负责。凡属需要住房家庭,可按住房成本价投资申请楼面使用权,获准后可参与室内改装设计并承担改造投资。待建成验收后住户可做长期居住和优先购买的选择。

建房规模取决于建房基金。此基金由银行管理,来源有三:(1)获得劳动就业岗位的未婚青年,一开始就要节省高消费支出,将月收入1/3存入银行做住房基金;(2)凡公房单位和流动人口要交纳一定比例的收入做建房基金;(3)旧公房房租和出售收入,另外,国家按一定比例如2%~3%财政收入划入做房建产业发展基金。

为提高基金利用率减少流失转移,政府将尽量减免除人工材料和必要利润外的摊派性成本费用,鼓励节省搬运安置,减少第一次投资和提倡不占耕地的住房开发计划。总之尽量使经济住房现时造价不高于约300元/平方米的自建水平,争取在2000年前形成年建2亿~4亿平方米的能力。

住房分配,只由专门机构负责。推荐三代同堂家庭结构形式。实行夫妇有一间卧室,一家共用配套用房标准。采用面积以少优先、投资以多优先、公开排队分配方式。估计在工资水平没有大幅普遍增加前,住房租赁将成为主要住房交换形态。凡祖孙同堂全家共居家庭,人均面积低于12平方米,可按50年甚至更长期限折旧计算房租,对一次性购买则按实际成本计算。对生活在基本生活基线左右的住户实行房租减免政策,居住面积超过50平方米的2~3口人家,可按2013年折旧计算房租或按当时市场价出售给住主。

所有家庭和用房单位均需缴纳使用土地、公共设施和服务费用。公有住房租金和售楼收支全由银行代理。不准单位部门当事人插手挪用。

解决城市住房时,必须加强对农村住房建设的指导监管。原则农村住房自建为主。鼓励在城乡接合部特别是依山傍水地,交通路口建造可供租用的高层房。建房以不占耕地方便社会服务,有利于形成集镇改善环境为出发点。农村五保户军烈属特困户住房用公益金支持解决。

自从官方福利房变成购买"经济适用房"。政府卖地,银行提供贷款,房产业兴盛,业大利高涉广,借贷银行与之牵连甚深,地方财政甚至相依为命。泡沫大起,不少民众家底耗尽;贪大求洋,不少虚荣青年变身房奴。中央到了引导各方量力而行的时候。

发售经济适用房以来,知识白领公务员,居住无忧甚至有余,住房规划可进入保证租住阶段。利用科技,保证优生一子一女,由年出生率,计算城乡总体建房规模。宣传勤俭持家,提倡三代同堂,只要舒适够用,不求闲室宽敞。为消减调动拖累,以后公务员都租配一套任职住房,消除争面子守家业的心态。

政府不惜让开发商中介方降低利润,提倡小居室生活,鼓励年轻人合租节约,限制开发规模,设限财政列支单位超前消费,防止社会陷入如日本车市楼市泡沫积累引发的困境,也是消化存量,减少银行担保风险的较好选择。

各城市银行吸收私人投资入股,市镇房管招标,营造高层全功能小户单身住房,出租给刚就业员工,房租经银行入财政。农村宅基地转让集资自建,满足改善居住环境的单户置产需求。

壮扩房地支柱产业。允许合伙集资购地自建自用,允许房产商自定式样规模,允许闲散民资投入。营运由市场调节,都无损于贷款银行和地方财政收益。崽卖爷田，送人情给关系户历史，终归要终结。随着生产力水平提高、人们观念改变，人们将对家庭和住宅文化提出新要求，产生新变化。适应那时情况的住房制度只有留给当时人们去解决，不是眼下所能全部设想的。

总之，行政让必需者们自筹资金，合伙购地建自住适用房，帮农户集资自建出租房，让开发商建别墅房办公房，多半是将来房产业营运的较好形式。

3　三农

东南沿海长江流域，自然条件极佳，得政策获先行发展之利，在尽力对国家做贡献时，可就身边、附近、远处、偏僻乡野当代化做出显著成效。许多低产良田，污染沃野急需改观。在人多地少、条件优越的水乡沃野，要求投资商，不抢田野风光，修通山路，变开发区为山丘风景。注重环保，始终一直维护山清水秀，物产丰富多样优越性。富裕地方自立自主程度，以方便民众自主生活为基，以终不能靠收益坐大为准，始终与中央同心同德，同甘共苦。

水土资源环境均好的乡野，是国家独立生存乐土，自力更生桃园，甚至是恢复旧貌的依靠。人多粮多、自然条件恶劣、工业支柱等地方，不宜让其自筹自养责任水平一直延续。想方设法，要让西南暖湿气流进达青海河西走廊，在雨水稀少地方，季风前沿耕云播雨，沟壑固坝截流，先在丘缝溪谷山脚植树绿化。在华北河源上游，植被保水土，中游按河床坡降，分段修造滚水坝，拿清理挖深加高的河床当小水库。择洼地分畜黄淮洪峰，设泵站，开水渠，扩灌溉，洪水期甚至漫灌高秆作物农田，应比防汛抗旱忙碌牺牲强。利用太阳能、风能、蓄电技术和深井抽水设施，开凿坎儿井地下渠等，逐步改塔里木沙漠为绿洲草原军工林地。复兴“红旗渠”精神。千秋功业始足下，子孙万代唱颂歌。总之，蓄泄偏重，干旱区多蓄雨水洪水，渗湿深壤，河洪水漫；多雨区多做排涝工程。降水集中地，蓄湖、库水，出口筑坝，降低枯水期干旱。但愿，河源山区植林被，山谷堰塘泛轻舟，干涸河面戏流水，荒漠沙地出绿洲。

经贸是市场的动态表现，市场是经贸的静态存在。企业活力决定经贸状态，政府干预决定市场形势。市场疲软，国政困难，财阏焦急，执政危机。反之亦然。不断循环。

地方放弃市场按比例有计划分步骤波及发展，不合群动规律。市镇安排，乡村组织宜时适量上市生活消费产品，维持简单再生产，供应村里价廉物美质好耐用日用品，是稳定村户日常收入、减轻负担、安静民心的基本保障。

乡野是社会发展薄弱环节。农民、乡村还是社会基础的基础。尽管农业地位变化，农民不以农耕为业，农村名不符实，应将社会发展重点向其倾斜。市上规划乡村形态，应尽量依山傍水边公路，充分利用、保护、改良当地资源特色。鼓动组织青壮外出务工后，多少家庭需求，须妥善安排，及时解决。奖励邻里互助，限制游手好闲、提倡继承传统，正当乡村习俗市井风气。

市镇实行有限计划和行政调控。按“往而不害，安平泰，乐与饵，过客止”做法，集扩交通沿线居民街道规模。减少争原料抢市场，毁环境、损资源所带来的城乡工农、地方乡里间矛盾扩展，改善独处留守单亲处境，刻不容缓。推行种养加工循环利用一条龙综合体，充分利用本地资源。发展各有侧重的第一产业、各备特色的第二、三产业，是乡镇健康发展基础。中华三农事业可望引导全球乡野进步。

分散大量就业需求于乡野集镇，有多方面的意义。成败关键在组织落实，放弃长官指挥一切，并不否定乡村干部示范，组织安排合作事务。城乡农工贸技合作组织就在其中，只是乡镇干部未必一定是领导负责人。

如果村委会出面，组织农户自力更生，自产自销，照顾集群性大户，出部分开工款，招请外来短工或专业户，集营那抛荒耕地，就地收集，加工附近大宗农户分散产品，困难不会太大。乡村基本农田建设，详尽到雨雪保留，土壤成分结构改良，选用良种普及，广用沼气池，集用养殖、城镇生活垃圾造肥。大型如粮食加工企业，消化数亿吨秸秆，做燃料、饲料、原料、有机肥，可成循环利用资源的骨干。帮助农技人员，赠送适用技术资料书籍，用网络，在水、土、肥、种、药、管诸方面大搞技术开发普及活动，真正在生产的深度和广度，创造新消费、新岗位、新职业。就粮食而言，把几亿亩低中产田建成亩产千斤田，恐怕不会难于上青天。低产田改造、改种、改用正当其时。在粮食连年丰收储满条件下,维持年产足销即可。

招聘专业人员,相对提高收入,及时到位。防止不学无术、雁过拔毛、和尚念经人员插手,作威作福。如果田地荒芜,用土地流转谋财时,须严厉把握以次充好,损坏良田的行为,确保农田能恢复种植为前提。设法蓬勃发展多种经营,显著增加农户收入。触类旁通,许多产能过剩非有不可行业,何不在适销量产,维持简单再生产上花工夫。简单再生产,可能是将来最基本的生产方式。

然而所有规划、设计,执行都不能离开群众路线。像办水窖,建沼气池,修池塘水坝,收集田原稼杆,城镇垃圾分类,污水粪肥分流存运,合理施肥,注意农药农资安全,除靠仁心捐助外,政府再普及知识,提高农技,壮扩集股专业大户,培养传统家风,村户生活集镇化等,实实在在出人、钱、物,接力不断,组织农户尽力自办,估计不过三十年,农村面貌将全面改观。

4 服务

农村不同于市集。各基层政府,集中调度,组织干部入户、村民工外出打工,发扬主流传统习俗,鼓励有限科技力量和富户,去帮助一般农户,综合利用庭院、山水资源,充分利用农家资源,建立有效益的庭院经营形式,就地消化过剩闲散时间,增收增产。全力为正在商业化的农村,向社会主义城镇过渡准备条件。

组织扶贫救困。各地出户农副产品,供过于求,特产不特;农产收购价格大多偏低;有利于日常防治病症的食物,被收购批发商,抬价到暴利水平,长此以往,恐怕不利于增产增收、解危救困。为今之计,还须市镇掌握市场行情,通过地头与粮库超市对接,做好乡间品种规模,村户地块分工,按销定产,按季节适度组织上市等计划安排。用电脑数据库网络联通,此举不难。

国家机关如铁打营盘流水兵,这也包括政协在内的党务人员。各地方借精简机构,下岗失业,农民工返乡,大学生自主创业机会,吸纳各有所长人士,甚至外域人士,进入农村市场。放手让习惯坐享其成的网购、快递、客运、邮路、推销回带商品,促进城乡日日流通,刺激产消,拓展城乡一体化进程,加快农村农业当代化。

政府涉农单位,应随时制止工业污染源向农村转移。明令从技术着手,从法规着眼,禁止非安全农资,特别是有毒化工品任意销售。根除安全隐患，就民营矿山恶性事故而言，强制组织集股联办，银行理财制。银行牵头，经营方、投资方、消费方、设备技术供应方协商，达成联通互动，技术保障，红利分红机制，确立设备供应与器材更换，技术维护一家负责制，难道不能减少安全事故之危。

不要随便用行政命令，推行自己所好，禁止各项行为，例如光化、亮化、硬化人行道，做违反社会自由自然常态的事。提供业主欢迎的服务，特别是公共事业独立核算单位，能够多单位综合联动，且将其服务网点，全部延伸到集镇，延长至行政村，顾及自然村户。城乡差别因此逐步消除。

政府规划，促进主要骨干产业协调、新支柱行业强大。城乡市场梯级、地方市场差异，随社会全面发展贯通而降减，人人有望生存无忧，发展自主。两地联系快捷，城乡消费接近，乡野生产力日新月异，村落生活逐步城市化。集镇市域化。在未来的田野上，既有当代风貌又有田园气息。这就是乡野发展蓝图，就是社会主义初级阶段结束的标志。

第三章　王制论

中华社会在以万年计的时段上，受自然环境资源劳动条件局限，虽有局域性扩张，却少有特别突出典型，值得冠名崇敬。致有很久的传说空白。

一万八千年前种子遗存，七千年前仰韶、河姆渡及尔后的兴隆洼，辽西各处遗存，揭示出古代中华社会的部分文化文明，即人文的先进情况。在母姓血亲家族，宗亲姻亲氏族，父系多氏族部族中，道德高尚、品性超常个体，渐得同伴敬重，后辈尊重，长辈器重，终成议事厅上首脑人物。能言善辩，随机应变，处事服众首脑，脱颖而出，成首脑群中领袖。其权威，在借公权之势，集群体之力，调剂人财物，稳定生活秩序，规划外交军事等联动场合中建树；其地位，在补损余缺，顾及多方权益的调剂中稳固；其作用，在众生为重，职务为公的营运选择中发挥。世事调剂权，造就领导层决策权，实现领袖决定的操作权，造就行政架构组织形式。史前政府国家形态，缓步成为社会主体，逐渐凌驾在民众之上。

隐含地域分布，冠名良渚、九黎、三苗、中原、伯皇、栗陆，还有其名含技能专长的骊畜、包栖、尊产、容城、天庭、祝融、共工、轩辕等族群，终被以耕耘为业、后驻中原的轩辕部所容纳，生生不息，绵延不断。依繁体"東"那日在木后字形推测，远古时代，生活在东边林木深阔，如同现今亚马孙那样的华北群体中，某个代表轩辕部的黄帝，被后世仕儒崇敬至今。

传说五千多年前，姜姓烈山氏，姬性有熊氏，为战胜九黎部而结成邦族，强势部族首领便成邦族领袖。有熊氏为主的轩辕部中某个领袖，开升堂谋划公事制度先河。用社会公共权力治众对敌，开始营造辖治天下的公权王制。

那些时政代理人，称雄于黄土邦域，起花蒂般作用，被先儒尊为“黄帝”。黄帝始做国家代表，据黄河中下游部分地域，北方水漫漫，东方林深深，南方日炎炎，西方沙黄黄，邦域似乎居天宇中心，大地中央，物华天宝，繁华盖世，邦域名冠“中华”，终被后世所用。

三皇五帝，沾亲带故，获取权威，世袭成制，时势所然。禹，公而忘私，处事英明，道理人品，深得众望，其权威无人可比。没有盖世权威而得上位者，位尊势弱，难得政通人和。

老子用“天地之始”“执古御今”“圣人之道”“古之善为士者”“建言有之”等，表现他对久远历史的了解。老子始终用前瞻天下眼光，扩全局全程视野，依道注德，理世治政。其理世思想集中在《老子》中卷德行中。治理国政思想集中在下卷王制中。

一　国政学说

王制国法是《老子》主旨。老子借总统事势思帷，以圣人之治为范本，以推陈出新方式，分门别类，传治国安邦要术，用现代话说是领导之道。

书中理世方式，具体全面：“以智治国，出大伪，素朴理域，多清福。知此楷式，是谓玄德”。有无相生，难易相成，长短相较，高下相处，声音相和，前后相随。枉测直，洼测盈，敝测新。少则得，多则惑，获则失。古之谓曲则全者，岂虚言哉。

柔胜刚，弱胜强。天下莫柔弱于水，攻坚强者，莫之能胜，且无以易之。知常楷式，人故无忧。天下至柔，弛骋天下至坚，柔弱胜刚强，天下莫不知，莫能行。

坚强者，死之徒，柔弱者，生之望，兵强则终输，木强则先折，强梁者不得其死，是以强大处下，柔弱得上。

闻善慑生者，毒虫不蜇，猛兽不据，鹰鸢不捕。陆行不遇兕虎，入军不被甲兵。虎无所措其爪，兵无所容其刃。何故？以其无死地也。

五色令人盲，五音令人聋，五味令人伤，驰骋畋猎令人发狂。厌饮食，服文彩，财货有余，仗权贵，带利剑，唯功唯利，谓之盗夸，非道也哉。兵锋过，朝甚除，田甚荒，仓廪虚。难得之货令人仿妨，贪婪足欲令人损亡。如此般现代时常再现，有过之而无不及的社会生活方式，全靠王制法令治理。

细品“执大象，天下往”“知足不辱，知止不殆。和大怨，必有余怨。多德司契，少德司辙。无狎其所居，无厌其所生，两不相伤，德交归焉”等根深蒂固，长生久治之方，以战则胜，以守则固，然后乃至大顺深意，细微处见功夫。注重“治大国如烹小鲜”，一个烹字，把治国要顾及前提条件，讲究部署安排，完美举措步骤等具体细微、深沉隐暗事情，包括无遗。

（一）立王

东周诸侯自立。周朝王制势力渐失，弱小诸侯左右为难。愿合道德的公权体制长生久治的老子，破天荒提出“常足容，容乃全，全乃公，公乃王”见解。摆明天子帝王公侯权贵，非天命所赐所保，乃由其常“足、容、全、公”的德行而定，此种有德者居之先进革命观点，开天辟地。其中所含立法建制，常保“足、容、全、公”性质的法制政治观念，亦惊世骇俗。“天下为公”见识值得全面拓展。

“公乃王”做立国建制依据，开后世“国家”学说思路先河。而“扑散为器，圣人用之为官长。立天子，设三公，置有司，始制有名。大制不割，国之母存。制亦既有，夫亦将知止。大器晚成，可以长久”则呈现营造国家体构，以及通过制度营运，完善集权中央、辖治分级分类的行政方法程序。

朴散为器，圣人用之为官长。理想化圣人，借用加工圆木等“朴”的简便方式建构，利用葫芦“朴”般服务性能去立制。“为官长”，不只是“立天子，设三公，置有司”，选择人事“官位职权”，还包括按社会道德、公共职责，营造制度化国家、结构化行政机构等方式在内。

圣人按公乃天道德来立规建制，强调规制的公道公益、公正公权、公立公用、公平公开、公理公议等民主共和性质。包括选择什么人准备，立什么法，如何立法，如何措辞，如何修改，如何司法，如何监督，如何执法，如何反馈，如何更正等过程步骤问题。当然也排除阴谋篡立，强硬夺取等非正当礼仪程序行为。世上许多先行脚步，值得警惕。

“立，设，置”营造：立国家层级、政府部门、办事机构；设集联性律令规章、公认仪程，及其互制联动、营运政策、灵活机制等事权选调程序;置行政、护束、监督、补正等系统。终现都城皇帝、三公、丞相、六部职事,地方王侯、官吏层级,管理法规等名正言顺集权辖治体制,“始制有名”。

公乃王,公乃天,王相当于天,社会应坚守如天命般的王法。“制亦既有”,“夫亦将知止”。若到夫不愿知止时,“有司寻敢为奇者杀之”。“夫代有司杀者,希有不伤己手”,讲明只能由专门单位来依法执法。奈何,世上总有违法乱纪,甚至私设公堂,刑讯逼供、草菅人命现象。政府相关责任方,为何不肯依法亲为,听之任之?

行之有效的邦域法律体系,久远原则法,广泛执行律,局域操作规,现场应对令,都不宜随意取舍更改。“大制不割”。既然都尊重国政法制,任何人就该服从爱护,不得随意选换。积习成势,长尊王制,以至自然化,“国之母存”。社会皆自然而然地实行,经长期历史考验,得以不断完善的国政体制,便可以一直起社会化规范作用,“大器晚成,可以长久”。

“以正治国。其政闷闷,其民淳淳,其政察察,其民缺缺。祸兮福所倚,福兮祸所伏,孰知其极,其无症。正复为奇,奇异为妖,人之迷其,时日固久”,理论方式、操作办法成就国政规划事业,或危害现成事业,屡见不鲜。莫忘前车之鉴。

联系“公乃天,天乃道,道乃久,没身不殆”看,公侯权贵只要坚守类同“天”“道”的公制,且常“足容”,“守中”,“曲全”,“为无为”,“夫莫之命而常自然”,不但“缺智无忧”,而且“可以长久”,人虽“没身”,基业“不殁”,子孙祭祀不辍。这,可窥见“吾将以之为教父”的初衷。

(二)分治

老子当时所处社会,正被土地私有、财货交易事态支配。士民为足私欲而自行其是,诸侯国甚至无法无天。在这阶段上,无能为力的老子,设想用“小国寡民”式体制结构,根本改变诸侯分封制,变革时局事势。其中削势分治思想,让法家受益匪浅。

两千三百年前,东周诸侯各自称雄。发展中的秦国营造非亲郡县制。当局全面贯彻削势分治原则,不断选用天下人才,仕理国政入手,用配套的社会分配政策开路,百十年间,削弱亲亲掌权结构，扶本抑末，国力强盛，扫平诸国，统一规矩，在资财另散自给自足的社会上，架构起中央集权的仕理郡县体制，塑造出千古传承的国政元神。汉承秦制，完全郡县仕理体制，确立以德化民意识形态，树起万邦景仰的汉统形象。自汉而后，都有益于最高当局长治久安。后来虽然改朝换代，但改朝出新政，换代复旧制则络绎不绝。

清末省级督府军阀据地为王。仗殖民帝国态势，驾驭权势的欧美财阀，损害世界绝大多数民众权益，以至于社会主义星火燎原，在第三世界兴起，削除帝国财阀势力，成世界向往趋势。占地广大，财货资源深厚，治权自主集中，军力雄壮的势力，会形成分庭抗法野心，仗人多势大自立。若缩小其辖地，变为地域小，民散布，势分弱，实力缺的局域政权。地方政府，拥兵自重的军阀，据财成势的财阀，即便多方勾结，也难撼天下集权中央制度。制稳民安，国政长久。

国政统一形势下，削势分治原则，适用于处理中央和地方枝干关系，用于政府，便成部门分权互制体系，若应用到社会，便营造出公权集中于政府，财货分散于民间，多数智者专于业务的社会状态，及其相应的营运管理模式。除了执行方式操作机制时变外，世界恐怕还没有更高明的一般辖理社会形态存在。其中隐含处理人民内部矛盾的基本方法。如何削弱市民间、城乡间、吏民间有碍公权行使的主体势力，值得挖掘。

在道德多沦丧，私欲比天高，拿水当酒卖，还嫌酒无糟的时代，被功利驱动的权贵适度私欲，可在立法执法护法行政过程中实现，奈何，道德约束，法纪禁制，现实不如理想。利益追求，立法建制，背大道而行，损不足奉有余。

“贵以身为天下，若可寄天下。爱以身为天下，若可托天下。百姓皆注其耳目，王公亦孩之。处上而民不轻，处前而民不害，天下乐推之而不厌”。其中相信和依靠群众的民主方式，共和国政的精神，难道不是建立在社会势力分散的根源上？奈何，现代资本集聚成势，徒众甚壮，以至称王称霸。

新中国先用保护工商业主，后用公私合营方式，削除其社会势力，国政清明。大约从二十世纪八十年代中期起，仍受传统意识支配的许多职工农户，变成城乡个体工商户，势微力单，应当导引帮助他们互助化，以加强其市场拓展，抵御财势压榨能力，培养利他益群爱国观念。乘改革人脉，借政策机会发家的大资本，享用时间不短，可用官私合股方式削势。对毫无爱国情怀的主要暴发势力，裸官，宜多方禁制。类似，对发达阵营，也应坚持削势分治原则，利用其自私习性，逐个瓦解。

削势分治层面结构体，靠法律规制，即结构营运关系维护。国政部门体系，应精致强化顶层，简单干练中层，厚实提高下层。改变群团分工过细，部门各据，单位林立状况，从而让生产与应用，调剂互补，实践与知识，联动创新，水平与能力，集群提高。

二　国政传统

先秦而后，在扶本抑末时，分散经营于市集，并不限制个体作用发挥，不籍瞻国，还顾及工商权益。只是豪强欲壑难填。

西汉建官办民营市场，巨贾富商得以夤缘权贵，豪强弟子，得推荐制入仕，合权贵谋私，士大夫财势化。压榨无度，危及民生政权。

西汉不少身在市集的士绅地主，兼营多业，集农工商于一体而成富豪。乡村小地主依顺富豪。入仕富豪兼并分散的中小业主而成强霸一方的豪强。豪强集富贵于一身，一直目中无人，成为社会动乱、朝代更张的主要推手。公权与财势的社会化矛盾日益突出，终成严重的政治。

公元十年，新朝，抱“齐众庶，抑兼并”现平等共和初衷，推行“五均六筦”新政，市场管理、赋税征收、赊贷经办，皆用富豪行家。过场审度，内里严苛，表面光鲜，敷衍塞责，欺上压下，中饱私囊，造成“贫者无从自存，富者亦难自保”，结果，社会积怨集中央，用人不当丧政权。

东汉政权因损不足奉有余，士绅豪强权财两便，无心先进生产技能，有心鱼肉百姓享乐，以致积聚出社会对抗风潮。黄巾起义，军事斗争改变大局。豪强争权，三国战事起，百年九室空。

凭权谋上台的西晋新贵，视道德如浮云，置人伦于度外，思想开放，人治为上，各方势力，呼风唤雨，互相倾轧。当局轻纲纪仰人谋，推选官吏貌似公允委实偏私。名仕颓废，富豪门阀恣意，蒸妃宴宾，人鬼同途，文化失主导，文明失中坚，社会极度疲惫。外势乘虚而入。深入当局喜汉文，汉统人文渐恢复。

（一）样本

隋唐社会复兴，全赖传统续接、田野贡献、政局稳定。尽管财货招祸，政局时变，但乡野工商仍沿袭奋进。七世纪中，江南农业科技已臻化境，大量农户有闲手工业，轻工产品丰富多彩。不少地主从事非农营运。守法富豪，仁心儒商，促进市场繁荣。港口通向地中海，大开欧洲眼界。

十世纪中叶，政府不抑兼并，不计田亩，富豪吞并地主，农民沦为佃户。长江流域农业，从属轻工业更加普遍，商埠集镇如雨后春笋。市场服务业随着发达。日用、加工、纺织、印染、建筑、印刷、陶瓷等支柱产业不断壮扩，矿产、冶炼、制造等生资行业很有规模，火药火器多方使用。极其丰富的物流造就运输、造船、通邮、航运业日新月异。继九世纪私商飞钱流行，纸币流通后，1024年政府发行纸币，有人统计过，北宋发行过20亿贯，南宋高达40亿贯。十一世纪，支票期票通行，金融业务翻新，主要按市场经贸形态而定的所谓资本主义样本，已经形成。

社会秩序相对稳定的南宋，政府专营部分产品，富豪充当经纪人。官方主导市场，商贾自由壮扩，官导民营机制形成。政府主要收入，来自工商税，农业税无足轻重。淳熙年间，海关税收丰厚，军政开支充实。科技先进，器物精美，钱钞充裕。内需巨大，就业充分，市场稳定，商业社会，举世无双。

驱逐元朝势力后，明朝种植，养殖，轻工业，供过于求，契约用工，比比皆是，所有权和使用权分离，土地出租，屡见不鲜。仕理政府和自由市场，相安无事，各得其所。市集商业化，盛况空前，大小集镇星罗棋布，港口城市群星灿烂，区域经济日新月异，晋商徽号不时垄断。市场主导乡野成格局，市民主导生活成时尚。

境外有识之士，认定中华是世界上最富裕、最宏大的商业国度。某德国名士由衷赞叹：那世界上绝无仅有的“道德完全出自个人自由意志”的中华，是人类“致治的理想王国”。中华宗师先进，无所不在。所谓中华一直落后，始终是封建社会等观点，恐怕难免搬西学概念硬套，为资本势力主政妄言。

继秦体制的西汉，明确治理社会，不同于武装夺权单纯。改用儒道治众，补充政治主导思想文化的国政制度。社会兴隆空前，部族无不称汉为荣。大概从盛唐起，谋全民福祉，助群弱改观等信念，在多数士大夫心中淡漠，追名逐利，损人利己日渐严重。神宗朝，立法度变风俗，推行救助市野弱势计划，坚实农田水利养生基础，限禁官吏豪富渔利特权。一因同志难求，领导干部未曾批换，不成力量，二因用人过仁，朝廷多阻挠之力，地方多敷衍之人，三因制度不坚，政无持续之制，行无坚持之法，人走茶凉改革夭折。自汉以降，小康景象几度兴亡，骄人财富引狼入室，社会兴衰经历螺旋循环进程。

舍不得豪华享乐的北宋朝廷，舍战役优势而屈服于澶州，南宋当局，弃胜利战局求和于敌方，将士失舍生报国之机，士农难同仇敌忾之举。当局凄凉离庙日，市井犹酣歌舞乡。在宋朝，从中央到地方，绝大多数权贵，内不忧天下不久，外惧怕夷狄害己。甘当懒驴驾磨、和尚撞钟。醉心前程收益、眼下享乐。贤士"先天下之忧而忧，后天下之乐而乐"的呼声高起。克制欲求，强化纲常，成仕宦要义。但豪强士大夫们不为所动。

自唐宋以降，执政层意识蒙眬，被市井见识俘虏，大政根本无所谓，具体细微总慌忙。南宋思想界，申"格物致知"之理，宣扬道在物中，理在事中，义理不离事功，追求功利合情合理。在良知现成，重视货物，争夺富贵，满足己欲的社会氛围中，追求欢乐，个性解放的味道，让南欧"文艺复兴"相形见绌。市民思想，变异到十五世纪，市巷日用即是道，人欲自然合理等理学观点，广泛登堂入室。面对蚁溃大堤之危，理学无甚建树，受虚无、无为消极观念影响，梦想靠自律成功。

政权基础变更，主流意识变化，见钱眼开士大夫，仍占中坚地位，仍被当局重视。皇室孤立，只好信用依赖身边近侍，东厂监察机关应运而生。江南富家子弟，在东林书院，接受非难正统教育，科举入仕，便结党营私，经常在朝堂上，主张改革政治，挑战集中决定权，矛头指向监察部门，不时形成官宦之争。东林党在朝外，散布市民官吏平等，市民作用优于官吏言论，勾结士绅富豪，形成朝野联动态势。后来儒士，借文艺作品，继续为历史上财势夺权造舆论。前车之鉴难尽言。社会治理何以偏向重农轻商，扶本抑末，现在尤其值得探讨。

天启年间，苏州市民反政府动乱，比1628年英国“权利请愿书”还早几年。东林派系，以砥砺举业为名，以夺取政权为目的，利欲熏心结社非议，应举入仕后，发动政变，推东林党人执政，比英国君主立宪议会倒阁，还早几十年。晚明东林党，集中代表豪强掌政要求，争权夺利行为，让英国限制王权革命，专利难求。

清朝入关，力断政治，思想市民化进程，全面复兴中华主流规制、道德习俗人文，八股文言文，现于公文，通俗白话文，行于民间。摊丁入亩改土归流，贫苦减负，人口猛增。生产全面恢复，市场更胜前朝。

社会兴旺列强眼红，殖民势力挑起鸦片战争，中华变成摇钱树。当此之时，落第洋化秀才，活用西学，组织乡民抢夺江山，太平天国颁布“资政新篇”，全方位习用列强生产生活方式，事实上，拉开“民主革命”序幕。

十九世纪六十年代后，洋务运动救燃眉，甲午海战露破绽。不信义和团群众势力深厚的当局，完全丧自主意志，权贵失自强决心，买办兴风作浪，列强得陇望蜀。豪强左右权势，清末最著。买办财势喧宾夺主，官僚财势委曲求全，士绅财主左右逢源。大片疆土资源被蚕食，四亿善良士民遭侮辱。西方各种势力得寸进尺，漫渗中华各领域各层面。民主革命先驱，鼓动崇洋，惧洋，学洋，追洋社会气氛，要求全盘迅速西化。中华仕子在“半殖民地半封建”社会中迷失方向，社会又分分合合。若非中共砥柱中流，坚持抗日统一战线，中华民国可能步南宋后尘，让日寇做成“大东亚共荣”美梦。

历史上，靠农工贸资源发家，入仕立世的豪强，经吞并聚敛而称雄于世。假财势而御权势，富豪具财阀身份。称霸世界，富豪必将被社会循环规律约束，终将被科学社会主义潮流冲刷，财货将复恢到平常地位，只发挥资源本性作用。

为此，在关键时节，群体个别，地位作用，有之无之，决策决定，长久当前，原则方法，意志财物，意愿追求，谁主谁次，孰是孰非，孰轻孰重，孰取孰舍？弄清楚加以选择，以长远驭全局，慎终于始，知足知止。先调集历史现实各种事实，及其所处时空环境各方情况，再在查明共性时，分门别类概念化。选择有关联的那部分概念，综合整理系统化，抽出重点加以有序表达，诸如不断革命论，改革阶段论等见识。以便统一意志步骤。

随着资本市场全球化，中华人民共和国类似延安地位，各方势力已入腹心。要引领社会前进，须借鉴历史传统，去伪存真，承前启后；坚持道德法纪，古为今用，由此及彼；把握科学发展，继往开来，中为洋用。促进中华先进人文全球化。

（二）主体

据文字记载，核考古发现，社会公权辖治体制，大致始于五千三百年前良渚城都和中原邦域上。自黄帝后，纪元在约四千三百年前的唐尧，正式在从前设官置职，分责行政基础上，充实上层做主的政治民主内容。继尧主政的虞舜，放逐不用不同政见者，施刑罚罪，初立划地辖治行政体制。

夏启，树建集权中央，宗族家亲掌控各地政权的规矩，作为社会主体的“国家”就此而始，沿用四千年。国家执政层，自身需求日益膨胀，甚至祸害社会，天下神器，执者失之，为者败之，终被自觉不自觉地不时更换。

1　辖治

用武力夺得国家的商汤，添加以情谊为纽带，以道德为主线的部落联盟性德治制度，力求缓解宗族氏族上层矛盾。商朝被财货离间，权贵离德，殷工，为服左右，统群下，造天授王权，创中央政策决定，全靠天子新章程。

套用商朝规制的幼小周天子，遭遗老新贵为难反对，于是周公将政治重点放在执政层，规定：

（1）王嫡长子掌邦域天下，分封庶出辖候国而治，建世禄分封制。

（2）邦、国朝廷，内外分级施政，嫡长子独掌事权，立世袭宗法规。

(3)权位交接相互往来坚持明确程序仪式，立执政理世等公认礼制。

分封宗法辖治礼制，既开邦域政体先河，又张礼仪之邦先声。地方分治的合众国，或欧盟体制，不过是西周分封制的现代版。

数百年间，政治平和，社会安稳，财货集聚，土地私用。普天之下莫非王土、率土之滨莫非王臣的道德制度形式化。春秋际，一度共和。齐国仲父倡四维，郑相铸鼎标新法，旧制出新。三国分晋王制衰，诸侯争霸主体乱，礼制体系崩析。各国弱肉强食，重臣喧宾夺主，世禄分封制完全崩溃，世袭宗法规残留内庭。礼仪、礼节、礼数普及民间，文字、文化、文明造福百姓。到西汉初，以分封宗亲世袭形制为主的所谓封建体制，寿终正寝。但权贵世禄习惯却被当局喜好不休。

2　仕理

公元前四世纪，春秋诸侯从强势争霸走向问鼎天下。战国兼并大势，迫使发展中秦国发愤图强，秦孝公在稳固地位后，持至德者不和于俗，成大事者不谋于众的观念，果断用刑名学理，卒定农战法令，乱法者迁入荒野，不避权贵。乡民，勇于公战怯于私利。吏役，忠诚律条稀言耳命，政通人和。当局不问出身，选用非亲人才，全面贯彻削势分治原则，用配套的社会分配政策开路，养黔首，深扎万众一心社会根基，立郡县，建树众志成城仕理主体。仕理制，内有集中调济之规，外行全力办大事之策，政府集中意志，改革二十年，扶本抑末，据地数千里，雄师百万众，号令赏罚，地形利害，天下莫如，国力强盛，进可攻、退可守，立不败之地，具横行天下实力。

惧大恐强的发达六国，合纵拒秦。贫人张仪，知诸侯私利至上，合纵势难持久。专程说秦王：因谋士不堪重任，战略战役再三失机犯错，要争天下，坚持仕理，远交近攻。破合纵，亲齐燕，臣楚魏，举赵亡韩。秦国从此从胜利走向胜利，当时，拔一国而天下不以为暴，利尽南海而天下不以为贪。

地广民安，国强五十年。秦昭王冲破暗惑，卑躬下问得良策。坚定交攻主意，坚决清除阻碍权贵，非亲新贤当位执法，领命用兵，通过卑辞、重币、反间、削地、举兵等手段破合纵于无形，外交、私情、贸易、兵争全面联动，旌旗到处人安定。几十年间，人换规制留，不断填缺补齐，终于逐个击败对手，建树邦域一统新局面。

秦始皇正式公示称帝，立中央集权郡县仕理制，“帝”代表着政府最高权威，从此皇国家和帝政府，不加区别混成一体。政令统一，权威发布，同时贯彻。奠万世难变政府形制。分门别类分工，在于行政内行专业化，部门层级间合作，在于办事过程协同化，都为满足需求，快出效果。

继秦体制的西汉当局，被时势局限，初始为无为，社会休养生息，文景之治现，汉武之业成。董仲舒独具匠心，明确治理社会，不同于武装夺权单纯。特列突出文化纲常扶持政治，补足政治准则主导思想制度。后世贤达，推重法治。道德指导，儒术化民，中央集权，仕理辖治，严肃法规，依法治吏，遂成两千年国政传统。史儒未能将“夷狄蛮戎”及域外史等搜罗概括，消隐多少中华历史，隐蔽不少人间沧桑，轻淡大量理世经验。

建于秦，成于汉，全于唐的政府仕理体制，传流后世，楷模天下。政府分区、分级、分门别类设置机构，辖治事权较小下级，服从辖治事权较大上级指挥，尊重地广人多代表职权，成必然制度。这一静态政体一直大同小异，政体内存规划决策、法纪审议执行、施政监督反馈、更正政策等联动机构几乎未变。

正常情况下，了解全局的帝王专制，仅是认可朝议决策。唐初甚佳。科举选仕、分工负责、施政决断、互相制约等仕理制度，始终同一，只有施政联动、循环运行机制侧重选择，随社会形势变动，与时俱进。但人情势利，科场舞弊，监督反馈，多显不足。

商朝败亡，东周裂解，唐宋明清极盛而衰。抱天下为公主旨当局，不能只抱妇人之仁，治全球乱世或局部无法无天行为时，严正国家律法，经常“亭之，盖之，毒之”。必要时，学“天地不仁，圣人不仁”，像奔腾洪水扫除罪恶，像严寒冰雪冻结世上不善不良之事，尤其是对强势智者，例如对财阀当局为非作歹事势。奈何法纪松懈，为当前局部利益，而误天下长久事业的历史事实，层出不穷。

商业化社会，必须建立在物产雄厚基础上，否则，遭遇灾难，社会动乱，国政丧亡。乡野营农养生，社会人文自主，巩固传统政权基业，中华公权势力统治万古长青。“天命有常，不为尧存，不为舜亡”，强调体制根本。历史证明，要保事业久远，除安排人事长期规划外，根本还在不断完善基本制度。法先王、法后王，其实都重制度建设。权谋英雄骑鹤去，法律制度久存留。恢复规律性体制、久传性习俗，是复兴中华的主体。如凉亭般的基宽厚中精干顶强大的辖治形体，如机器部件契合联动的联调规制，恐难有根本性改变。

中华地方分级辖治、部门分工仕理的中央集权体制，已成世界国政不二模式。用儒道法经典培养仕士意识，由辖治明确的官位，由事权所定的制式，可能随社会态势而时变。凌驾于社会之上的公共权力，将逐步变为服务于社会办事能力。意识、权位、制式时变，总会引发体变。反之亦然。然而，只要有势力、智愚、欲念、分工，职责差别存在，极须安分守己、尽心竭力的责任意识。

中华数千年兴衰经历，积累起无可比拟的原则方式、斗争艺术。当局循历史正道，养理想信念，树前瞻目的，据全局形势，乘难得机遇，定发展战略，备曲全途径，防高位叛逆，朝选择方向，执大象，天下往，往而不害，安平泰。加上人多势众，国力深厚，军威强大，用科学发展信念，复兴中华途径，承担主导世界人文前途重任，当属众望所归。力所能及，前景灿烂。

3　体改

在宗族势力退出历史舞台的社会，国家由邦域族群、家庭行业、生活资源、市场交往联通，以及文化形象、军政体系、外事活动、法纪制度等社会人文共和事实事态来充实。

任何一种邦域化公权性国政体制。其体，是社会公权分工共构形态，此构架由分级、分门的内设单位充实。其制，是体现强势权益营运的法式，即集群联动各单位，相互制约、下上调节的营造法规，营运章程，以及让其中所有人员，充分自主执行任务所必要的责任义务权利，及其言行的规定条例办法。规划决策、损补余缺、内外职司联动，若及时得当、令行禁止、政通人和，民安国强，制式稳固，国体政体长治久安。天下便算至治。

国政辖治间架须要不时营造，行政运营能力须不断提升，恐怕多被自身需求日益膨胀，甚至祸害社会的国家执政层，熟视无睹置之度外。后世仕子，只得自觉不自觉更换执政层，层出不穷。尽管方式有异，形式不同。

现今社会，国家仍是以武装维护政府行政势力所及的邦域社会。政府仍是国家主体，国家，得军队护卫，被社会最强大的势力把持，行使部分公权的政府，是国家一统的管理机器。国家只有政府这一种势力称雄，政府被强势政党掌控，社会只许一个强大阶级专政，这是现代国政典型制式。布尔什维克只能就势而为，也入俗套。

人员交往便捷，信息资料集联容易，国政法纪规程在，面授机宜省，这些条件，提供合并部门、简单层级、精简官吏、减少内耗提高效率的充分可能。执政党创新内在规程、外在制度，国政体制简化大有可为。精减中层充实下层，合并上层部门层级单位，恐怕是国政体制改革初步。

依现实条件，国家体系，可变为军委、政府、人大、政协四系。政府由行政部门代表，政府分门别类行政，由办事单位执行能力表现，指挥门类精，执行类别多，现场种类细。人代会，政协，由分级辖治地域表现。人大，分专门专业委员会，省以上代表专业化。政协，则由执政党和其他独立党派构建，共襄政务，同庙分立办公，大事合议分工。

军委系统独立化，内分：军事统帅部，直接依靠总参，谋划战略方面和战线部署，下辖人事后勤情报方面。至于战线上各战役，由大战区负责。战场战斗由野战军种集团军、兵种合成师完成，专业民兵支援。地域防御，由武警，后备役，专业民兵等坚持，合成师支援。营造社会战体制。

政府设国务院、市、镇三级；人代会设全国、省、县、乡四级；政协中，执政党，分中央、省行署、县、乡（区）和基础支部五层，其他政党只有省中央两层，介入政协公费安排活动。社区、村落，在乡党组织指导下，县委监督下，居民自治，财政据实补助。

省县定界线，在于负责任。省行署按地域面积重建，市镇规模，以黑河腾冲一线分界，其西北以现成为主，地形发展为辅，其东南，则现在小省合并，以扩大辖域。可组织13个左右新省委。县境最大边距以汽车行两小时为宜，约两千个县辖乡，乡界以自行车行两小时为宜。都为亲历现场一日往返方便而定。

以人口定城市集镇范围。约30个辖地上万平方千米的直辖市、大省城,其城区人口可超2000万。500个市,其城区人口可在500万以上,县镇人口可达50万。本届政府辖区,可能与上届不同,同一地域,可能变更上级。若上海帮新疆,广州帮青海,深圳帮西藏,重庆帮云南,南京帮甘肃,形成泛空间辖治,至少可防止社会势力勾结官吏为非作歹,便于立法执法监察方,如实查看施政实况。

执政党中央,派代表主持的省级行署。县政协日常工作,是监督镇政府行政,指导自治村和城市社区活动。其他党团参加省行署和全国政协的指导、更正性监理工作。改变同级监管习惯,实行上级党委监察下级政府,同级党组织核实本地行政情况,定期向上反映的制式。党政两条线,交汇于中央和村委会。

随时到处不断积累所有司法执法立法中,尤其是涉及群众切身权益的处分经验,绝非轻而易举,还有许多细微事情要做。允许民众越级反映各种犯法事,随时监视身边官吏,监督法很有必要充实完善。

县以下书记,长于处人,助手长于处事。省以上要人,长于处事,助手长于处人。企业事业单位党组织,归当地县委监督。乡支部直选,书记是组织对外代表,在内没有超过同志特权。县党委不设部门单位,委员分工负责,合作成一体。充分发挥办公自动化作用。省委书记代表中央。中央委员宜在省党代会竞选,无记名投票中得任。书记处为政治局办事处,政治局人选,将来多半要由省委书记充当,分工合作,处分日常事务。政治局竞选常委,主持规划重大谋略,由总书记决定,经中央全会审议通过,成本届任务。决策民主和决定集中,程序涉及党章,防止用操作办法,否定民主集中制,甚至改变主旨初衷。祸起萧墙,不得不防。

改善党的领导,重点转移目前至少有:

(1)从支配一切的统治作用转到依法监理国家的领导地位。

(2)从直接参加一方行动转向指引修正各方言行。

(3)从一般空泛号召转到严密组织理论法纪细致传统教育。

(4)从跟随强势转向自立主动集群图强。

(5)从单重经贸转向科教军政全面复兴人文方面。

(6)从转位提升转向能上能下任职，提高为人民服务责任能力。

(7)宣教部门率先垂范，遵纪守法。

党委示范，少做损不足奉有余事情，政府不树门庭前卫形象，立开源节流、任务任期等规章，部门不搞各自为政以权谋私，恢复威信，获取众望，以求全面长治久安。政党社会化首先表现在党员身份多元化，任务责任复杂化上。

基本问题是坚持县以下党组织的活力，大多数党员的理想信念。从上级部门派员主持下级政府工作，迅速提高辖理水平。要求党员团结周围，勤劳致富，推动技改，帮扶弱小，以德行示范信仰纪律。限奢倡俭正当时机，宣教部门，一马当先责无旁贷。

党组织得政府"民政"机关助力，将能力用在服务弱小上。事业单位，强化知识分子党员信念纪律，带头教育示范。企业单位党组织，及时推动工会等群团，为职工合法权益而斗争。多在基本体力劳动者中发现推举人才。

社会商业化，多数人知识化，政治民主化，可能为资本阶层形成权贵提供土壤，宜尽量让其纳入科学发展轨道。外企单位党组织多做个别政治思想工作，提高其爱国主义觉悟，奈何某些智者一心洋化，某些党员还推波助澜。

千秋功业是群动成果，社会惯性难移，群体牵制难解，除战争外，一般处事，过急匆忙有害少益，徐图缓步稳妥安宁。方式方法不当，损害当前遗祸后代，应慎而择之。

(三)贤明

老子书中，虽有社会最基本的言行规矩，生活方式，理世观念，治国途径，行政方法，但被消极理解诠释抹杀至尽。在自私自利，特别是信奉人不为己天诛地灭的市民中，自觉尊道贵德，遵纪守法不易。圣人不仁，事出无奈。在战争状态下，更加依靠宗规国法，大威强制。过去，社会治理何以一直重农轻商，扶本抑末，现在尤其值得探讨。

奈何，总有财势官吏，追求任职政绩，造成内耗浪费、社会行事不便矛盾。损不足奉有余，工作不为公不为民。群县制，分工政绩，可能画地为牢。政府部门经常认真自律自纠，律令合乎国家法律、执政路线、大政方针。执行者坚持时令政策、道德传统原则，行正坐端，自主依法按章据实办事。就事论事中，应含道德历史久远内核，法规由此及彼，举一反三方式。

老子提供管理社会精要，有助于判定公务员的贤明程度：

"上善若水。圣人之道，为而不争。江海之所以能纳百川，以其善下。受国之垢，是谓社稷主。受国不祥，是谓天下王"，"左右熙熙，君独淡淡，群仕昭昭，君独昏昏，将吏察察，君独憨憨。儽兮，若无所归。君独异于人，而贵事母"，"用人之力，配天古之德。损有余补不足，以德莅天下，其神不神，其鬼不伤人，圣人亦不伤人。无狎其所居，无厌其所生，夫慈，以战则胜，以守则固，然后乃至大顺"。

"善为士者不武，善战者不怒，善胜者不与，善用人者不为上，是谓不争之德。善者善之，不善者亦善之，德善信者，信之，无德善信者，亦信之，德信尊行，可以加人，美言可以售市，人之不善，何弃之有"。

"爱民治国，能无别乎？明白四达，能无为乎？涤除玄鉴，能无疵乎？功遂事成，能无恋乎？执左契券，能无势乎？专气至柔，能婴儿乎？不可得而亲疏，不可得而贵贱，不可得而利害，大国不过欲兼畜人，小国不过欲入事人。故为天下贵"。

"以曲求全，是谓不争之德"，"唯之与呵，相去若何？善之与恶，相去几何。人之所畏，不可不畏"。内外争斗，"轻则失本，躁则失君。躁胜寒，静胜热。清静为天下正"。自觉依道德修身养性，培养人格。顺势而为公务员，贤良与否，察言观行。

"圣人行事，用人之力，配天古之德"。公共权力充实政府运行能力，运用国家公权的政府人士，知权达变，识人判是，临机处事，属执政的主要能力。责任能力以知识为条件。

1　知权

中华主流文化，不但是国学光大的主体，而且是提高执政能力的指南。治国理政方法，管理经验，中华经典中，取用不尽，应有尽有。领导知识，传世千古，惊绝天下者不知多少。

古代，被中华后世仕儒排斥的墨子派，代表市民意愿，承老子精神，卫道义，求尚同，图同心同德，明逻辑分析，重组织队伍，严明纪律，亲力亲为，前仆后继，虽树现代革命先驱榜样，却置国家统治权于脑后。类似，马列主义者使用革命方式，组织多数民众，推翻财阀压榨体制，根除财势剥削土壤，由公权机构组织调剂社会活动，将来意义非常。

国政要人使道同志不同者，在职在岗尽力而为，大显身手，在防范其奸诈时，通过其步调表现，体察实况，给他以出路希望。政简吏精，人之不善何弃之有。“德信尊行，唯施是畏，不敢强取，善有果而已”。

任何事情都由人办。人的品性德行、才智能力皆带有传统印记，受家教环境时局财货条件制约，甚至被利害私欲左右，难免自持己见，和尚撞钟，言不由衷，狐假虎威，作威作福，办事出差错。自不量力，争名夺利者，大多数上演傀儡戏。

抱有复兴中华志向，深知法纪精神的党政工作人员，应当通晓社会规律，主流传统，去粗取精，推陈出新。拥有先进学科知识、技术工艺，如虎添翼。在实际工作中锻炼培养，以才能冒尖，走村干部，镇行政，县常委，大企业经理，市部门首长，省政协常务，人代会国务院要人等之字路进步。成就出年龄过六十，能力超群，众望所归的政治局常委，负担十二年党中央工作，以便大政方针稳定，有临机应变的足够权威。目前，审度时势，临机变法易制，小有牺牲在所不惜，力保千秋功业。

有志于天下的贤达，有权操劳社会进程的先进知识分子，必须不为个人权益所动，不为歧途正道所牵，坚持平等，发扬民主，倡导自主，鼓舞和组织民众，按根本需要改革现状，按过程趋向决定取舍，按全球形势调剂共和态势，持中兼顾，努力建设最广泛的统一战线，执行实事求是政策，以缓变求社会进步。

行中庸之道的守中说，实为高明的治政方略。既可调处矛盾，又可加强同一，国际“对立统一”蕴含其中。一事当前，居中顾端，备前善后，都很主动。强势居高临下，调控多方，袒护某方，促使对立方妥协或转化；弱势者守中间地位周旋，可求生存发展空间；若甘居一方，不是依附便需寻隙。守中，这种中庸之道，在共和民主中，不但是理政治众的原则方略、获取多数、争取长久和平方针，也是高明的军备战略，采用各个击破的策略，充分依靠人民战争，抓住主要关键时机，迅速为解决当前紧迫任务而周密行动。

国政是社会主体，是主要矛盾主要方面、始终改良重点。回顾志同道不同，引发社会事变历史，“治人，事莫若啬，善用人者，不为上”。志同道合，组阁主政，志同道不合者襄助。营造党内专门弄清问题、找到积极办法的“修补内阁”。在当局失道失策失作用时，多数“修补内阁”派用场。

放眼全球，兼收并蓄，实事求是，融会贯通，前瞻部署，统筹兼顾，需要适时重申立场，尽力坚持方向。奈何有重臣使节泄露天机，甚至卖国求荣。奈何立法者少通民意多顾官愿，奈何有官吏只把法律当工具，律人不律己，以其昏昏使人昭昭，随心所欲。在法治初始期，更要矫枉过正，从快从严教戒，直至习以为常。

世事形势时变，各有所图，众说难一。教训表明，选经贸方式、发展目标不当，变政党性质、国政目的、社会前途。发达虚伪体制证实，往事有关经济基础与上层建筑的互制理论，有关哲理原则与方式方法的互变作用，无论谁执政，都值得全面深入批判，详细借鉴拓展。

世事如棋，旁观者清，事乱如麻，善理则顺。主要的问题在善于学习。世事纷繁，剪不断理还乱，缫丝术艺重要。复兴中华，共和天下，规律方法重要。当前形势严峻迫人，除被动应付就事论事外，更要主动增条件动前提。按久远需求，深谙带全局性的指导规律，详尽带局限性的行为方法，举一反三，归纳演绎，因事制宜。释放社会所有积极性，及时行动，何愁难关不度，复兴不顺，天下不平，理想不达。

总是兼收并蓄，古为今用，洋为中用的贤达，熟悉主流经典，出主意用干部，临场得心应手，才有承前启后推陈出新事业、自主自立、中被洋用建树。

不少小国政要身不由己，图谋私利，不明方向，不择道路，弄得国不像国，民不聊生。发达的方式方法恐难再用。发展中各国，若过西洋式社会生活，将来落后，未来堪忧。自觉为绝大多数民众谋利益的创新型国家，当然不能成发达附庸，享其荫福。

政治路线确定之后，干部就是决定因素。强德者在位，才胜者在职。事前协商规划，责任分工，问题不再推给集体决议。为官者不为私利，坚持在汇集各地需要同时，按全局需求定超任期规划，实事求是按施政计划行事，坚持大政方针、政策计划连续性，不给后任留尾巴增负担，后任保守前任工作成果，为任期更为将来而奋斗，坚持为官一次造福一方，是真才德。

随着社会市民化，知识社会化，门类多样化，标准西洋化，恐怕入行科举制、长官提名选拔制，最后还得向普仕制过渡。经初步科举，当场面试处事方略、比较优劣等程序，同事公开竞岗，实践能力服众，品格端正，敢做敢当，事业心强，筹划见识超群，计谋略胜一筹，德才兼备普通仕吏，可望成材主政，任期以据实完成其施政目标为限。就中造就优秀吏员后备队伍。执政党善于从合股营运的大公司成功精英中，培育党性突出的行政干才，推出党性强商业精英参加行政竞岗，有利于及时解决部门，管不住宽市场、巧钻营等难题。

现代趋炎附势的职位崇拜，只是遵命而行中的瑕疵。始料不及，分工财货会造成各自为政，离散危险。培育青壮年党员党性，贵在敢干，重在克己，要在坚持。如此，就少有言必称希腊，事必据欧美，邯郸学步，耗公便私，貌合神离，以邻为壑等现象存在。问题在宣教习气难以适应发展需求。

用人不当，势力不足盲动，都会误大事。主要按人品信念、待人接物智能，定好党委书记。主要按专业才干、办事效率，选好主要行政官长。法纪提供其全心全意为民服务的举措条件。做先锋队的先进领军人物，自身要过硬。善用富有敏锐感觉力、专业综合力、前瞻构思力、足够创新力的高超人才，充实治大国如烹小鲜的方式、曲全办法，保居中顾端、调剂余缺及时到位。

分散农耕为本的社会发展道路，造就相应的治理观念。从知艰难、富同情、自义为、有学识的劳动者，特别是工农中，选集良材，有长久意义。清除其中少量变质变坏者，无损其总体地位作用。军事攻防准备，是政治支撑、安定天下、保境安民主力，尤其要精英辈出，主动磨砺。

老子“有之以为利，无之以为用”，“终不为大，故成其大”，以及“夫佳兵者不祥之器，非君子之器，以奇用兵，出生入死，生死者，各十有三，生动之死地，亦十有三”，“以正治国，以奇用兵，以无事取天下”等，传保卫国家正道。

“夫乐杀人者，不可得志于天下”，保存自己，善待俘虏；“抗兵相加哀者胜。杀杀众，悲哀泣之，丧礼处之”，悼念烈士，激励斗志；“执天兵，不敢为主而为客。不敢进寸而退尺。胜之而不美，虽有荣观，燕处超然”。居功自傲，贵大久患身。

祸莫大于轻敌，奈何有万乘之主而轻天下，奈何学宋襄之仁。奈何有将士贪生怕死，保存自身，自行其是，以邻为壑。奈何有忠良之士，缺乏突围解困、起死回生、反败为胜能力。广泛褒奖舍身为国、为救友邻而自我牺牲精神。患难之际显忠诚。军人“不敢进尺而退寸”。不断忠实于从事的国家事业，始终忠诚于选定的理想信念，慎重选择后，忠臣不事二主，这是贤达的明智和忠心所在。

现代中国，遭列强蹂躏瓜分，基本民众不堪压榨，同仇敌忾，不怕牺牲敢于对抗。义和团对阵八国兵，冷兵器不敌热兵器。部分欲效仿西方，求出路的爱国志士，打三民主义旗号，喊反殖反帝制口号，建小团体，掀起夺取政权、振兴中华的民主革命。却未去掌控威势最大的军队、潜力无穷的群众。遭遇挫折，方知好汉还要三个帮，采用三大政策，壮扩武装斗争，收起死回生之效。形势大变，投机新贵，名缠利绕，形成官僚资本，勾结列强资本，压制市民资本，社会在黑暗落后中，苟延残喘。革命尚未成功，同志还须努力。

少数传统未泯、良心尚存，始终坚持理想，忠诚事业的知识分子，发现中华复兴前途，不能由只为资本挣红利的国民党主张，早期共产党人，认新三民主义，实行国共合作，走议会道路，逐步壮扩队伍。国民党主流实力派，不容其他势力立足榻旁。白色恐怖，大浪淘沙。坚持独立自主，被迫对抗的第一代中共要人，形成决策自主、民主集中制度。艰难征程，全党认识了毛主席，及其主张的路线方针策略政策，按声东击西、避实就虚、临机应变、以多胜少、积小胜为大胜的战法，就地取材，用伤其十指、不如断其一指的歼灭战术，逐步让工农红军，变为抗日八路军，壮大成解放军，又组成抗美援朝志愿军，再三使各种纸老虎现原形。振兴成就，复兴愿望，优良传统持续至今。抗战纪念，全民激奋，对敌激情，抵抗意识尚留存。

当前国际兵争，远比根据地延安城解放初有利。坚持社会战形态，人民战争方式，游击运动战法，小米加步枪取胜飞机加大炮。上下同心左右同志，几亿工农同仇敌忾，地大物博，完整的工业体系，大量分散的制造能力，快速的军事集结能力，特别是雄厚的空战实力。诸兵种合成师、多军种集团军威风凛凛，攻防谋略深入军心，近岸反击优势明显，制暴除障安宁天下，事在人为。

鱼不可脱于渊，终日不离辎重。军队、军民、军政联动，备足人力、物力、财力、运力，特别是战斗大量消耗补充力，准备细致，计算周详；需防电讯收发方面，所有传送环节泄密受损。军需途中转运送达，军旅攻防兵器进退，伴随空中掩护配合。国之利器，不可示人，其中显然包含着技术创新，制造试验，批量足供，贮备快运，安全保密，突然使用等在内。

分工靠整合才同一，功能靠同一才表现。整合同一是调剂的主要性能，是实现天下群动过程的基本条件。分工负责，除同级左右同舟共济外，主持导引上层，谋划执行中层和现场应对下层，前任、现任、继任，都应信仰志同，方法近似，任务承前启后，事迹继往开来，思想推陈出新。

在由弱转强过程中，中央掌控生活资料、公共权力、财货权益调剂权，是统一政令，一致国政意志，同一社会步调，保守现成，加快先进成功率的关键。面对统筹两难，领受任务，左右协调。各方知主要，找前途，从前提着眼，条件入手，依趋势选择，按将来需求决定全局目标、任务、途径、举措等解决办法。上，布置目标，精规划，确重点，周调配，点要领，教方式，得结果；中，部署任务，排过程，定举措，清任务，理法纪，查进度，供途径，验效果；下，重执行过程，细步骤，明关联，详细节，善应对，全服务。

现场左右联动，上下前后呼应。台后服务保障，齐心协力，成就事奉天下万民的服务性行政制度。成就实力强盛的国家发展。汇报，越往上，陈条越简明扼要，讲问题困难关键所在；指示，越往下，任务越具体，步骤分明，举措详细，防范更周到。各尽所能，集腋成裘。功成名就。

自觉服务于民的党政代表，应在结合过去知识，使用他人经验，不断广泛实践中，深入浅出总结，从而精通人情世故交错前提，通晓及时到位举措条件。应确立按任务更换人事制度。否则，树大根深，仗势搞断裂突变，将造成严重社会后果。

在握全权治众时，不知容忍，只仗实力，缺全程眼光，欠全球视野，少主要方式，寡临机方法，未能凸显联动性科技的创业性、集群性劳动力的社会性、官吏崇洋媚外的奴仆性，以至增加适应新形势的艰难性、无所措手脚的被动性，造成离心离德的内耗性。在盲动对抗险要关头，遭点事故压力，便手忙脚乱，丧魂落魄，终将声势日下，可能国破家亡。

现代社会上的国家，势同于东周战国，位同于西周时的侯国。侯国，只占王天下部分属地。普天之下莫非王土，有用对待家人方式，关怀国民之意，更含诸国趋一的要求。当代联合国，有望开辟天下邦域齐平，超国家的社会主体同一高级形态。

2　明法

维护私有制的西方“宪法”不过是资产阶级民主革命阶段维护宪政所需。例如靠所有权，确保其绝对支配权、操纵使用权、不劳而获分享权的法律，正被财势设网上股市等执行规章、操作投机措施所否定。政令难通，后果严重。现代宪政，本质是维持财势财阀权益的专制，从无民众自由民主普遍人权，更少平等博爱人性共和人道。宪政虚假政客虚伪。旧法理应变改。时有政府行政律令违法，以及现场命令执行犯法现象。以公正调剂为中心的社会律法，必须进一步完备威严。

新中国宪法，确立社会基本生活方式和国家架构制度，是国家活动的总原则总规范。它确定国家形态、政府地位、军队责任、群团义务、个人权力等。宪法应能随时到处适用，而且长久不变。它不同于其他规章，应得到所及社会，各界各地势力，各行各层民众承认，甚至境外侨胞认可。

宪法一再修改。表明内容不完全，缺少权威。改宪先例，可能被援引。为保障根本大法神圣不可侵犯，应该只能附加全民同时认可的条款，以肯定某些必需的更动，若新老条款矛盾，则设定新老条款有效期，以记载社会国政重大历史变迁。二十世纪七十年代前后，宪法效用众所周知。应该有一部周全，甚至有某地将来加入、分离程序，能规范国政指导未来的根本大法。面世即有效能。

且无人敢违。把它降格，混同于适应性时变政律，只会危害其庄严性质。

立法执法者，拥有法权赋予的充分责任能力，分散的民众，被法律确认的权力，未必拥立或拥有它，未必有及时制裁乱法者的保卫能力，是立法就需要明确的大问题。假若民众失去这些权力，或者执政政策行政文件、单位规章、团体条款与其抵触等，又如何处置？公平正义共和制度，毕竟不同于顾私利己体系，修改法律规程，不可东施效颦。

国家治理能力现代化，被津津乐道为“第五个现代化”，对此特别关注的精英，提出学借西方先进经验，破除阻碍西化的体制机制，希冀洋化法规安排，恐怕不止于邯郸学步。可能无益于复兴中华主流人文传统、联合国改革、人类解放事业。官方法治宣教培训任务繁重。使用者为主，监禁者为重。社会研究勇敢无畏，行政学科义不容辞，各级党校责任重大。

今后，总量可观的人群，很难承认现行政策理论，因为他们党性太强，时效显著。部分党员随环境变，受社会网络信息多乱作用，违背党纲党章，对许多措辞，也不一定信守不渝。立法智者自问，若非法纪不全不公，怎会有阶级对抗，群众争斗？执行操作出乱子，事情若能就地很快解决，怎会群情激奋，越级告状？阻挡上访，不理护短，到底不利于谁？省市以下各主管能力亟待提高。缩短法律期望与法律实行差距，有待认真教戒。

将来，不把官运政绩当主要，便是清静社会正路所在。人大代表的主要日常工作，是随时调研现实，反映社会普遍需求，集成可行性强的提案。人代会常务任务，一是结合政府主要急切需求，研讨和选定代表提案，经传媒介绍要点和作用，收集回馈意见整理，组织全会通过时效法，立项交政府如期实施。二是接受政协议案，通过更正法，监督政府照此过渡行政。

县级人代会只设办公室，归理代表提案上报，组织下交项目安排。省以上人代会设常委会。常委各自负责专门委员会，会同政协、政府代表，招请中介组织评审提案，均衡需求，确立项目，布置各地议决。获得立法认可的立项，成为政府行政的主要内容。需要一部程序原则法，规范立法司法执法正法卫法言行。

政府依法行政，治权总带保守滞后强制性，人代会为规范利益分配立法，民权难免带时限局域倾向性，政协统筹兼顾正法，正权必带全局均衡前瞻性，三方时有对立，步调亦难同一，故还要司法监察反馈。因此社会上，治权、民权、正权，三权分立，国家立法、执法、正法、司法、卫法互相制约，相得益彰，往复循环，这便是基本的邦域共和制，富含长治久安普遍意义。

3　善用

同事不同利，甚至费力不讨好，造成趋利行为，引发令难行、政难通，各自搞分散。公平权益、齐平条件是前提，尤其在公私和官吏之间。巧妇难为无米之炊。评比奖罚方式待变。法纪在勤反馈时修正时，法纪、政策、口号、要求，均要实事求是，量力而行为好。

改人治为法治，法定位责是政体改革中心，精细共和民主，调整部门归属，是基础。遇事部门相争，地方保护，难免枉法。不顾处在发展中这个前提，一些学发达，图私利，光门面举动，限禁贫苦自谋生计、增加收入的严管，难道不是超前脱离实际？与大跃进并无根本差别。核心价值观公布，实在须要深入人心，尤其要每个公务员，大力落实在言行细节各处。

法治，首先，要公务行政人员“任法不任人”，不管上级好恶，少顾耳提面命，不为人情所动，全依法令律制行事。其次，公务员全面依质按量，自主完成本职任务，在形式，更在内容上，接受社会多方多重监督。再者，社会群团按“事在四方，要在中央”方针，监审“令出多门，律与法违”等现象；第四，上级“数参验，审言行”监管无令而擅行，阳奉阴违，不作为等做法；第五，电脑值班，实事实录，接收申报，随机授事，隔离内外私通，弄虚作假，争功逃责等误事害事，及时跟进监理日常任务进度，日报好坏事务，坐实“奖事罚人”制度；第六，社区邻里群众，随机反映公务员生活作风，接人待事态度。

官吏依法行政，必须明法有度，法令公正、清晰、明确是前提。提案通过立法程序，条文详细，操作可靠，解释无歧义，相互不矛盾阻滞，量刑依法据理不偏袒。执法以公平公信为重，司法以公义公正为先。关键是立法公正，政策正法变法亦须在法律许可之下按程序进行。法本无情，作奸犯科难逃避，法亦有情，治病救人分轻重。易守而犯，罪重判，难守偶犯，则轻判。

社会群团按“事在四方，要在中央”方针，监审“令出多门，律与法违”等现象；上级“数参验，审言行”监管无令而擅行，阳奉阴违，不作为等做法；电脑值班，实事实录，接收申报，随机授事，隔离内外私通，弄虚作假，争功逃责等误事害事，及时统计、监理日常任务进度，日报好坏事务、坐实“奖事罚人”制度；社区邻里群众，随机反映公务员生活作风，接人待事态度；单位依律论功，已不自量，量足质高者，疏贱必赏，赏尽其劳，事虚质劣，不得浸功；过错重，灾害广，依律论罪，近爱亦诛；一心为公行善，无私交，无伙朋，无私利，无过非，奖；瞒上欺下为私，妒贤嫉能，惩；多美言，少善行，多门面，少里实，下。

少数被外势操纵青年，自不量力，霸场示威，意在借“发达”虚假民主反对现成法制，达动乱翻天目的。有必要前瞻立法：组织当地人众少于1/3居民，不能霸地过日示威；组织在册成员多于10%公民人数，才准立新党办公，因为除了添乱，难成气候；无众多支持的代表，正常情况下，不宜自报参选；中介服务业，不能从事许可证外的业务；企业在财政收回投资后，将变为由职代会主持的股份制公私合营企业；官控企业逐步主动将其产业与资产过亿民企合营，让其积极主动发挥股东方面，甚至主持营运作用。

4 守规

在实行法治年代里，国会在顾及社会系统内所有矛盾时，逐步修正国法条文言辞，尽量及时满足社会需求，及时调整分配标准，统一相互服务规章等，制约化解群团矛盾，显现国家基本性能。各地立法，重在国法解释适用性，要在律令操作步骤，行政规章举措，表现国家性质活动能力。

地域性行政体系，架构国家主体。政权只有部分国家权力，政府操作规程不得与国家法律、执政政策相悖。行政部门地方层级，既集权联动，又分权削势，互相制约，特别是对强力部门的全供给、严管控。县镇执行命令，则要守法度，合情理，争拥戴，具体细致，立竿见影。

各部门主管平时广集反馈信息，及时修正执法规章律令、操作标准、规程条例，使细节都合势合法，合乎办事实际，充分就地表现全心全意服务于民众的精神。使有知识能力的执法者，能不靠耳提面命自主执法。修改规章不宜简单进口套用。加强镇政府全面办事能力迫在眉睫，督促社区行政有能力解决实际民生问题，是落实群众路线的基本表现。各地各层据实行政，不可划一雷同。许多事业单位配合政府行事，属委派或中介，不宜列入国家机关。其制度规章条例亦须守法不违。

议案、计划、规划、立法，均按下提上集程序为原则。乡设办公室，接纳代表建议筛选民众意见，代表提议须集中，议定下年度必须且可能的发展项目，经全会议决上报。县人代会常委办结合上级安排做平衡计划，告市政府，安排相关部门联动，指导镇政府执行，乡人代会反馈，县人代会归集，县党委监察。发改委依据下级计划报告，同时征集同级部门需求，和财政统筹均衡，做出必须且可行的年度发展计划，至少下发修补一次，再平衡选定，由人代会全会确认公布。政府向社会公开招标，及时落实计划项目，不时检查营造情况，确证计划按质量完成。官方资产保值增值未必如愿。

行政工作人员的创造性，只能表现在行为方法上，不得表现于现场更法变性上。为政令畅道，令行禁止，实行上下指挥调动规程，为减少内耗，推三阻四等现象，功能相近的部门，宜合并成性能齐备、反应敏捷的大部门。原有几十个部门在其内各司其职。强化首接全部承办，多方协同到底的联动机制。政府首脑与部门长官联席会议，就是政府实在。

财货离心，执政党内更需同一志向，统一步调。假定官方，始终主持公平正义，坚守伦理道德，组织个体互助，集体群动，假若宣传教育，重德重才重法纪重真实，假设一心致富背井离乡民众，传统未泯，假使基层党组织，随时到处坚持党性政策，那么，有什么势力能搞演变、动乱、围困、攻击，阻碍住振兴步伐，破坏掉复兴伟业？

总之，社会需求，人大框定；局面，政府撑护；问题，政协修补；邦域，军队卫护；危难，军委掌控。公务智识职员依法势，用权术，尽智谋，耗精力，积极促保国政共和体制有序群动。“何以阅众甫之状，从此”。

（四）仁政

治政事，老子良言告诫，言近旨远：

(1)“道者万物之奥，善人所保，不善人所宝”。“人法地，地法天，天法道，道法自然。是以天下尊道贵德。道之尊德之贵，夫莫之命而常自然。吾将以之为教父”。“孔德之容，唯道是从。悠兮贵其言，人之所教，我亦教之”。以道德为灵魂，方向明，道路宽，前途顺。

(2)“持而盈之不如其已，揣而锐之不可保长，金玉满堂莫之能守，富贵而骄自遗其咎。修立于事其德乃广，修立于身其德乃真，修立于家其德乃余，修立于乡其德乃丰，修立于国其德乃深，修立于天下其德乃长，子孙以祭祀不辍”。知足知止，修身养性，可做安身立命、长治久安根本。

(3)“取天下，常以无事，及其有事，不足以取天下，将欲取之，不得已而为之。天下神器，为者败之，执者失之。受国之垢，是谓社稷主。受国不祥，是谓天下王。正言若反。故，事或行或随，或嘘或吹或载或隳。是以王侯去甚去奢去泰”。国政要领，政要品格跃然纸上。

(4)“清静为天下正。虽有荣观，燕处超然。天下莫能与之争。祸莫大于轻敌，知常楷式，人故无忧。欲上民必先下之，若先民必身后之。图难于其易，为大于其细。天下难事为于易，大事作于细。轻诺必寡信，多易必终难，是以圣人犹难之。甚爱必大费，多藏必厚亡。贵以贱为本，高以下为基，知常曰明。不知常，妄作凶。知足不辱，知止不殆，是谓袭常”。熟悉传统传承习惯，可以克难度险，终无难矣。

1　克智

数千年“文明史”，主要是劳心智强者治人，劳力无识者治于人的统治史。统辖治理社会，不到体力智力仅是暂时性协同化分工时，始终是少数智力支配众多劳力的群动史；主要是智力相拼的斗争史，智能积累史。

老子用圣人行事点明，只要“用人之力，配天古之德。见素抱朴，少私寡欲，令有所属，缺智无忧”。还认定“以智治国，出大伪，素朴治国，多清福”；“民之难统，以其智多。古之善为道者，非以智民，将以愚之”。但愚之已愈发不可能。智者如挖不尽的笋子，逢时露脸。政要宜把握“治人，以促早服”，“物尽其用，故无弃物，常善救人，故无弃人，是谓要妙”，及时加以适当应用。

有闲权贵智者，有意无意损伤生存根基、壮扩主力、国际尚同事业。终至于，工多技巧，奇物滋起。士多利器，国家滋昏。天下多忌讳，而民弥贫。法令滋彰，盗贼多有。王道废，有仁义。智慧出，有奸伪。六亲不和，有孝慈。国家衰败，有忠臣。

“使乎智者不敢为”，是主要治政常务要点。真要“使乎智者不敢为”，则应多在“不敢为”，“无不克”上做细腻文章，克服其言行不一，正言若反，表里不一，无事生非，篡权谋私等行为。奈何道理全归权贵，奈何以智治智，收效甚微。奈何缺智民众，被愚弄而乐从。以至于老子不得不提出，以道德“育之、盖之、亭之、毒之”，甚至要用法纪由“有司寻敢为奇者杀之”。老子轻描淡写，觉悟群下众生，未雨绸缪，强盛邦域久远。

老子尽管树圣人做榜样，奈何有财有势智者，反其道而行之。老子希望除分散财势于市集，限制垄断豪强实力外，掌控超乎个人基本生活资料等条件，是约束智者行之有效的基本办法。

当代逐渐下层化的知识队伍，日渐壮大，快捷交往，加快他们的了解和团结，通过揭示规律，分析政策，左右传媒，影响生活，支配群团，日渐取得对社会公共权力支配权、使用权。尽管他们正被财货分裂。

先人也曾用批判教育，用其所长，养尊处优等方法改造，不过往往事未终成，总有智者故态复萌，甚至反被其害。建立“使乎智者不敢为”的律法，在执行步骤操作方式上，削减利令智昏智者自行操持的裕度。智者组织成社会注重势力，大约要七八年，适时中断，守成当局不由得为此劳神费力。

通过分散财货于民间，再次公私合营，削除巨资富民、士绅、盗夸等财货依靠，此外，县以上同级主官薪酬一致，统一由中央划拨。为充分调动副职及多数职员的主动创造性，薪金，以上年当地平均年收入为基数，附加工龄职务津贴，由中央财政统一标准补齐。当地税收合法超额部分，做按劳取酬补助，多收多劳多得，可超过主官。至于奖惩所得，任期末一次兑现。穷困地方，在考察实干事实后，薪水由中央调补到全国中等水平。按劳计酬在任上，退休当与职工同。估计二十年后，财政发放离退金，可全按前五年社会人均年收入水平执行，有增有减。各人在职收入不同，积蓄亦将使休闲实际水平各异，永远无法形成士绅势力。

借鉴历史上所有激烈残酷、后果严重深远的智斗方法，就可出其不意，以牙还牙，以德报怨。削势分治，分散大多数智者于技术专业之中，人尽其才，限禁少数阳奉阴违智者，散落民间。若“敢为奇者”自谋生计，而能组织民众终成气候，当局自叹不如，也就只好顺势而为。

社会治理的对象方法，不同于社会革命，事涉多方，利害千古。由智能雄厚智者掌管的执政党，根本前途，尤其在危急关头，取决于集中部分忠诚智者，广泛凝聚向心力，主要依仗大多数劳力党员，形成前仆后继持久战斗力。人争朝夕事长计议。在清形势明任务，选途径挑策略，全步骤周措施，集人手重过程后，成败兴衰，供后人借鉴者众。唐宋以来，如何处理公权政府和商业化社会间的矛盾，如何依靠乡野基础力量，如何适当发挥市民才能，有许多历史经验，值得回顾研究总结，继往开来。

历史上，不精业务，擅长口舌的长官们，上命当圣旨，教条当方法，成就官声私欲。吏役及社会中，有多少积极性被压抑，创造性被束缚，主动性被掩盖。自有所图，利用现成的智者，固执已见，彼此缠斗，在牺牲无数跟随者后，大多不是初衷不继，就是两败俱伤，以至社会遭殃，危害后来。

道德哲理形成信仰，自觉艰苦奋斗，巧用方法论，无往而不胜。奈何，被家境经历、环境形势、历史传统、时代际遇、学识条件、志趣欲望局限，壮怀激烈。革命主导者，建设设计者，大多不是超凡脱俗的圣人，也非坚行信仰无所不能奇人，而是各有欲念特征，甚至可能是视民众，特别是弱小为草芥的奸人。奈何专重有之以为利智者，受表相思维束缚，为眼前足欲，就事论事保所得。奈何，处事方式方法，尤其是思想教育不当，往往改变目标、方向、道路、结果。

下层不少公务行政人员，面对物欲诱惑，功利驱动，道法迷失形势，仍遵纪守法、全力以赴，修德以改良个体品德。牢记：“唯之与呵，相去若何？善之与恶，相去几何。人之所畏，不可不畏”；“祸莫大于不知足,咎莫大于欲得”;“少则得,多则惑,获则失。执者失之,常于几成而败之,慎终于始,则无败事”;“古之善为士者,微妙玄通,深不可识。保此道者不欲盈,故能敝不新成”等真言。从前提条件入手,分析言辞动听、逻辑正经中“正言若反,反之亦然”可能,提高分辨别有用心的水平能力。

持续支配社会数千年人文者,唯有中华。全球各地许多社会现象、观念,大同小异。且可从中华人文留存中觅得。中华历史一再证实,当局依法治吏,以德化民,善尊规律,善用方法,善待多数,善用资源,可弯转政府大势几百年,维持传统人文数千年。

2 同德

表现邦域化社会需求的国家,非统治机构。国家政要代表人民,特别是占绝大多数平民的权益。利用法权,治理社会活动的方法,尽在源远流长的中华文化经典中,应有尽有。“十大关系”,“正确处理人民内部矛盾”,在“全国宣传工作会上的讲话”等,明确社会分立面共和方法步骤,有开创性意义。

国政体制维护社会现状,维护社会多样性,保守治理作用,全赖统筹管理公务、先进性专业服务、保守性执行人员的协同一致。有赖国政机关工作人员的积极主动,有赖忠诚事业,勤劳勇敢,熟悉本职、协同义务的专业党政队伍。普遍强化公务员队伍的社会理想、前途信念、维护政权统一、提高办事效率效益的能力。通过思想重点宣教,广泛凝聚社会组织力、动员力、战斗力,培植有信仰、有能力、尽责任、尽才智、忠事业、忠职守、善创造的后备干才,连续不断。

国政事务需要志趣相近,水平能力有别的大批实干专业人才。政法学院与时俱进,培养足够管理人员,以技法为主。行政学院传授执政技能为主。县委党校以提供敏锐感觉,综合管理,途径技艺等知识为主,省委党校则以完善出主意守成,以提高选择决断水平,统筹变通能力,用人事实现的方式为主。中央党校则提供法纪剖析、组织全新教材、立法建制、开拓前途等探讨条件。

领导干部,更要想方设法为社会重德行而奋斗。当然,自身须有主动全心全意为人民服务的素质。靠通信交通快速联动的各地方,不应因方便自主分配,而造成各种利益争执,应该增多方便居民生活的举措,多方帮助特别是市镇缺生活来源底层户,保就业,平价格是常务。

慎终于始的执政党,始终不可或缺的党内工作,不但要关注日见削弱的贪赃枉法、后果更坏的其他违法乱纪、浪费破坏现象,而且要捍卫法律,改进党政组织工作,操作方法,以德化民等重任。增多有效检查监督、越界集联社会条件。历史档案开放,公开报道翔实,提供便利,让党员民众,据党纪国法民主权力,可随时随地了解公务员公开言论,私下行为,详细随机反馈,畅通无阻。

党政人员理平社会纷争,几与清官难断家务事相当,特别是日常生活市场矛盾。处理盘根错节、千变万化、层出不穷的事情,唯学乐团技艺,在过程中把握,在阶段中推动,在层面内展开,在整体上实现。奈何洋化势力,无处不在千方百计削弱传统主流意识,社会风俗习惯,岂能等闲视之。单纯追求经营效果,可能初衷不济。照葫芦画瓢,何来清正安定?

社会上,行业阶层间,市集居民间,不同当事人间的共和,有待普遍化。政府部门间,集中指导下的民主程序有待完善。执政党上下,民主基础上的集中有待完美。执政党事实上需做全民党。党的社会基础是工农劳动民众,骨干依靠力量是干部世家、官控企事业职工,组织总体照顾不比外企差,关怀时在细处,培植由工农变成的商户,爱国爱党,传承主流传统,专业道德家风,乃巩固政权基础所需。

同志组阁,带着道同志不同伙伴,倚势,实行市场环境上的法治,容许社会群众自主行事,行政则依法监督禁止。仗权,不断清除道同志不同干扰,依靠规律道德法律制度,做超任期规划。用术,以坚守公平正义道德、益群利众法纪为正,以出奇制胜谋略、适时适地办法为奇,以损公肥私策略、违法乱纪举措为妖。作势,承前启后,推陈出新,促天下万事万物自然成长、人文尚同事业逐步实现。

3 广电

放眼全球,国际环境,是集中垄断的强大财势,正与社会权势集团联动,有席卷天下之意。宣教人士若能在颂扬发达生活方式时,阐述其不适合发展中国家的缺憾所在,在传播西方文化时,揭露其政治阴谋，物质蛊惑，可算是为维护党的领导地位做了应有贡献。奈何培育单位供不应求，贡献不够。

美国之音等传媒，立场、观点、表叙均强，小骂大帮忙，争夺眼球，得心应手。商业化营运，利益驱动，传媒可能偏向财势，一些主流官方媒体，似乎成国外势力义务宣传员。若非上意如此，则应尽快让其改向为国政效劳。

西方历来习惯损人利己，没有知恩图报教养。在自身危难时，总是动武抢劫资源权益。宣传教育，为政治服务，主要在争取中间群众，分清大是大非。宣传道德法制，让反政府势力无机可乘。

有党性的宣教工作者，必定不会成为市场商品私利的代言人。肯定会站在执政党政策立场，抛弃口号式花样文章，少搞转抄借用。严格监察网站广电、杂志刊物，至少像发达传媒那样，小骂大帮忙，而不是故弄玄虚捞取名利，甚至费尽心机与路线方针、传统道德、核心价值观唱反调。军政歧见可存在于学术圈书刊上，但不宜在大众传媒上炒作，否则，将误导中间民众，危害社会和谐团结奋斗事业。在意识混乱期，立法管束，矫枉过正。

中央保留名副其实的时政、国际、民法、农科、市场、军事、文教频道，再加综合频道，覆盖邦域内外。综合频道，每天选择上述频道昨天主要内容，综合重播。省、市，只设本地特色卫星、无线清晰转播央视综合频道，县级，自设无线转播央视综合农科足够。反正由财政供养，宁精勿滥。借有线专放自好剧本，且干扰时政的频道，逐渐进入自办自养自负行列。

编辑主持及采编人员，均需党性第一，自觉杜绝二十世纪六十年代的一些应付式政治现象。眼光向下，深入社会下层，选材有宗旨、下笔有原则、讲话有政策、典型有普遍意义。正面教育为主，争取中间为重，节目正经正样，题材名正言顺。随时随地，有针对性地反映时变实在内容，联系具体现象，把阶段性方针，地域性政策，时效性措施的适用度，通俗地释疑解惑，以实例教育中间群众，弘扬利他益群道德情操。全方位增强人民当家做主能力。

逐步让宣教网络事业成为复兴中华主力之一，用人是关键。在西风劲吹，发达霸道当代，选用党性坚强，自愿辛劳，自觉事业，自动贡献，知识丰富，能力出众的部分高智能人士，在组织群众，宣传群众的所有岗位上充分表现,安身立命,随时重用。

4　解放

改变地域发展不平衡状态,是二十一世纪社会解放难点。十几亿人口出路不只是家里一条。域外,尤其是第三世界天地广阔。就开发大西北而言,考虑环境条件,地位作用,需要可能等情况,初步目标有三:

(1)全面提高少数特别受外势诱惑民族生活水平,全国共享共荣。

(2)充分开发利用境内外资源,建设战略缓冲带大后方。

(3)逐步改善生态环境,争取塞外江南。

实现目标,任务分五:

(1)建设边境交通城镇带,逐步改变分散居住游动习惯。

(2)形成技术密集型,独有产品型,大规模自动化生产力。

(3)组建覆盖面广的联运交通网,公共服务跟进。

(4)流域治理,合理用水,取水固沙植被,营造自然生态链。

(5)建立多方多地互助合作基金制度。

完成任务的六方法:

(1)在新疆西部,西藏东南部,依山傍水新建城镇。兴办各有所长、互通有无、劳动密集型企业做基础。优先发展本地特产开发、深加工企业。增加公共服务设施到村庄。面向邻国,按需供应服务,经常组织境内外交易运通市场,集市常态化。为附近大型企业配套生产服务。

(2)开发当地资源自动加工链。综合循环链。提高回收率利用率。用比较效益,增长市场占有率。支持军工企业入驻,改产先进化。推动事业改企业,一门多能,综合服务。扶助农工牧贸产研销,一条龙一体化,形成专利性后备性规模化生产能力。保证民用燃料原料等生活生产物资及时到位。

(3)集资改造铁路复线,快捷空、路衔接系统。在戈壁沙地崇山峻岭间开辟航线,用高等级,甚至部分可做飞机跑道用的公路网,覆盖集镇居民村点。开通联系千家万户通信网络。开设水陆空衔接联运业务。建设水电,风力,单晶温差电偶,多晶硅板等遥控发电项目。沿路开通电力网络营运业务,使之伸向西亚诸国、欧洲、大西洋、中东、非洲、印度洋，联通西伯利亚、白令海峡、北冰洋。

(4)调度内陆河全流域用水需求。控制甚至减少农用水量。炸山劈谷，让季风台风前缘顺道到达沙漠，及时大范围耕云播雨。种植耐旱植被，改观天山南北林网农牧基地。依靠雪山，借风力光电，自动抽用地下水源，由近及远，绿化荒野，不断蚕食沙漠戈壁。

(5)共同组成开发西北持股公司，银行出面，用财政预算国债配额为主力，动员散户存款，外地闲散资金转股权。吸收外资特别是中东石油美元，持股带入开发建设项目。招揽境内外各式资本，居民合作上项目。逐步让所有资本权责待遇平等化。充分发挥实力强、技术雄、央企大公司，带动上下游、左右邻企业，沿交通线寻开发宝地，拓展市场。问题是改善其共和意愿、服务态度、行为方式、举措能力。

(6)实验飞地辖治体制。将西部地市转归东南省府辖治，要求东南省市政府，安排本地政府官企，动员事业民营有效力量，及时有效支持。组织居民认购股权，形成互助开发基金，支持飞地建设。

开发过程，防止重城市轻村里，重物轻人，重大轻小，重经贸市场效益，轻社会政治效益，重任内政绩，轻久远效果，懒散拖延。注意规划实施，监督改正等有果。

大西北地位重要，将来作用非常。可望成欧美共和桥梁。当代，对我最大战争威胁来自何方，因势而论与时俱进。建设隔离带以防御，建设特别是海岸基地以进攻，都应在规划之内。全力将战争引向敌境，外线作战意义重大，至少可以大幅度减轻大多数国民亲历面对血腥的恐惧感。一带一路因“亚投行”等金融势力助力而开枝散叶。实业择优带动，逐步形成各有所长的市集城镇，作当地社会移风易俗的当代生活鲜活样本，中华人文主动荫天下。

后 新鲜老子趣

第四章　事在道

《老子》通篇言事，相比柏拉图辈有过之无不及。

先哲希望跳出三界外，不在五行中，超然燕处，完全不受他人束缚，据事，识事，料事，设事，也就形成所谓超脱的哲学思维。不过，少有人不受无形的社会传统习俗影响，不被有形的条件境况经历制约，任何选择都受个性限制。

一　实事求是

《老子》全篇叙事。道，是规律性事态化事。“远曰逝”、“逝曰返”，不但提出时空同在，而且隐含有和无，以及事物变化运动循环规律。老子用本就是古始的“有，无”，表宇宙事物起始，“能记古事”明确时序。同时代的古希腊乡镇书房哲人，局限经历见识，社会积传，不知天地自然变动态势，只能在水火间徜徉，始终在具体形态物中不能自拔。

“无名天地之始”、“有名万物之母”中，无一不是指事。“地”、“自然”，何尝不是等效性事。但“有，万物，母”，多是模拟性事。人主世界万事万物，在无数形体基础上，演化着历史性社会化共性“事”。“三十幅共一毂，当其无有车之用。埏埴以为器，当其无，有器之用。凿户以为室，当其无，有室之用。故知：有无相生，有之以为利，无之以为用”，明确人世“有，无”转化事，文明形成事，人文持续事。尤其在社会生产生活中，无不受道德法纪制约等事。老子开事在说先河。

世界本自然，人在添纷繁。天地人世，物生物在，自然而然生态事；意起意现，意用物动，事生事变，受授信息运用事，营造静态物件资讯过程事；人际群动社会事，特别是威力性态势，延续交织过程事；充实改变环境事物的作为设计，再现消逝事物结构的努力，设想将来蓝图、未来愿景过程等等事；所有存在于物间、事间、事物间、意念间、意事物间及其内部的一切实事、想象事，往事今事将来事，重叠错综、反复态势事。宇宙事物，归根究底，皆以事为源头。社会，一般，是事在域。所有一切事，归根究底，无不是：相互间直接静态关系、间接影响氛围；直接动态作用、间接功能态势。一言尽之，事，是关系作用。

（一）事在

所有事，不像离散“物”体那样体实、能质、形在。无形影、在作用、可感知的现今事，能再现，但难完全复原的以往事，以及愿将来的规划设计、想象祈求等将来事，都可以具体化为相应的物形来表示。这样，宇宙间，存在最基本的本源化“客观”实体：“物”和“事”。十六世纪的笛卡儿，从中大受裨益，归结出两个实体观点。后来所谓唯物主义，特重实在物资利益，而唯心主义则偏爱意识事态。

离散是区别物体的条件。微到光量子、层子，宏到天体，包括人体在内的离散实体物，无不在道生之，德育之，物形之，势成之过程中生灭，其体构形貌无不在作用过程中形成，在作用累积而成的能量变化中变动消亡。已知的能量，无不是相互作用的积聚状态。相互作用诸事生，作用积累能量变。宇宙背景辐射，高能粒子、电磁场、轻子、电子等也是如此。离散物的形貌状态称体，体的能量状态、结构性能称实。实，也就是本质。物，是能量性形体化事实的静态存在。事，是物的动态表现。

结构维持关系或环境关系的能量需求失衡，矛盾方面经中介传递而状态变动。变动过程中，相互作用积累表现为能量聚散。能量按时变负指数曲线变化，一般前期变化快捷，后来逐渐饱和趋向平缓。类似，人文法纪制度，属社会事态性能量，当然也遵循指数规律变化。资本是生产力积累而成的能量性社会态势，想要维持其高增长，只有阶段性地改变起始基数和消耗、存储等参数。

总之，代表一切物的物在，只是变动的能量性形体化事在。所谓物质，讲的是能量集散事，所谓质的规定性，不过是事的规定性。为事正名，为事定位，其意义不止于哲学。

人体生动，造物活动，可充分说明“道生之，德育之，物形之，势成之”过程，可明白宇宙计时阶段上，物体因事而形、因事而动、因事而变；现成意识因事而起、就事而成、借事而为等先进观念。可理解物在意在，源于事、形于事、成于事、变动于事等道理。

在万年计时间上，动物情绪记忆、欲求冲动遗传，依赖于遗传基因结构。感官受激引发内分泌，或内分泌调控神经性能，表现出情感、记忆、欲念性能，都已经定型。一句话，思帷意愿即心意，不过是社会性历史化事在。

人法地，地法天，天法道，道法自然，全面表现人际社会性事在。人因家境亲近、社会环境培育，营造出主动思维及其静态存在即意愿。表现为意愿的思维，是脑组织资讯的活动。思维活动是自组织受授动态信息、调集相关存储单元中静态资讯、综合联络成系统性关联化概念体系、进行有序性条理化表达、形成社会化意识形态的过程。

人脑的思维意愿即人意，经常表达成外在意识文化，且不断物化成人工文明。包含内在意愿、外在意识、社会化意识形态的意在，是集联性人文形成过程、是人文化事在。

成于事在、形于物在、表现事物的意在，是三界同一社会事在。所谓事在，不但表物、事、意三界各自存在，而且表三在盘根错节的事事关联、同一实在。事在表现物在性能，物在是事在的流存形象。

社会上，事在“无”，物在“有”，意在“魄”，相得益彰。看待世界，都宜合意事物三者为一或一分为三。一分为二分析，适合在非此即彼的革命期。合二为一综合，多是抓主要或特殊的处事方式。

大多数劳力者，难免局限个别具体有限实践。平常智者仅重实践，可能费时费力，甚至浪费大，损耗多。自觉服务于民的官方执事，在必不可少实践中，结合过去知识，参考他人经验，深入浅出全面总结，从而精通人情世故交错前提，通晓及时到位举措条件，胸有未来成竹，据事成事创事。西方历来习惯损人利己，没有知恩图报教养。在自身危难时，总是动武抢劫资源权益，今后未必自变。扫帚到处，灰尘才尽。

人世社会，意在主动支配，事在传导推动，物在被动表现。一旦物态偶然、事势突变，事出意外，难免初衷不继。力不从心际，只好另辟蹊径。世事风云际会，社会盛衰相继。

不难理解，由意、事、物所充实世界，是意在、事在、物在不断同一、分立、变动的结构域。"域中四大，人在其中焉"鲜明了事、物、意三界同一事理。而"三十辐共一毂""立天子，设三公，置有司""大制不割，国之母存"等，都提出了社会多类结构问题。

"有，名万物之母""无，名天地之始"之类哲理，既描述世界本源，又显露事物始终变化运动思想。"万物生于有，有生于无"，"出于无有，入于无间"，既含创新方式又含循环因果。"万物并作"，隐含最基本的总体群动规律和界面因果律。"吾以观其复"的"复"，则包含事物生生不息、社会历史分合兴衰等螺旋循环规律。《老子》含由分界因果律，过程螺旋律，以及集群、联动、选择、调剂律所充实的群动律。显现事在哲理主体。"天降甘露，民莫之令而自均"，表明人文事势与本源有天壤之别。近代唯"意"和"物"这"两个实体"智者，恐怕少有明"事"宽深于"意"，物源于事等最基本哲学问题。老子开事在人文主义先河。

现代物理，把天下人世归根于奇点爆胀这件事。且以奇点爆胀为时空计量原点，时空域从此成为最基本的物理存在。名为奇点的能量从哪里来，为何能大积骤，谁让它大爆散等事情，恐怕只能从超越现宇宙的能量聚散过程方式中去探索解决。黑洞，超新星，可探索过去以亿年计的事变线索。

现代智者把现实宇宙本源与人世事物混为一谈。而"民莫之令而自均"则常被有产权贵忍隐不发。严格来说，在有人只求"有之以为利"，时长不过四百年，不愿把人当人待，只当物使的现代社会，自诩人造物的"文明"，许多停留在动物需求水平的文化，还不如先秦人文高明。

（二）真知

老子到处"以善观事，以容观身，以和睦观家，以合众观乡，以礼义观国，以齐平观天下，何以知天下然哉，从此"。始终坚持实事求是，长期仔细观察，综合分析，深拓扩展设想，具体如：

"致虚极，守静笃，万物并作，吾以观其复"，此句意思推开而言:几个人,找个山高僻静处,平心静气,专心致志,长年守候,随时分别观察。比如,观呼吸哈气,认那温水、热气、凉露、冷霜、寒雪、冻冰,三态往复变动情况。远眺近视,观天地万物,人世生活,乡野市集等往复变化运动情况,察总体长久性变动态势。同时综合,知动、变、静三态交替循环事实,更正物形孤立机械静态观念,再思悟出意、事、物三界循环群动规律。

或者,观水面三态变化循环过程,在气汽烟尘弥漫,风云变幻中,自然而然地思悟出天地间“虚而不屈,动而愈出”结论。从而认得“天”非神居仙界,而是日月星辰运动,气象变化场所,故知“希言自然,飘风不终朝,骤雨不终日。天地相合,以降甘露。天地以其不自生,故能长生”。认知仙界不过是拟人幻境而已。

先观实,再感悟,后认知的观、悟、知程序思帷,主要在帷而不在维,帷,彰显思虑的选择性而非多样性。维,所能表达的多样性,再多也难超过思帷所框围的那部分事情。思帷过程所含实践出真知的智慧,在实践论、矛盾论以及军事等文章中,有更加具体详细的表现。

初实践,感悟,再实践,认知,循环不已。社会性再实践深宽于局限性初实践,认识高深于感悟,智能就有螺旋线路阶段表现。偶然简单接触性实践,引发大知识。电磁理论,开辟电力电讯新时代。全新的探索性设计,全赖实践改进,再实践提高。理论、实践、理论,反复循环,终得设想甚至超预期结果。实践是验证有限实用道理的可靠环节。

货财有余的智识人士,“不出户知天下,不窥牖见大道”。诸葛亮可以组织力量,自己不迈出门户,就会知道全社会的形势,不动声色,退去五路锋锐。智者借他人智能,不必窥视房顶明瓦天窗、墙壁门窗,就可知晓社会形势变动,想象到外边大道作为,运筹帷幄中,决胜千里外。走出去寻找道理的人,走得越远,道听途说越多,未必都能验证,很难判断取舍,真知灼见反而更少,“其出弥远,其知弥少”,正因为如此,通情达理智慧超群、可做世人道德楷模的圣人,多半借他人之力,自己不需要亲力亲行,就了解掌握、规划引导天下众生事业。圣人不要费力去办实事,人们就会慕名而来,事情事业因就群动事势而成就出来。“是以圣人不行而知,不见而名,不为而成”。不过，人外有人，顶好大智若愚，出口则语惊四座。故而“知者不言，言者不知。知，不知，上。不知，知，病。夫唯病病，是以不病。贤达不病，以其病病”。

老子认知世界，除长期广泛仔细观察，组织人手采集，“不出户知天下”外，至少还有下叙把握世事的方式：

(1)“执古之道御今之有”，尊重前人知识；

(2)“既知其母以知其子，既知其子复守其母”，充分因果关联；

(3)“天地不长久”，人事有时变，抓住时机动态，与时俱进；

(4)“大道汜兮”，途径自选择，但求殊途同归；

(5)想识趣，就敢闯“众妙玄门”，按逻辑就白索黑，推得变黑为白之妙，特别是难明的“里，隐，反，虚，弱，小，新，变，动，失”诸方灰暗情势；

(6)祸福相依，正负共存，知荣守辱，同时兼顾多方，防微杜渐，促进新生事物转化；

(7)“为学日益，为道日损”，不断借鉴，坚持践行，纠偏改正，以曲求全；

(8)“战场生死者，各十有三”，量化思维，行为有果，增效减耗；

(9)“知其雌，守其雄，枉测直，洼测盈”“正言若反”，迂回比量，旁敲侧击，未必少如直面被动所获。

“既知其母，以知其子”顺推法，“已知其子，复守其母”反索法，帮助认知隐秘、掩盖、消失、设想等灰暗事情。线性阶段推测只是歧路推测之一。

“舍彼取此，反之亦然”，由此及彼的多路、多方、多面重复探索，含触类旁通类推式，殊途同归合并式，反复推敲印证式，还有“以其人之道还治其人之身”借用式，和“正言若反”，反其道而行之等奇妖式在内。

总之，老子随事综合运用上述科学思帷方式，积极总结顶层帝王术，有益于权衡国政得失利害、社会取舍进退。利于干部克服鼠目寸光、夜郎自大、急功近利、贪生怕死、得过且过心思。大家同心协力，坚持分门别类分析，统筹兼顾综合，高瞻远瞩，勇敢试行，功到自然成。至于最终成败，终待天网恢恢。

古往今来，有识之士，无不自觉坚持实事求是认识路线，用静态分析动态综合方式，主动传承事在人为精神，崇尚益群利他国家为上道德，推广家庭分担国家责任伦常，淡泊明志宁静致远，为中华自主前程，呕心沥血前仆后继。

历来当局对“正复为奇，奇异为妖”的权术策略，很是注重。改革开放，应防止模糊概念、忘却四项基本原则、顺应暴发新贵、鼓动个人主义等事情泛滥成灾。可能有数典忘祖的人士，有意无意插科打混，借题发挥，似是而非，散布违道德、违法纪、违大政、违趋向言论，以点代面，片面侧重，曲时政偏政策。以当前局部利害，掩盖日积月累负面而损正道。如果一叶障目，思想少根党性弦，则可能损害“损有余补不足，以有余奉天下”的理想事业，更不说自主复兴中华的世界性共和事业。

外国媒体，经常为其政府，捕风捉影，小题大做，转移视线，小骂大帮忙。若轻信不疑，有害无益。不肯费力实践，不愿广泛甄集，只费神网上抄收，人云亦云，知其然不知其所以然，凭空臆造推论，自以为是，都难有真知灼见、正确判断、重大英明决定。在网民以亿计的网上，未必有阳春白雪之雅，竟有百万计的点击量，终归还属小概率，何况参与者，可能多下里巴人响应，虽有一时轰动效应，却难得永久流存作用。

遇事意见分歧，认识意志难一。不但因为多阶段多环节、多角度多层次、多部分多联系思帷各有所取，而且因为，欲念志趣、权位财货、胜败荣辱取舍各有所持，因此，目标途径、方法步骤、得失利害、决定取舍、主意争执随事浮现。倒是生死存亡境地，外部高压态势，可得一时同一。事过境迁，特别是社会安稳期，众说纷纭，各持己见，又会自行其是。权威丧失故事，又会重演。唯军事主政，智谋才得飞快同一。红军经历，事如眼前。谁能摆脱事实束缚，单靠强词夺理虚无逻辑成事？

（三）关联

道生一，一生二，二生三，三生万物，明显了自然而然的时序阶段、空间方面，人为具体显隐，异于线性逻辑分析的多方分界关联，也就是群动过程中动态作用，及其静态表现：

（1）以善观事，以容观身，以和睦观家，以合众观乡，以礼义观国,以齐平观天下,何以知天下然哉,从此。贵以身为天下,若可寄天下。执大象,天下往。往而勿害,安平泰。乐与饵,过客止。之所以贵此道者,不曰以求得,有罪图免耶?

(2)三十幅共一毂,当其无,有车之用。埏埴以为器,当其无,有器之用。凿户以为室,当其无,有室之用。故:有无相生,有之以为利,无之以为用。枉测直,洼测盈,敝测新,少则得,多则惑,获则失。古之谓曲则全者,岂虚言哉。

(3)古之善为士者,微妙玄通,深不可识。不出户知天下,不窥牖见大道。其出弥远,其知弥少,是以圣人不行而知,不见而名,不为而成。知,不知,上。不知,知,病。夫唯病病,是以不病。贤达不病,以其病病。

(4)民之难统,以其智多。以智治国出大伪,不以智治国享清福。知此楷式,是谓玄德。王道甚夷而民好径,民之难治以其上有为,民之饥以其上食税之多。民之轻死以其上求生之厚。夫无以为生者,挣重于贵生。是以圣人为生不为乐,故去彼取此。

(5)天下神器,为者败之,执者失之。故,事或行或随,或嘘或吹,或载或隳。是以王侯去甚去奢去泰。君独异于人,而贵事母,见素抱朴,少私寡欲,令有所属,缺智无忧。

(6)持而盈之不如其已,揣而锐之不可保长,金玉满堂莫之能守,富贵而骄自遗其咎。修立于事其德乃广,修立于身其德乃真,修立于家其德乃余,修立于乡其德乃丰,修立于国其德乃深,修立于天下其德乃长,子孙以祭祀不辍。执者失之,常于几成而败之,慎终于始则无败事。学,不学复众人之所过,力辅万物之自然而不敢为。

(7)江海之所以能纳百川,以其善下。大国处下流。或下以取,或下而取。大国不过欲,兼畜人,小国不过欲,入事人。两者各得其所欲,大者宜为下。将欲歙之必固张之,将欲弱之必固强之,将欲废之必固兴之,将欲夺之必固与之。物或损之而益,益之而损。是谓微明。

(8)王道废有仁义。智慧出有奸伪。六亲不和有孝慈。国家衰败有忠臣。故圣人云:我无为而民自化,无事而民自富,无欲而民自朴,好静而民自正。此为天下贵。圣人不伤人。两不相伤,德交归焉。此谓根深蒂固，长生久治之方。

时空分界因果，事涉直接间接显隐事实，表现于内外多方层次、多路过程界面上。抓住时段节结多维因果中介链，是变革过程中，防偶然未料突变、办成事、防坏事的关键。

地中海边，之所以始终在不断损耗资源、争斗仇杀中苟延残喘，基因是大片国土荒漠化，家用生活艰难困苦，主因是殖民余孽北约势力侵犯。一些地方人为破坏，沙漠快速扩大化。无节制地消费生化物料，全球气温升高，假如生产、生活方式不加改变，如果冰川消失，长江中上游植被被大片长期破损，南水北调未必永寿。放手让商业利益无限制地摧残自然环境，未来不堪设想。

如果官僚享用超前，大城市官方面，全面高福利，就算加重税收，财政赤字难减。出路之一，福利保障水平缓步提高。采用储丰补欠方式，力使产品、利润、收支、物价波动均趋平稳。补助重点在收入低下层，特别是市镇缺门路的群众。每次多补增。随物价涨给，保守中层实际水平。削减高层直到让其自负。他们靠自积蓄，自养高水平。利益调整大政策，多在任期末实行，以助后任做减埋怨树新威工作。

凡有就业要求，就能及时满足，且使家庭生活小康，才算公平合理。人非动物，个人眼前享用，不是人生全部，甚至不是主要内容，其他需求也会与时俱进。人人单求享受，将葬送人类前途。

（四）辩证

“为学日益，为道日损，损之又损，以至于无为，无为而无不为”所显露的动态过程，十几个世纪后，被德国书生变换成“辩证法”。此方法极可能被当作线性逻辑分析方法应用，剪枝去叶，定性不定量。被当作阶段性行为方式使用，忘前断后，见物不见人。轻视其主要损除社会不道不善等罪恶的多方为道意义。忽略“无为而无不为”所隐含的政府需求、社会群动情况，以及在更高水平上又重开为道为学的循环必然性。忽视“为学”创造，“为道”收获“日益”效果。

线性前因后果，表现在全程阶段连接时。多方彼因此果，总是显露在所有结节方面分别处。不必费工夫，就容易归结域中分界因果网。其中任一因果链,可现:(1)线性往复,(2)平面周行循环,(3)三维螺旋循环。事物循环,除机械想象形态外,更应把握社会兴衰、朝代分合的历史螺旋循环。社会强势制造突变,群动螺旋路上出现奇点,时日不久,因社会风俗习惯、环境条件难移,又会归复到传统轨道。

老子力求从人工文明入手,转变天下人文态势。从“实其腹,强其骨,虚其心,弱其志”为生不为乐的温饱状态,升到“甘其食,美其服,舒其居,乐其俗,邻国相望,鸡犬之声相闻,老死不相往来”的和平小康气象,再现“使有什伯之器而陋之,使人复结绳而记之,虽有舟车无所乘之,虽有甲兵无所阵之”的常自然向往。用此行德立道、螺旋前进方式引领,指导社会科学和谐发展、联合国公平事务,也很有远大意义。

少有人像孔子那样把“为学日益”,翻成“学而时习之,不亦乐乎”。少有人,把“学”与“为道”,以及“学,不学复众人之所过,力辅物之自然而不敢为”相联系,忽略反复主动为学提高,自愿为道贡献。不少人淡忘学用互通,改变世事,促进其中生枝添叶情况。

世界各国尽管取向各异,各有所图,终究自觉不自觉地开拓国家联动,共管全球市场营运的道路。全世界社会结构彻底社会化,涉及社会所有关系的完全社会化。它们若能相辅相成顺势发展,国家将在扩展共和进程中逐步消亡,从而展现人类自由王国理想,即,社会共和系统尚同化的光辉前景。

二　结构中介

《卦》及《老子》分散所列事情,无不在三界五行中,都属三类存在,即物料,事情,意识。意文形物,如同“孤帆远影碧空尽”场景,全赖事在联系,事过境迁,物是人非,又全靠事在流传重演。

《老子》“万物生于有,有生于无”,“合抱之木生于毫末,九层之塔起于垒土”,等,都蕴含事物结构过程事理。“载营魄而抱一,能无别乎”,集中表现意在、事在、物在,三界同一哲理。

在先秦汉初,“载”表“充满”,“营”指“安营扎寨”及其“实体”。“一”“载”和“抱”,属事。一,既指一致一体,又指大道。营帐围栏和其中持械的人,属物。属“魄”者,乃统一将士兵卒信念斗志、步调活动的国家意志、军纪制度、命令任务等意愿。故载营魄而抱一的字面意思：充盈大道的营和魄，总成一体。此营此魄不同于彼营彼魄，此时此地抱一，不同于彼时彼地，“能无别乎”。深层意思则显现分立同一哲理。实事求是的结构思帷叹为观止。

结构化事物，其产生形成盛衰消亡，无不取决于地位作用强弱不等的三类事情同时并举，也就是：

(1)内在集群联动，群动化能质性结构关系。

(2)外在选择调剂，分立化事情性环境作用。

(3)边界自保传递，桥梁化中介性受授过程。

不用多言，事物内在结构关系确定其性状品质，外在环境作用表现其功能效用。事物兴衰成败，主要由内在结构事实、外在环境事态的集中程度、同步状况来决定。边界桥梁受授过程，表现出中介的依附性，决定其始终处于从属地位。正如电子这个轻子做化合物中介一样。中介与主客体群动，营造三方同一变动局势。

社会群体，经济实体，行业单位，企业市场，市场政府，部门地方，上下左右间，都要中介，才会使集群结构有序。阶段间，实物间，分立面，对抗方，隐暗事，经事在中介营运得生存、变动。因果成阶段或方面间的中介，联动变化有序，调剂及时有序，选择目标有序。简言之，因中介作用，群动结构有序。反之，群动结构有序促使中介有序。

在任何群动形式中，离散的人与人，人与物，物与物，做分立的主客体和中介，集群联动而现活力。商贾做生产者和消费者间中介，货币充当买卖双方中介，从而形成市场贸易活动。实现双方需要的商品，是供需方中介实体，中介可以为物。商业化服务企业做中介，及时建立实现社会多方多种需求，在资源充足条件下，社会服务性中介作用日著，对其行为的法律和监管都还落后。在衣食短缺时，服务性金融地位降低。

人与人通过空气声音，直接传递意愿，通过书籍图像名胜古迹等文明事物，间接与先人接触。动态信息和静态资讯，是人际基本中介。资讯是受众和媒体的中介，意在充当中介。

社会中介内，另有中介。各中介间形成中介链，中介网。各种代表当桥梁，起中介作用。政府和民众，法纪是事在中介，执法人是中介实体。敌对双方通过第三方或战场战斗中介，解决对抗难题。保守和激进间，中庸当中介，势力充当中介屡见不鲜。在前后关联，左右兼顾，上下打点的社会，中介地位作用随主、客体变动而不同。呈枝节网结构造的任何群动事物，都存内里状况，表面现象，外在事态，发展线路，变动阶段。意愿主导，人文主体，事在中介，螺旋循环升扩，社会气象万千。社会人文因此不断发展。

总之，边界所表现的中介，意在充当的中介，实体做成中介方，实质都是受授性事在。简而言之，中介是事在。

事物内外突出的相互作为，通过边界或中介受授作用，交错往返盘根错节，事势随之变动。将具体事物抽象成无形有质的点，在多点群动的质点系中，相互关系受授作用力，便是此因彼果中介，它实现质点地位作用转化、系统联动调剂、选择集群群动、能量变化转移。定量研究此质点系变动，已有现成物理化事在方法。

事物对立，多是暂时局域状态。平时，事物同一分立，未必对立。各矛盾方，相互作用充当中介，协联，分立矛盾同一化，矛盾方及其总体，平稳变化运动。中介作用异常，同一状态破坏。事物状态显著变动。

人，无不处在矛盾挣扎之中，必须道理法纪制约。相对稳定的从属中介可能偏向护短，无中生有，惹是生非，甚至喧宾夺主。此时，必有新中介方取代。主客方选什么做中介，让其起什么作用、到什么程度，何时适可而止，是需求，更是处事艺术。社会上，调和人民内部矛盾，缓和党内对立面、非对立面矛盾，负责方必须学会超然燕处，居中顾端。在顾及一切矛盾或矛盾方面，选择中介调剂时，更要及时到位地让次要矛盾或次要方面，合乎规律地转化，甚至按需要而立即转变。香港若非大陆有意存活，台湾若非和平过渡，恐难靠现制风发。

国家执政党，在势均力敌或奋发图强际，强调意愿等内因决定性作用，在强弱悬殊寡不敌众时，外因的毁灭性作用不可低估。假若执政党，不能及时觉察内部事变苗头落叶知秋，充分知晓外部重大问题关键殃及池鱼，不能随意掌控中介作用适当发挥，防微杜渐，未雨绸缪，前途将艰难凶险。前车之鉴，数不胜数。

（一）技术

技术源于人改造自然中技能积累，是人意变动事物的中介。加工制造等操作是基本技术，技术一般，指工作的方法方式。学科知识，主要是表现技术积累的专门形态。知识就是力量，源于技术适应并改造世界的作用。不但营造智力，而且从来就在利用他人智能的技术，在社会的地位，取决于其作用。具有广泛科技知识、专业方法特长的人才，是国家的栋梁，行政的骨干。只有体力而无技术，正如只顾自身不顾他人一样，甚至不如动物。

劳动是技术的表现过程，所谓生产力，实质是技术的能动性创造力，是系统的技术表现。就技术知识而言，它创新商品，增扩消费，拓展市场，推动社会繁荣。社会要消除发展粗放的众多危害，政府要解决经贸活动中的重重困难，单位要化解久拖不决的无数问题，根本的努力方向在科技生产力而非资本。难道改革开放不是一种方法性社会技术？技术有开源节流解困等多重功效。

新技术不断造就各领风骚几十年的主导产业。生产力集中，加快垄断扩张，反垄断法，可禁止独家霸占，一手遮天，从未限制几个同行，横行天下，伸足偏远。

技术创造资源，所谓资源，表现为不断更新的技术、财货、人才、环境条件。资源基础是技术，财货是技术的组合形态。社会生产力其实是基本的生产关系，生产关系主要是技术的组合运动，由于它是人运用技术和财货联动关系，故有社会性质。资源靠技术转化成商品，经交换变性成资本。社会上，技术是原生资本、支柱资本、最主要最基本的活资本。

在供过于求的社会，唯有科技生产力，有争取高利润的可能性。新产品上市二至五年，利润平均化且逐步下降。市场份额稳定的合格产品，总有长期高效益，不含水分便存不轨。大量简单再生产日益成为市场基本面。

在和平稳定的世界上，通货充盈的现今，发展中国家，除了依仗技术，难道还有其他超越发达，保持自主的门道？个人谋生就业，勤劳致富唯有技术，单位求生存图发展舍技术而谁？技师的制造工艺，加工窍门，装配精度等技巧，有时竟是实现设计意图，整体功能，部件性能，材料品质的关键。

过剩产能，造就生产关系全球化新态势。技术在社会上普及起作用，称为技术社会化，它创新社会需求，推动社会进步。技术是社会发展的原动力。技术社会化推动财货社会化，商品社会化，资本社会化，农耕工业化，政党政治，多国联动，展现天下全面社会化的可能。

新技术，新产品，新市场，新企业，新行业，新产业，新部门，左右贯通，上下循环往复，先进生产力就中而成。下大力气发展技术，就如当年抓轻工业那样，四个现代化，特别是军事现代化才有底气，国际竞争才有雄气，超越才有骨气，把技术发展当作经贸发展的脊梁，时不我待。

估计经过三十年左右技术储备和科技生产力壮扩，我国将成为实力雄厚威力无比的世界主极，不说眼皮下的台湾，就是日本也得收敛，美欧北约不敢轻举妄动！届时再与强势联手，安排世界新秩序，以有余奉天下造福全人类！

工业革命，英国领先称雄，美国称霸，根源在科技。财政及时满足重大探索性实验需要，不拘一格召集国内外专业人才，提高其待遇在行管人员之上。政府组织扶助科技联动，有计划地组建项目研发平台，每年投入上千亿美元，拓展高新技术，人尽其才物尽其用，终得称霸资本，获互联网、隐形机等先机。中国一些曾领先的科研成果，奈何，没有变成生产力。

美国精英大多是中国人，足见中国基础教育水平甚高。外国人在美国，人尽其才，得益于美国提供的条件和激励政策。奖励奇思异想，实验成功主要收益归己，都有促进发展超越作用。

社会更新消费需求，壮扩资本，积累财富，成功在技术。代表先进生产力，首先要掌控重大关键领先科技资源。确立科技主导经济制度，是科学发展前提。发展中国家进步，首先要恢复、推动、尊重应用手艺方技，扶助民间企业创新，重视科技胜过财富。顶好不以GDP，而以科技成果论政绩。

技术发展升级，重点在建立技术链、产业链、分工链。基础知识，通用技能，行业专门技艺流程，以及左右关联工艺，加上探索改进性科技，共同形成技术链。建立原料产品废物全利用，上下游企业行业产业链，各环节各方面各部分，既联动又有分工侧重。开创性技术，例如重大到基因生物等应用技术，普及如萃取中药有效成分，化学合成使用技术等等。其社会市场意义久远。

革新技术链和联动产业链，将引起生产方式变更、管理模式变革和资源节省、环境安全，以及生产力布局合理等进步。行业配套分工，行业间联动尚未列入视野：环保收入不断投入造纸业，变植物纤维化工为化纤填粉压纸物理流程，而尘埃源处理，难在沙漠地；减少汽车排气污染，除油料燃烧外，还有不用燃油的出路，公共运输为主，私车为辅，现代动力为骨干，可能又引发能量快速转移问题。营造先进生产力，以科技为先为主。中外合作，全面权衡。

行管从设计入手，有组织地促进供需双方直接互利合作，鼓励怀疑现成，广泛寻觅改变现状方式，以便创新技术。支持技术主角搭台，尽量提供研试条件和方便，严格拿合乎实际，而不是生搬硬套的质量标准，促使控股企业不断开展技改，形成技术创新氛围。奖励民营不时更新技术，发现排除外商，变包装抢专利等可能性，及时指导新技术向困难户转让，加快技术升级和新产业形成。实行风险保底政策，吸引闲散资金直接投入，以增大技改力度和研发广度深度。

技改后果一般可测，分步投入风险较小，新产品销售较难，上市有风险，但比之资本盲动，千亿资金，贷给百万小户比全贷给一千户，造成死账呆账损失有天壤之别，银行宜开微小便贷之门。压缩迟缓某些地方，某些工程建设，特别是前卫性形象投入，财政应满足大部分技改的费用，特别是战略性强国性关键重大项目的会战需求。

税收、折旧、工薪、研发均列入成本，绝大多数保守市场的老企业，只进行简单再生产。县镇有计划地组织农村，进行供应所需的简单再生产，安排产销对接，这将是社会文明常态。

政府应比发达国家更加硬气，推进新的分配政策。政府允许单位，将上年实际收入的10%用于技术创新立项开支，实费实摊，还可税收贷款优惠。政府不再保护技术长期落后的企业，同时挤出例如房产外商中介等超过社会平均利润80%以上的高额利润，力促技术飞快拓展，投入门路甚多。

合理技术标准，应从内在性能，外部功能和社会效能诸方着手。市政道路之类项目，应该工程进度快，维修时短次少。

着重保护社会和用户权益。如房屋建筑，日用化工，人行便道设计，路面耐用标准必须全面提高，道路施工质量如边坡稳定标准，必须坚决监理，各方责任始终追究，才有保证；能为用户省电，为电网减耗，为社会节能的机电家电用具，才算效能最高。网络高速传送，手机功能齐备，皆以使用需要为意。过多过繁操作，对老少未必适宜。

中医重脏腑关联，三焦内分泌性能调理，治本。西医重病灶菌落，功能清除，治标。西医分器官各不相干，中医看重比器官范围更大的脏腑系统性能相互协调，中西并举，创造医疗新方式正当其时，中医互补，中西互助，形成新医学，不在话下。奈何累见西医自大，不图兼收并蓄。缺乏言传身教诊断经验的中医大多走西医检验后开方捷径，属用药而非诊断，自卑而变相西医。中药讲究君臣佐使，同时调整相关脏腑性能及其协同功能，电视上，神化单一药材功能，多为谋利，药材随加工方法不同，药性不同，另售乱抓药，方不对症，疗效不能立竿见影，中药不敌西药，不被社会特别是青年所喜欢，中药市场将来未必广阔。从种植处，萃取中药成分，弄清分子结构，试行化工合成，改成西药出售世界。中药研究所与产销单位合作，大有可为。

为利所动，医师可能增开非必需用药；制药厂可能降质生产劣药；门市、超市，不供低价微利好药。医保是唐僧肉，中介让药价虚高。官方传媒，就像为自身偶像做长节目那样，降低高额广告费，直至义务宣传，可助中医药之类真产品一臂之力。

自然物种多样化，全因基因变异维持。分别改变细胞DNA某一单键，弄清基因各链作用，人工加快基因转变，促使生化新品种出现。其安全性引发疑虑。国家科委立项招标，农技医疗科研合作，科协从旁助力，用动物加快遗传试证过程，加大变异基因品种检验面，可减少推测争论，加快基因生化创造，学科应用进程。

形成和维持技术优势，关键在利益分享。官控企业先行，一是技术人员分红最多，薪金最高，二是技艺权威最重，营造发达靠技术、光荣靠技艺的社会氛围。科技成果被忽略、被闲置、被侵占等现象不应再发生，行管干部，宜学会为创新技术服务，及时准备充足条件到位等，这种地位变迁挑战官本位，党组织理应带头。

资本行事只要利润超常，设备、工艺、设计、人员、创意均可出让，招商引资重点转向借中介引技术，限制重复性直接投资，正当其时。行政用对资本的迁就宽容，来对待新设计新构思全不为过。减少清规戒律，照顾支持技改研发、推广普及诸如动力、传感、遥测、质检等先进技术，真抓实干。不然，再好的创意设计和专利人才也会夭折。初始投入够、求全少、监检松，加快新技术产能上市，尔后严求提高、完善，否则再多机构、行政人员也无济于事。

就业始终是政府调控重点。在低级消费市场禁这限那，恐怕有碍、减少社会就业。自动化技术用在高精尖特产品方面为妙，"大众创业"，广开门路才大有可为。

西方经济学只为利润谋划，放任价格自由降落，少有顾及社会效益，孰用孰止细斟酌。资本造孽，财政还账不可久留。政府仿效他国社会分享收益习惯，应乘机克服。创建责任共担，勤俭节约，同甘共苦，和衷共济，有利社会共和的分配新制度，应该起步。改前提备条件，没有做不成的创举、大业。

市场竞争主要在同行、同效用产品间。市级政府，视水文地理气候条件，安排行业重点、主要产品布局，打气温降水时间差，安排季节品种先后种植，在较长时段上，让同种鲜活产品平稳供应；安排合适的大中型水利、农科农资建设项目；散布高利大企业，不止在扶助粮食大县财政够用，还属战争准备。

城市规划项目设计，新建城镇，多从实际出发是根本，商业集中才能繁荣市面，连续铺面一楼基坑，未必不能充当车道。允许各式民营载客小车辆，巡回背街偏道。太阳能，温差半导体，未必不能做北方家用能源。安全卫生要在教育，要求管理方，关爱老弱病残，多方面显真心。地方公开合适福利政策，照标准事后都可补足，个人不再争先恐后。

社会发展过程趋势，分门别类长期规划，按比例调整规模和速度，都可定量分析。任期计划过程，发展速度，存量投入，甚至可用物理动力学方程分析，数理学专家大有作为。

科学按劳分配制度，量化价格形成因果，确定企业工资水平，保证职工、企业、财政三层均有所获。有些白领，提出像美国那样，中产阶级占社会绝大部分。他可否知道，有多少人收入未达100

元/日最低工资标准?社会何以达203元/日以上水平?现占社会80%财富的是哪些人?他可否计算过,若只为事业公务单位职工加薪,让他们平均年收入只到60万元,财政什么时候才能负担得起?他可否考虑过:假若约10亿人就业,只让9亿人收入12万元/年,且按运营收入15%计平均工资,多数城镇以及绝大多数的民营企业,怎能负担得起?全世界每个人要消费多少万元,才能使这些数字变为现实?假若发展中国家都要达到美式中产阶级水平,那些收入消费都靠什么来长久支撑?随物价高企,余下那低端收入者又将何以为生?

(二)政治

“圣人不仁,以百姓为刍狗”,“民不畏威,则有大威至。民不畏死,奈何以死惧之,若常使民畏死,有司寻敢为奇者杀之”等多处,直接揭露统治阶级与被统治阶级间,阶级对抗形势。社会矛盾始终存在于王公侯国,将士官吏,百姓农工,商贾盗夸等阶层间及其内部,有对抗可能。

“以正治国,以奇用兵,以无事取天下”,“夫佳兵者不祥之器,有道者不得已而用之”,内含国际阶级斗争内容,包括不得已而用武装力量,去革天下衰败势力命的社会革命方式。

老子事实上已提出,群团化社会性矛盾,即社会政治的内容、形势、形态,斗争方式、过程、办法。

数千年来,资源占用,权益分配,利润争夺,管束抵抗,中央地方争权、部门行业争利,变化多端,交织重叠,层出不穷。二十四史,《资治通鉴》《韩非子》等,列举不少上层智者内斗方式方法,取用不尽。历朝政府,依势仗权使术,多方面长时间,正反相较,极重上层内部政治。从而强调礼制正统,主流意识,匡正纲纪,依法治吏,保家卫国,教化民众,同甘共苦等内容。政治成统治与被统治者间主要中介。

五千年国政史,是统治者为生存、恩仇、颜面、友情、资源、财货、权位、将来而组织群下共斗的血战史;是营农养生和市井商贾势力的生存争取史;是判意识形态是非的血腥史;是本阶层内利益得失的争夺史;是权贵上层智力内耗倾轧史;被压迫被剥削劳力者的自发反抗史，千年难遇，大多被当局当作匪患镇压。

中华有史社会，处于兵争动乱剧变期，大约有一千两百年，断断续续，备战期总比刀兵肉搏期长很多。春秋战国五百年间，诸侯吞并，权贵倾轧，群团内耗，流派论争，商贾大多为私不为国，侵蚀官吏。被利己私欲支配的候国君臣，采用重农轻商扶本抑末方针，强制农工士商反王制成风，智者指引的阶级对抗，内容形式重点方法随势变化。社会意识宗教、先进保守派别、贫富贵贱群团间阶级斗争，形态极为丰富，方式极为残酷。

祸起萧墙、官逼民反等为时较短的内部对抗时期，其中不乏与外势纠结不清，引狼入室的国际冲突形势，南北朝、五代十国最长。“祸兮福所倚”，因祸得福，疆域因此鲸吞壮扩，部族稳步同化。王制邦域浴火重生，破裂社会趋同繁荣，人文状态欣欣向荣。

内斗以东周、东汉末为久。明代东林党等市井化士绅势力，结党营私，争取政权，开现代党派政治先河。清朝太平天国，则创武装民主革命首制，树现代“阶级斗争”革命榜样。保守现成当局，大多因只顾当前、识人不明、轻信攀附、投机取巧而遗恨千古。

鸦片战争，外势主动入侵，八国联军、日寇入侵为甚。帝国财阀欺压殖民地的主要势力，买办资本压制本地资本，官僚资本吞并民办资本。宗教民族，特别是地中海周边，恃强凌弱的教派等斗争情况，无不是发达强权离间愚弄、别有用心的表现。在实力维和，强势树威后，恐怕只有通过逐步改变社会供销状况，长期广泛民众交往，道儒传统示范教化，生活意识潜移默化，社会才有可能平和安静。

两千多年来，儒家助力，不断维护伦理道德，集中权威，爱惜草木疆土，爱护国家整体。族不离汉，家不背国等爱国行为可歌可泣。大中华形象因此破后愈鲜，共和政治历久更盛。

以往，革命性阶级斗争并非政治全部。公权性邦域化政府，都曾不断想方设法，解决社会化群团性矛盾，形成政权管理社会的政治。当局，尽力以合理合法、适宜的步骤举措，保护、激发、组织、推动、引导、调剂社会长久有序群动，表现政治常态。从而积累起对待处理国政权益的态势立场，特别是对待处理社会化事务的取向举措。不断完善解决社会化群团性矛盾的方式、政权管理社会的政治方法,同志还须努力。

现代政治变为财势夺取维持统治权的强硬手段。社会主义许多巩固开国政权之举,绝非学用小农意识。不少以财兴国方式,绝非只为资本红利开路。防止以似是而非言语,千方百计曲解误导,否定正当历史。政治无处不在,不讲政治本身就是一种政治。

力求分立各进的各国,自觉地朝彻底社会化方向前进,做完全社会化努力,抱理想信念的知识分子是中坚。将来,社会各界群团自主活动,民代会公开立法,政府公正执法,执政党公平正法,在野党公道更法,民选清正人士持中司法,军方随时卫法,个人群团随时监察到处反馈,合乎道德基调的共和政治,及其法、理、情、愿有序的法治营运体系,终将成熟。不必群团相斗,公用政权治理社会的政治本意终将实现。

三　维段思帷

老子身处周王朝庭内,能接触国情典籍,深谙古今时段世事。得文王卦爻损益主意、顾多方思帷方式。处理某个时序阶段世事,顾虑八方而说八卦,其语句段节,似乎散落而少连贯。其实方面内容、言外之意,呼应关联,互相配合,字里行间深意,溢于言表。

(一)时序

老子从天地之始到现实生活,再设想未来,极重时序。如"失道而后德,失德而后仁,失仁而后义,失义而后礼"。从"实其腹,强其骨,虚其心,弱其志,使夫智者不敢为"。经"甘其食,美其服,舒其居,乐其俗。邻国相望,鸡犬之声相闻,老死不相往来",到"小国寡民,使有什伯之器而陋之,使人复结绳而记之,虽有舟车无所乘之,虽有甲兵无所阵之"。社会发展前后阶段十分明显。

认知,按时序概括而言:可分古、今、望三大阶段,动态时段还可细分:古,分过去、曾经、以往三段;今,辖离去、现今即刻、来临三步;望,含当前、将来、未来三阶。

过去是远逝的曾经,曾经临近以往。以往贴靠离去,趋近现今,三者应该真实。判取历史真实,取决于人的意愿。

包含正在离去的现今,是以往过去的选择,承前启后即刻,既是传承曾经主流古传统，更是推陈出新把握来临趋势的望正道。抓住一过即逝的现今，特别是把握难得一遇的来临，尤其是好不容易才造出的战机，是趋向当前，步步为营，开拓、谋取将来的必然能力。

当前继续来临选择，是趋势变化的多发阶级，将来是古今趋势所然。未来只属愿望憧憬。因此，承前启后，推陈出新，继往开来，社会历史事物，循环于时序阶段上，不只是思帷的必须方面。

（二）结节

老子按卦爻习惯叙述。不重表面线性因果逻辑，而重各方周到，内在关联。如果立足平地察看，仅光明四面，则暗边角四方；注视前后、左右、上下六合，还须内外顾及。若再改立于某一方面中，外注或内视，又可得次八卦，如此这般，只怕掌天下人士，也难详尽看似无关，实可联系的以万计的事情。

无论立足何处，观察、分析、归纳、分类，判定，选择、模拟、等效，数理模型、总统规划、重点设计，都以同时分时段涉八事为周全。高明在善于补上各自间因果关联缺。如排列组合般。

由点及面、由此及彼的八卦思帷，认知内容所涉维度难以尽言。任何事情要拓展的空间维度，在于推陈出新需求。一般，有静态界面六维、内外二维，再加认知者自身和维间因果联络二维，计十维。自知之明太难，或因果阴暗变动难定，不如视情势事态而选用，故九维为大数。洪范九畴，不在居中顾八方，而在把握四季五行。但唯心者编造神仙天境、地鬼冥界，营造出拟人幻境，支持正道，给弱小以希望。实九加此一维，十全十美，凡夫俗子心满意足。先哲很少信幻境实在。可随意选择的网络视频，快速全面表现意识形态，可归入拟人幻境之列。

多层面、多角度、多深度、多广度的十维思帷，其选择性作用，至少有：理清内心部分情感意愿，约束其表达程度；拢集多路有限授受信息，分别形成备用静态资讯；调集部分资讯内容，进行筛选、分类、加工、存储等自组活动；形成模拟性等效化概念词语，组织相关概念，加以条理、有序、表达；帷定资讯、概念、观点，反复框选，再加以组构，再次有序表达，如此螺旋循环。终得真知灼见，哲理方法。其中，纵向表达“其可左右”，线索多路多段；横断用八卦，不只是存在于一层一方一面。

定时段外张，可罗盖事物意三界。可拓展主客宾或中介三方，叙尽一切共生事物。内延，将穷尽结构内部各主要部分层次细微关键维度，分层次分部分再选择深入，内容拓展更加丰富多样。原子结构层子模型，就是典型实例。

上依据下依靠，思前顾后，勉强左右，不计相互关联，六维处事，内含自身权益，七维大数，多被只会表相思维的人士所好。全面科学发展，肯定不止于某阶段、某部分、某方面、某层次、某些人、某类事。分析综合方式方法总与地位智能事情适应。

先人设想燕处超然。提纲挈领，抓住卦面要领线索，线段靠节加长，靠结撒网，节结关键分合，八卦便成多线结网。结合时序，便得牵涉时空域，分时段、分枝干、分界面的结构化结节性维段思帷。抓住主要节结重点关键，顺枝探网，便是处事要略。

承前启后由此及彼的维段思帷，同时帷住内外、方面、整体，显隐、动静、偶然，新鲜事情、事态、事势，寻思出多路、阶段、长短、快慢、全程、往返动态途径，可充实事物正常壮扩的连续性，现实取舍性，预防偶然意外性，正是科学言道叙事处事方式。电脑中，假若用并联线路集调传送，将所有同样字符图色点，用程序存放在一个存储单元中，芯片存储量，存取速率，都将显著增大。

自觉认知，较生理感悟、情绪记忆，更多自主自动思帷。置身事外，可能蜻蜓点水、静止孤立、肤浅曲解、以点代面、现象简单化，需要全程分段、全局周全、诸方细密、深入详尽认知补充。

靠个别少数偶然、阶段孤立静止、部分片面肤浅、局部具体特点、现象区分归纳等来分析总结，认识事物的表相思帷，即所谓“形而上”思帷，不如网络节结结构、内外多维、全程阶段化的维段思帷，察态势主流，认本质总体，知全局长远，会曲折方面，懂深入细致，抓节结关键，实事求是、全面深刻科学。从之则稳步方圆。应主动舍彼取此。

尽力实现需求，是社会前进的永无休止的根本动力。及时调剂各环各链各式各样需求，才合乎正道。时有权贵言行犯众而受损失坏大事。文王曾扩推八卦，劝导无力自主人们，顺从天意适应环境。孔子畏天命，做过继往开来努力。在完全商品化社会，培植有高度社会责任心的儒商精英，有许多让其担当大任工作要做。

承前启后周公，受遗老新贵压迫，继往开来，建立分封礼制。法后王，长治约三百年。东周王制，终被自理、地广、势大、万乘候国搅乱。以后经战争统一的长治朝代，大多不过三百年。治、乱、治，分合分，循环，个中因果，主要在人德三宝而兴盛后，超前过度享用朝廷。其一，不明治理兼顾，以缓步渐变为主。其二，法规多属方便行政而缺少护民制度，官吏大多不恤民情民力，尤其是天灾人祸社会动荡期，甚至敲骨吸髓。其三，欲壑难填，仗权势而霸道的当局，多半不明外边世事实况，只为自身权位而奔忙，一代超过一代。其四，统治层后代，大多被溺爱娇惯，且放纵私欲，严重脱离民众，以至公侯少五代。

问题在于许多人，只顾自身欲念，被线性逻辑知识、“形而上学”机械唯物论培养，表相思帷支配，被振振有词地冠以真理的言辞蒙蔽，见识局限，意见分歧，利害得失，层位差别，心思窄短，各持己见，难用因果中介同一分立事物。造成多少社会争执悲剧。

理大乱成一统的秦、晋、隋朝都历史短暂，一是根基深厚主要势力未必毁于一旦，被推翻的传统势力，仍有号召力、有市场、有跟从者；二是既得权益分配，未必照顾周全，争权夺利，自埋祸根；三是朝外状况依旧，辛劳群体，懂疾苦，知互助，易于组织成势；四是财货离散官心，财势作祟政治。五是外势乘虚而入，兴风作浪；六是自大狂妄，不善包容。各方斗到黔驴技穷，以至于官逼民反，又到改朝换代大乱期。大乱中，投机重组势力，有望强大而获取乱世成果。

四　智性智能

老子最早明确“人法地，地法天，天法道，道法自然。天下尊道贵德，夫莫之命而常自然”等观点。最早归结“立天子”“守中立”“曲则全”“善无为”等帝王术。在保守中前进，在前进中延续的智识，超凡脱俗。

人继承着基本的生物性能、动物功能等天性。父母遗传给胎儿天性，在家境家教中潜移默化，在耳濡目染中养成品性，在环境磨炼中坚定情操，天性品性情操联调成智性。教育指导培养出理解力，言行对照培养出表达力，复杂经历锻炼出创造力，由此联动出基本智力。人获取学科知识，博览群书知主要，深明事理识要义，智能充盈。若哲理原则、方法理论，应用自如，则现场处置，临机应变，智力超群。

家庭学校特别是社会生活，运用智力，使智性得到扩展提升，智性智力发挥，积累形成智能。贤美智力，善良智性，真正智能成为中华域族始终追求。直到六世纪还在口传圣经故事的外域，尚无如此自主智识。

（一）智性

随着有关人体认知丰富，信息与意愿关系日益清晰。人与外界发生的新关系便是当时的感觉信息，它被感官调制成生物电信号，在神经元中传到前后触突处，引起其间生化电位变动，链接并传到大脑皮层中枢神经相应部位存储，成了记忆资讯。资讯其实是过去信息的现实存在。这一过程便是感觉。相当于电脑被输入。不过，感觉有听视触品嗅等多路输入、联系比较、混合存储、反馈输出。多路比联，终使大脑皮层滋生信息逻辑自处理能力，经世代遗传充实提高完善，人脑有主动自组织资讯能力。其他动物因此差距天隔地远。

人脑把感官受授新信息，包括人与资料间的信息，加上已有资讯，自组织成交错复杂资讯过程，便是感悟思帷，相当于调集筛选组合调整等加工制造。模拟感觉，感悟集联，等效概念化，这是思帷的认知阶段。各种概念再度调选整合有序化，这便是思帷的知识阶段。各类知识集群联动再三自组织有序化，形成思帷的识趣阶段。与上述思帷阶段同时进行的可能还有相应的说写唱画制作等表达方式。

个人的思帷，理应主动顺时序、分阶段、明步骤，识大体、顾部分、知重大、周细微。但受自身智性局限。在被动感受，主动觉悟、定性认从，定量知识、深刻识趣、成熟趣规，总趣规律等思帷水平时段上，认知，属承前启后中间环节。绝大多数人感悟，少数人认知，极少数可达趣规水平。智力表现达总趣规律境界者，如老子，少之又少。

明白组织人工收集资讯，不但“不出户，知天下”，而且明大道规律，就不会将《老子》打入朴素主观唯心论另册。反而会弘扬其中实事求是的认识论、因果辩证方法论，科学先进世界观、群体为重的价值观。

总之，意愿表达而现的意识水平，与思帷阶段对应。感触思帷提升智性，意愿物化拓展智力，生活经历丰富才干，智能得以开花结果，社会日新月异。此类观念可称“智性论”。

（二）智力

人来源于自然，在适应中，展开与自然的众多关系，谓之生，人因生而群，因群而进，不断造现人间交往关系，谓之会。生会关系被感觉成信息，谓之认。被认的多路信息比联成概念，谓之知。相关认知定量有序化，谓之识。主要的知识成思想，重要思想成精神。

直接从生、会中得到的实践性知识，谓之觉。不出户知天下等书斋式知识，谓之悟。觉悟与情感交融，有改天将地之能。觉缺憾于局限，悟多蔽于一曲。教育是改善智性，提高智力，完善智能主途。大力调剂城乡教育资源，提高教师智力水平事在先行。

兼顾意、事、物三界的智力运用，因时而异。尊道贵德，财货消耗，权力行使，理想追求，四者同一，方可言主导社会，改造世界。分析事态因果程序，区别事务主次缓急，统筹事势规划，掌握事态进程，矛盾论分析或系统论综合，方法各领风骚。智能释放，社会人文万紫千红。

自十六世纪笛卡儿两个实体观点面世，唯心论侧重意识偏向意在，唯物论侧重实体偏向物在，生死相拼到十九世纪，学科实证论侧重经验偏向物在，唯物辩证法侧重因果偏向事在。术理相较，方法论在二十世纪行时。不少哲人，受心志肚量眼界视野局限，自觉不自觉地被有之以为利观念支配，见识未入佳境。世界同一大事模糊至今。

不断治理天下，三界联动循环，多面同心协力，主要在分清公私轻重缓急方面。若文理结合，教育内容以根本规律为主线，以传统经术为才干，以自然学术为能力；若国家强调以道德主意识，以法纪掌行为，以经术理天下，以技术创事物，以志向控欲求；政府充分发挥社会所有的积极性主动性，重奖开拓创新，应该大有益于拓展中华复兴进程，大有益于丰富齐平世界的前景。

数千年社会人文留至今日，且有效支配社会者，唯有中华。毛主席亲立宪法，曾想正确处理人民内部矛盾，尤其是处理买办洋化势力代表，想找出解决社会主要矛盾途径，尤其想改良宣传文教方面状况。初衷不继，只好妥协，待后人解决。西化趋势使“三个代表”上正道，振兴做保证，复兴定前途。

如何按群动规律办事，事业按既定主线路程拓展，要思前途如何，始终不可或缺的思帷，是如何调剂世事有利于联动，联动有利于集群，集群有利于调剂，调剂有利于选择，再集群联动有利于过程再循环。抓住界面因果是关键。

政治完全社会化进程，曲折艰难，不断遭到财阀政客的阻碍破坏反抗。推动社会化，是关系权势代理存亡的对抗，不但斗智斗法，有理有节有用，而且要斗勇斗狠，坚定坚决坚持。千秋功业因此而成。

一些见识，若不重复，可能淡忘。即使是过目不忘智者，对字句呼应深意，未必当即一目了然。对节段全文精要，未必一时心领神会。假若盲目轻信，执政党，完全放弃代表国家权益振兴，纠正复兴道路工作；人代会，放弃集中规划社会科学发展；政府，放弃主导商业化市场有序营运等组织调剂责任，社会可能再入歧途。和缓内争，关键在“使乎智者不敢为”。当然，人之不善何弃之有。能经磨难而非借外势日盛者，宜加扶持而靠用之。

商品强势入主世事，不过四百年。以毁尽资源为前提，以损不足奉有余为条件，有之以为利、人不为己天诛地灭等德信，无节制的私欲消费，造成全球生态危机、社会生存危机。懒惰贪婪，奢侈浪费，欲壑难填，买主求荣，无恶不作，天怒人怨，已到燃烛将尽地步。走马灯式的政府无力回天。个人至上的本性，决定财阀帝国的历史短暂性。

同一事业目的，保持法纪连续，落实跨任期长远规划，选好人事传承，加强操作规程，细致举措办法。职业技能培训先行，道德品性教育先重。坚持全程全面或阶段具体为道，为道日损，“物或损之而益，益之而损”。德行边学边做，边做边学，虽然心力交瘁，也要坚持承前启后，推陈出新的循环征程。

“为学日益”，首重里实内容，而非门面形式。被社会条件制约的人，才，足以判断先进，智，足以前瞻科学，能，足以拓展超越，力，足以到位服众。志向清，形势明，时机准，阶段分，事权正，主次定，勇懦显，枢纽握，直曲够，必成大事。尤其在军事成全球主要政治的现今。人民战争直接国家存亡。在北约横行多极争天下的阶段，军事技术是里实，值得格外重视，强大军兵种特别是空海联动战斗力，须全力加快步伐。

改革开放取得巨大成就，也出现不少新问题，潜伏着一些新矛盾。宜循先哲之诰，借前车之鉴。政府规划，民间自主，跨国联动，多想可望标本兼治的对策。巩固地位，调控产权，分割事权，简化结构，发展农村，国际三极联手，社会各方势力结伴同行。用社会组织经贸，国家监理调剂市场新体制，调动社会各界力量，集弱成强，达顺势而就目标。

（三）智能

老子列举过前后相接，环环相扣，方方面面，遥相呼应，为人处事的方式方法，实在是先行的应对性简明化学科理论。书中道纪德行王制表现的智能，叹为观止。

许多人似乎只认离散实体物才实在。其实不然，动物的情感欲念，人的内心思帷意愿，外在意识形态，谋划聪明才智，其性状功能作用，是可感知辨别的智能存在，比静物更加实在。智能威势惊心动魄，毛泽东思想还不够惊天动地？

情感知识觉悟群动，智力智能适时充分发挥。智性内因中坚，造就过多少可歌可泣壮举，内外群动，形成过多少惊天动地伟业！中华传统魅力就源于此，天才智能的威力也源于此。全球各地大同小异的社会现象、基本观念，处事智能，都可从中华人文智能宝库中觅得，如《老子》《论语》等经典。中华人文智力无人可比。妄自菲薄，大多数属断代无知，缺知少识。

及时变动大小前提，备足多方条件，大事迎刃而解。将节结思帷方式，用在事物分界变动处，充分认知其主要、重点、特殊、灰暗、急切、利害因果，因地制宜，因时制宜，因陋就简，因势利导，既收因人成事，又防因福招灾后果。靠此办事，重群动过程、枝节、方面、可能、偶然、细处，则多胜算。

运用智能，变化智力，把握因果关联程序之时，操作方，调集上下、左右、里外、前后显隐事实，判断将来可能情况，关注事物变化运动趋势线路阶段，方面重点，局部细节的相互作为，处分好现场当前事情态势。规划方，弄清必要的事实积累因素，用排列组合优选法，拓扑学、网络理论、矩阵方程，中值定理、灰色系统，求解发展蓝图目标，定性定量双管齐下，附加类推类比更妙。决策方，在查明共性时，分门别类分析判断个性，选择有关联的那部分事情，综合整理系统化，得出规律性知识观点、原则性处理方法，当军事变成全球主要政治之前，须及时部署目标任务人事，恩威并施，必须实力充分到位。执天兵，取天下，作用迅速彻底。

总之，人文环境，经历条件，学识志向，影响智性限制智力。智性智力联动，相得益彰，日积月累而成智能。智性基础，智力表现，智能总成，智能应用，智力发挥，智性丰富，循环更造不已。智能社会化，改观人文，道德最基本，法理最主要，情感最难控，谋略最有用，上述观念可称为“智能说”。

数百年技术学科智力积累出现代天体、理论物理、相对论等学科知识。在宇宙时空中，只要时序足够长，根本找不到时不变的事物。任何形体只有相对稳态意义。以奇点爆炸为起始的时空概念，属人为物理存在。如果不能充实时空的几何质地，时空畸变，只是逻辑推理。万有引力定律，若不解决质量由什么来充实的前提问题，只能属现象描述。若不模糊忽略动态与静态差别，质量是局域能量的静态表现，动量是动能的瞬时状况。

谁都感受过，例如坐车，从开始变速起，身体质心位移，表现出惯性力，只要变速不休止，惯性力成为物体运动阻力。地球上的任何一个离散实体，一直处在曲线变速运动中，当然始终处在惯性力作用之下。同时，其加速度所形成的离心力，方向与惯性力相反，变动实体不需要引力也能相对静止。太阳光压以及随整体做变速运动的部分实体，其内在电荷分布状态不均，形成部分极性电荷，可能变动成电流，同时，整体也有相似情况，部分和整体间的环流电磁作用，使离散实体静止在地表，苹果当然要落到地面上来。在明确动、静性能未必同一后，电子这一轻子形态，极可能是磁子别名，或者相反。

已知：电子(e)质量m_e；正负电子±e对撞，变为γ光量子；它有动量约m_c；单位质量动能等于$\frac{1}{2}\nu^2$。

设想：光量子由做微环运动的正负电子构成；质量$m=2m_e$；±e吸引力等于其离心力，由此可定微环直径；光量子做直线螺旋运动，螺线上，电子速度$V_e=V\tau+V_n+C$；光量子能量$E\geqslant m_eC^2$；沿光螺线做剖面，面上便现波幅为A，波长为λ的波动迹象；A是光量子螺旋直径；波长λ是其螺距。

推论一：既然有能量转化，反射光性质不可能完全等同于入射光。

推论二：左右螺旋光子交会，正负电子，可能多重构成稳定的中性暗物质，造成背景辐射和黑洞现象。

第五章　主流事

众所周知，西周后期，被利己私欲意愿支配的各候国，数典忘祖，社会乱象丛生。老子倡导“执古之道而御今之有”。法地常自然、法天损有余补不足、法道执大象天下往、法圣人自觉自律，讲究传承益众道德，益公法制，盼政通人和、社会长治久安。老子以“莫之令而自均”“莫之命而常自然”“清静为天下正”“食与饵，安平泰”等做世道出发点，积极谋安定天下的方式，供“为无为”，居中统筹计，损补调剂方，曲全应急策等理世方法。

两千多年来，公权集中于中央，财货分散于民间，以德化民，依法治吏，仕理政府有效监察社会活动的中华人文传统主流，堪称楷模。当今之世，强势霸天下，弱势挤边缘，信义失而方向岐，大流随而自主难。要引领社会前进：借鉴历史传统，去伪存真，承前启后；坚持道德法纪，古为今用，由此及彼；把握科学发展，继往开来，洋为中用，中为洋用。促进中华先进人文全球化。

一　中华人文

中华一脉人文，历来重家、重国、重群动，重事在胜过物在，利用自然自食其力，更新资源辛勤劳作，顺从规律安居乐业，安分守己自然而然，过常自然知足生活。山河秀美如画，家庭丰衣足食，社会繁荣昌盛，国家制度绵延，善待他人不求回报，浴火重生前途更美。农田水利乡野贡献，无可比拟。

古往今来，认知事物，分析方法有其所长。把握社会群动态势是分析之短。继老子统筹兼顾思想流存后，社会集群联动，选择调剂，始终是知规律的见识。多学科联动研究已成趋势，组织多方力量综合应用，已成常态。

凡是有识之士，无不自觉坚持实事求是认识路线，主动传承事在人为精神，崇尚益群利他国家为上道德，推广家庭分担国家责任伦常，淡泊明志宁静致远，为中华自主前程前仆后继。

（一）抑末

往事千年计。工匠自产自销成坐贾，市民购销运营成商贩。社会生活需求推动商贾壮扩，商代始创工正贾正官理民营机制。敫周德礼为主的规制人文持续到西周中，山野私占，公田乏养，市集工商，社会活动方式和思维方式剧烈变化。

商贾在买卖盈亏中，两头图利，见钱眼开，养成铢积寸累、唯利是图、损人利己、各不相容等禀性。环境安定时，尔虞我诈、腐蚀仕风，社会动乱中，投机盘剥、巧取豪夺。面临战火，富豪照样"重己身轻他人，义不入危城，拔一毛利天下而不为"。诸多不道不良表现，使各界不齿。难当大任，成社会共识。

社会各界对有些富豪这种投井下石、趁火打劫等不肖不端不轨品行深恶痛绝。认同官府维护生存条件、重农轻商政策，拥护开发山野、再生资源、保护环境、扶本抑末方针，支持官方管束分散自主经营富豪行为。从此，乡野市集文明江汉合流，经贸政治并进，相安无事。

在那人力分散手工造物，精打细算留有余地的消费年代，地处偏远乡野，自给自足听天由命乡亲，无不互相照应安居乐业。居住集市终日劳作，唯令是从的市民，大多安分守己知足常乐。重农扶本，自食其力于乡野，自力更生主动积极，自给自足社会昌盛。满足日常生活需求而活动的市场模式，使社会稳步前进，资源耐用细水长流。倒是入仕市侩和乡野仕子间，朝野纷争，有时弄得鸡犬不宁，百业凋零。

清末当局，附从列强意志政策，培崇洋媚外、附庸买办、奴化土壤，被这潜意识支配的名流，在五四运动后，仍与新民主主义背道而驰，以至于增添许多政治分歧。

改革开放，部分为当眼前局部私利奔忙的人士，可能忘却共和精神、四项基本原则，顺应暴发新贵，迷失在钱眼里。以点代面，掩盖日积月累趋大负面，一叶障目，鼓动个人主义泛滥成灾。思想少根党性弦，将危及复兴中华的久远事业。

政府坚持扶本抑末方针。全程全面及阶段具体为道,为道日损,“物或损之而益,益之而损”。德行边学边做,边做也学,虽然心力交瘁,也要坚持壮扩综合实力,着重共和前途、多国战略权衡。制定各尽所能,地位平等,民主协商,祸福同享,民俗融合等国际共和法制。提出各处分级联动、市场待遇同一等要求。提供法律、政策、资源、保障、服务、咨询等服务。分门别类,明确互助合作项目,投资额度,资源折算,建设进度,劳务成果分配,人员专业培养等责任。

(二)经典

用甲骨表达主流意识,始存于显贵接地通天祭祀之际,形成于商周德治之中。随着社会活动方式和思维方式剧烈变化。两千七百多年前,王室文化随没落贵族下移民间。没落贵族士大夫,有闲工商人士,得王室文化教育而开眼界,不信成制,不守常规,无惧无畏,实事求是,百花齐放,各持己见,自成流派。天文算术医药制造工艺等学科知识,在民间作用广泛持久。万紫千红。文化经典,灿烂在东周乱世之时,辉煌在西汉人文复兴之后。

中华传世文典中,有助于重新认识先秦社会状况的,莫过于墨子宗学。公元前五世纪,不事劳作,主动争市民权益的墨翟,有闲阅史,批评孔丘仁学,公开宣扬“兼相爱、交相利”等利害博爱观,“利民谨厚”等市井价值观,“在下之人,依其作为,富而贵之”等尚同平等观,“农工之人,贤而举之为长官”等改良民主观,组织矩子行动,首创政党事政形式。争弱势权益的墨家,实有现代革命先驱之风,虽然影响后世,却为何淡出士大夫视野?国家治理,何事当先为重?

春秋战国际,各界有识之士,被卦、道、易等哲理思想指引,方法理论灿烂辉煌。推陈出新的思孟辈,偏重王道仁政,关注君道中庸,倡议匡正井田,制民之产,主张政治制约经济。齐国倡导学术民主,在百家争鸣,各显其长时,集道仁义农各派名士于稷下,通诸家之说,和诸家之意,学者兼收并蓄,学派推陈出新,融汇出王道仁政主义,贯通出法纪王制正道,融合出事神祈学灵魂。荀子治学,偏重天下公权一统,关注农工士商教化,主张制名指实,名定实辨。邹氏灵学，关注全局阴阳个别消息，偏重个人心理安慰。而偏重全面对抗，搏弈布局，关注现场应对的纵横术学等，虽乏经天纬地之能，却是常理世事重要方面。诸侯从百家争鸣中各得其所。经社会长期检验，道、仁、兵、政、制，诸学中的方法，被权贵仕子逐步看重。

国际不可调和的矛盾，最终无不用武力解决。东周诸侯间展开的，以政治外交斗争为干，以拢集民心物备为基的军事部署，既细致全面又丰富多彩。孙子集联得兵法大成。其中全面动员准备、兵争战略，持久对抗谋略，临机战场战法，临阵战斗战术等军事原则方式，至今仍有指导意义。现今所谓大规模杀伤性武器，立体战之类概念，不过是“动于九天之上”，水火为器等语意外延。专家深入“攻其所不守，守其所不攻”，全面阐发其实用详情，便觉天空海下立体战形态，攻防步骤，无不在其中。根本性战争方法理论无出其右。

起始于公元前七世纪，大成于公元前三世纪的法家制学，偏重上层权贵内外斗争，总结主要政治即入仕智者统治情况，关注借势集权使术举措，导助以寡对众的秦国转弱为强，一统天下。然而，先秦文化，遭焚书坑儒实用主义浩劫。曾席卷天下的秦军，却不敌临时揭竿而起的乌合之众，始皇伟业毁于一旦。

事实迫使接踵而至，政治根基浅薄的西汉当局，另谋长治久安之策。约法三章，解除苛政，政府无为而治，官民勤俭，乡野自主，市民发奋，社会迅速繁荣昌盛，国泰民顺。不久，政见分歧集于朝堂，当局整风，几次公议先秦思想优劣，学术民主，决定治世经典。张“务为治者，一致而百虑，殊途而同归”见识，集诸学贤良庭辩，继天授君权思想，融道仁灵诸学的“天人三策”论服全场。儒术主流文化从此流存。儒仕中坚地位从此难下。传世典籍，内容门类多，方法技巧深，应用境界广，思想水平高，天下希及之。乡野宗祠得而世代相传，各地部族得而潜移默化，周边附近大多心仪向往，举世钦羡的汉人文蒸蒸日上。

后世当局大多持续汉文传统，文人雅士竞相推广。士绅名流拾遗补阙，文化典籍枝繁叶茂。经乡野士绅重视，文学艺术传流，到处充实平民百姓心田，随时奋发良臣贤士志气，邦域因汉文化广泛而文明富强，社会因长久传播而繁荣昌盛。

现实世界，类似先秦战国。可联系环境条件，反复斟酌经典文书，尤其是《老子》《论语》主旨，触类旁通；深入理解章节词句意义，举一反三；重点体会隐含的立场意愿，灵活运用理世的方法谋略。拓德行，展传统，提方法，供要领，梳线索，理法纪，简关联，点细节，省步骤，集理古今振兴往事，辅佐境外发展需求，襄助将来行家里手。大家普济天下，共同福泽后世。

（三）儒术

中华人文多遭战乱蹂躏，始终连绵不断，儒术化民，功在其中。春秋社会，常言所谓道德，即人的实德，多数属于为人处世言行基调，且多由利害得失评判。综观天下的老子，从各方面判定实德不道不善，“不道久矣”，仍然始终抱“人之不善何弃之有”的“德信”态度来对待，其仁心非常。孔丘学之，而有“克己复礼为仁”等士大夫志趣，当使不少理学辈汗颜。

何谓“克己复礼为仁”，乃“一日克己复礼，天下归仁焉”。因此，为仁，带“天下归仁”目的；为仁，属“非礼勿视，非礼勿听，非礼勿言，非礼勿动”等“为仁由己”行为；“为仁”也是与“克己”“复礼”同样的社会性德行；凡“能行恭、宽、信、敏、惠五者于天下”，便是“为仁”于社会的要领。照此治政理世，“仁”的本义，即处理好人际关系的道理，也就充分体现。如果现今宣解《论语》，何不将“克己复礼为仁”中的“为”，当作“做”解，全句字面意思则是：克制私欲，恢复王制，用仁心义举去做助人为乐的善事。其现实意义非同小可。

早期仁家有心勤政，但其仁德理念中庸方法，特别如“民为重，君为轻”的价值观，难被乱世所用。孟子综合历史事实，总结出社会“劳心者治人，劳力者治于人”的统治规律，拓展“贵大久患身。祸莫大于不知足，咎莫大于欲得”之意，后世便有“富贵不能淫，贫贱不能移，威武不能屈”，信念不时移，务职不势利等格言，不少名儒志士拿它当座右铭。为人处世为主的方法论，散落民间四百年。

儒术要旨得成主流正统，事在西汉，源在战国，稷下各家重点趋同世事，《吕氏春秋》荟萃诸学，铸成一炉，承此，董仲舒推陈出新，争成独尊儒术事势。独尊儒术后，假孔子名的《论语》，得成官方教义两千年。儒生自小受儒术熏陶，宗族传统强制，十年寒窗，坚定士子重公务轻私家，重名节轻生死，重中庸轻极端的立场操守。终成中华社会脊梁中坚。社会兴衰更替，山河破而复坚，儒仕中坚，儒术普遍，积功甚伟。

儒仕中坚地位确立后，儒术发挥着久远作用。以治世经典规范为主体，以道德理想为主流，以人伦纲常为主线的汉文化，朝着和家合众齐平天下方向，沿教化学士，服务政府，秀美山河，养护资源道路，奋发向上。不少志向高尚者，传承儒术精神要义，历来奉扬富贵不能淫，贫贱不能移，威武不能屈，王道不能废的意志，坚持己所不欲，勿施于人等德行，贯彻"忠孝不能两全""留取丹心照汗青"等家教，曾经在乱世，砥柱中流，起社稷于既倒，一呼百应，兴域族于濒亡。

只要有势分强弱，人分尊卑，群分主次，弱肉强食的社会状况，只要有亲情关爱生活需求，儒教精华，纲常规范，便有普及必要。忠孝仁义，礼信廉慈等善事，经世代政府强制，成就千百年来农户、士绅、儒商，家喻户晓的生活准则，以至于任何外来势力，到底皆被同化，中华一脉有增无减。

儒术教化百姓，始于述而不著的教书先生。他修春秋选风雅，隐恶扬善，明为人处世，暗规律大道。史儒变五帝接三皇成嫡传，重政权延续，轻民间交往，隐缺不少史实。汉儒承制度编《论语》，充分抒发己见，局限今文经典，训诂文言文章，不但文人相轻，而且思想呆板守旧。仕儒褒正史事业，贬稗史杂说，以典为据，不知漏失多少真知灼见；儒生重名贵轻卑微，以名为据，不知错过多少志士豪杰；考证于一孔之见，信用于字里行间，不知误过多少正理名言；片面于阴暗，强辞于枝节，不知颠倒多少社会是非。解放思想到处需要。

财货是社会基础，精神是人生支柱。隋朝执政层，得失事近，开科取士，复兴汉统，儒仕行时，唐代社会，财势更加盛况空前，儒士财绅，争权夺利，损公肥私，奢侈浪费，阳奉阴违，敢与当局较量，政令难通，故态复萌又入俗套。宋明头疼。社会出现合久必分、分久必合循环现象，主因是市集儒仕内中作祟。

儒术随时主张男尊女卑、上尊下卑的社会等级制，宋明理学变本加厉。不满存天理灭人欲的市民革命，搬进包罗一切的封建主义，归咎孔家店，儒道成众矢之的，被抹黑至尽。不过，靠先人权威服众的士大夫们所编纂《十三经》及《千字文》《三字经》等普及本，传流民间，一时难以湮灭。恢复儒术化民传统，复兴贤达儒士风骨，不只是有益邦域和谐，更是世界人文尚同的福音。

尽管自然学科方法理论，虽可生造事物，儒法墨兵等社会知识，虽可应对时事，都乏经天纬地之能。唯有《老子》总统全局，顾及久远，王制主旨，道德要义，人文事在，积极治国理世方法，虽然多方另散表现，却有指导社会科学发展普遍长久意义。

（四）《老子》

老子鸟瞰天下，按集群界面因果，全程螺旋循环态势，选择阶段方面联动，把握调剂四面八方各界实际需求，高屋建瓴，总统出社会性道德化事在哲理原则，展开以群动为基础的德行载道方法理论。自觉将当前世界分门别类，将社会分等分级，各自集群化，总结静止孤立、个别具体、片面现象共性，归纳、融汇在道德总统态势之中，道德遂成人世基本言行准则，立法依据。

在天授君权、世袭盛行时代，《老子》倡导立天子制度，开天辟地。“公乃王”，国政学说，史无前例。“贵以身为天下，若可寄天下。爱以身为天下，若可托天下。处上而民不轻，处前而民不害，天下乐推之而不厌”，民主政治，共和体制，社会群动，开宗明义。

在诸侯自大时代，首倡“小国寡民”削势分权，取代分封制，在人治为主的时代萌发法治嫩芽，治国方式，出类拔萃。首倡政府损有余补不足，调剂各方所有需求，仁义理世，举世无双。首让当局为无为，居中顾端，以曲求全，共和精神，叹为观止。强大后，也不敢为天下先，与众国齐心协力，齐头并进，推动国际事务齐平化，尚同志向，绝无仅有。

治国理世思想深刻宽广：“修立于事其德乃广，修立于国其德乃深，修立于天下其德乃长；以礼义观国，以齐平观天下，上义为之而有以为；人法地，地法天，天法道，道法自然；夫莫之命而常自然”。“何以知天下然哉，从此”。情趣高远。

这些独一无二道德观念，得益于老子先进科学的思帷方式，根本改革现状的勇气，慈爱天下的心怀。其创新思路，使同时的外域哲人相形见绌，二十多个世纪后，发达邦域的意识形态、社会制度、国政治理及其形式程序怎能等同齐观。

集另散，概全文而言，《老子》革命创新处，至少在：

(1)德行载道为公乃王；

(2)削势分治立法建制；

(3)齐平天下大国宜下；

(4)损补调剂利弱益众；

(5)民主政治恩威并济；

(6)社会尚同仁心义举；

(7)效法传统勇于创新；

(8)高瞻远瞩居中顾端；

(9)统筹兼顾节结思帷。

老子破天荒地借道谕规律，期望世事按规律变动，借天谕威旨，借地给依靠，期望人世常自然过清静生活。老子尊道贵德，着眼于宇宙天地非常道前提，明世界事物群动道理，现事在联动世界观；着力于公权制度条件，明损有余补不足调剂事理，现集群尚同人生观；着重于以身作则古道，明道生德育物形势成物理，现传承因果历史观；着手于事业循环渐进常道，明社会和谐多方营运常理，现螺旋科学发展观。原则方法论，同一目的论，充实真理性事在哲理，顺便揭示损不足奉有余不道歪理。

不同凡响的事在说，先进普适处，主要在：

(1)事在性规律化宇宙观；

(2)齐平性共和化社会观；

(3)自律性自然化人生观；

(4)民生性恩威化制度观；

(5)选择性传承化历史观；

(6)波及性群动化理世方法；

(7)多面性结构化营造方法；

(8)循环性因果化认知方式；

(9)维段性节结化思帷方式。

老子设想从现实渡达未来的通用途径方式,主要是:

(1)用道德规范社会同行争先形势;

(2)用共和王道主导公权制度运行;

(3)用民主制度改善社会无序变动;

(4)用行政权术应对各种利益冲突;

(5)用殊途同归宽容各自自主发展;

(6)用大统一勇气治乱理政取天下;

(7)用根本前提主要条件解决难题;

(8)望天下居民过常自然自主生活。

以事为基本的事在说,主要蕴含社会群动规律,政府调剂规律,过程因果规律,发展螺旋规律。具体含理世方式,治政途径,言行规矩,行政方法。社会人文观,传治国安邦主旨,尚同共和理想,齐平邦域道路。这些先进革命见识,在过去,非同小可。

老子创新智能的事在框架,有统筹天下之智,规划长远之能,领袖群经之才,治理天下之策,管理人事之力。老子将成所有政党,尤其是为解放全人类而奋斗的政党的导师榜样。大树荫天下。当作普适方法主导世事,意义久远。

自成体系的中华人文事业,曾让欧洲社会,特别是周边附近大受教益。说欧美革命先声,如平等、博爱、自由等,不过套用老子观点,说社会主义本源于中华,说历史唯物观察及辩证唯物分析的方法论、马克思革命论根在中华,说民主方式共和制度等,似在套用老子及先秦治政观念,说美联邦欧盟制度现状不过类似东周状况,都不为过。

近代德国名士,有对比,坦言佩服,当代美国权贵,有遭遇,勇敢恋羡。中华人文救世意义非同小可。人世无论什么事情状况,想法愿望,都能在中华思想宝库中找到。它们的普适性,不受时代限制。着意拓展老子先进革命、科学实用、多方事奉天下道德哲理,益群利众原则方法,积极作用将日益重大。

若以意在主导,事在中坚,物在体现的事学为灵魂,以经典为骨干,以学术为枝条,人文为依据,可再造指导性主流观点。鼓励后学中坚,承前启后,拓展意在支配事在,事在活动物在,物在保障意在的行为方式，不断实现群动人文螺旋进步。高瞻远瞩，统筹规划，组织多数，奋不顾身，何愁万众一心之势不盛，科学发展之力不强，披荆斩棘之道不广，国家齐平、群团共和、社会尚同之业不成！

在世界舞台上，日益加剧的市场保护殃及全球。无计划的社会分配顾此失彼，弱小无安全自保之力，人类有持续发展之忧。财政出力稳定市场比比皆是，国家政要权充经纪屡见不鲜。在力不从心际，国家间共取对策终成时尚，地域间政府联手渐现格局，共和有序运动势不可挡。

以国家为单位，齐步并作，平静天灾人祸，齐心协力，消灭战争烟火，齐抓共管，繁荣人文事业，齐头并进，行政服务及时到位。实事求是地组织针对性专业化生产，充分挖掘社会所有积极性、主动性、创造性，完美按使用付出来分配现成、共享进步效益的规程。以有余奉天下，社会分批分期齐享现成智能成果，从而营造出公平正义，同舟共济，互通有无，平等相待的社会人文，未来，让社会常自然和谐制式造福全人类！

二　现代形制

现代单重文明物件的市民唯物者，意识私欲化，文化市侩化，为物欲文明而动，甚至以类似动物行为为良。

（一）欧式

地中海北边人文与古老的中华人文的根本区别，在于自力更生和取用现成传统习俗。十六世纪后的欧洲社会，迅速开化。之所以迅速进步发展，是因为坚持具体分析、实验创新方法，主要是因为工业技术广泛营运，得生产资本之助，迅速蓬勃兴盛。

英国工业革命起步，自由资本势力在英国夺得政权，便无限制地剥削本地资源，利欲熏心的财货势力，无恶不作，靠炮舰远征世界，营造垄断市场。一拥而上的西欧商业资本，仗海盗殖民积蓄，骄奢淫逸，压榨利润多方，先行现代化。市民推进现代化，至少表现为：

起始于能源动力推进机械生产，工业产品完全商品化，农村市场化，扩张殖民化，殖民市场城市化，个人物欲极端化，产业商业资本逐步垄断金融化，贫富极端化；形成于学科先导化，能源电力化，资源人造化，乡野市集化，社会商业化，财政和金融资本混合成支配政权的财团势力，财势帝国化；势力党派化，政治民主化，思帷表象化，政府修复资本造孽后果，责任广泛化；政党政治，多国联动，财阀力求统治天下。

二十世纪，主流市场被垄断，财政信贷被瓜分。后来，财团依财仗势，控制社会各层面，左右政府各部门，帝国化财势财阀化。财阀，有三大特色：势力集中于金融；支配国政市场；用政党专政。帝国人文，先后有别，争夺残杀。

一战后，国家社会主义工人党，表现过极强的社会动员组织能力。苏联完全的社会福利，欧洲诸国财势为自保而让利。社会民主党，得以借议会，进阶统治层，走通和平执政道路。人格化资本与资本化政客结缘。政府调节干涉，掌控市场。

二战后，恢复性壮大形势喜人，共同市场和欧洲自由贸易联盟合并，通过关税同盟，共同农业政策，第三联系国，多边贸易协定，多国财阀支使政府联动，营造西欧自由贸易区，增强实力，削弱对手。西欧诸国，奉行政府调节市场的凯恩斯主义。因此修复战争创伤，增强了实力，冲破各国自理传统，集群联动，组成欧洲中央银行，设立欧洲货币储备金，促成欧元面世。削弱美元霸权，多方调剂，正在建设多国共理的联盟体系。其势日盛，成长为举足轻重的社会一极。

分立趋向有序，市场一体化导出国政一体化，欧盟水到渠成。约350万平方千米，近4.5亿人口，市场实力不弱于美国本土。追求独立防务政策，自建快速反应部队，主动亚欧战略伙伴，东向南下凸显另极。美国领袖世界梦醒，日薄西山成真。

1　美式

二百年前，美国还在野蛮阶段。当时，借压榨北美殖民地而兴盛的资本，在逐渐营造垄断资本时，主要财势合伙结党叛逆。强力夺得殖民政权后，城市和乡野势均力敌统治层，便一分为民主、共和两派，于是地方自主的合众国，两党轮换坐庄的政治民主行时。

同类相残，反叛火拼而出的美利坚合众国，惯使弱肉强食，掠夺现成的动物习性，变本加厉殖民政策，种族屠杀灭绝人性。贩卖奴隶，摧残劳工，罪恶昭著。宅地法白人西迁，10美元领用160英亩土地，催发小农经济。掠夺使用，损毁环境，经营艰难，竞抢破产。多数白人生不如死。大量非白人白骨如山。大庄场主形成乡绅资本势力。直到今日，两极分化，监狱不足，哪有被统治者人权主权，自由民主可言。

十九世纪前叶，威逼利诱，波哥大宪章，美洲国家组织，美国强占后院统治地位。美跟随列强，疯抢中华，指要门户开放，机会均等，索取在华势力范围。以抹杀受害国自由人权为前提，欧美人权只是少数恶势力，横行霸道恣意妄为的权力。十九世纪后叶，美借缅因号生事，从西班牙殖民者手中，夺得菲律宾殖民地，美国人权再以抹杀同类人权为条件。

二十世纪初还在充当胁从。第二次世界大战才开始改观。美曾以金元代枪炮搞外交，软语大棒双管齐下，强加奴役条件，通过资本作用，掌控被奴役者命运。一战时，西欧争斗，隔岸观火，大发战争横财。二战时，坐山观虎斗，售卖物资壮扩市场。放任日本偷袭得民意，大批出兵摘桃子，为军工行业干政奠基。美国会默契援外法，欧洲复兴美元称王。威迫利诱，拼凑北大西洋公约组织，指挥同伙，为争夺世界资源、社会发展领导权，割裂南联盟，战火地中海边，横行霸道不断。

美方蔑视天下，把安理会当印章，不怕自食其果，为非作歹，无事生非，侵犯故旧主权，肢解逆意国家。占据战略要地，不顾否定之否定，儿戏法律，明助暗帮，煽燃仆从野心，集市动乱翻天。其实，美方外强中干，貌壮内虚。俄国敢于针锋相对，但势单力孤，何不策应互助，稳定国际大局。

简言之，美国历史情况：

（1）兴起：殖民余孽六亲不认起手；殖民帮凶，放肆掠夺殖民地发家；同类相残成长。

（2）兴盛：坐山观虎斗坐收渔利壮大；欧洲战后恢复，美元称王。

（3）称霸：组建北约，和平竞赛胜苏联。

（4）滑坡：侵略伊拉克，诸国不从；金融危机频发趋重；无钱发工资政府不时关门；勒紧裤腰带，战略再平衡，挣扎缓步。

邦域态势：

美国两党制，提供翻改行政方式的条件。颓势难阻，不守信诺，倒行逆施，世界难得安宁。却也生造出乘机扩隙，削势分力的好条件。

内情。政府积极干预调节市场；很会主动控制保护交易；美联储代国家操纵汇率；军工集团强力影响决策，科技财势努力表现，华侨华人贡献甚伟；被迫采用高工资，浪费多，消费高，个人负担沉重；通货膨胀，社会福利面广费多，财政力不从心；个人至上民心离散，娇生惯养好逸恶劳，唯利是图社会混乱；自私顾己力量难聚，厌战反战情绪普遍；选举胜在一票，官换吏留。政客借外势争取执政权益，延续体制机制，极需帮手扶持。此等大事，绝非几个弱小仆从、失势附庸所能应对解决。改弦更张缺勇气，中美合作乏大度，当前权益超长远，虚张声势缓危亡。

外况。西欧离心，对抗势力增广，盟友少力，援助难足，多极难平，对手难服，联合国难控，霸主地位武力维持，保护势力范围，难得相安无事。

总之，由财阀掌控的帝国人文体制，已是外强中干，每况愈下。

2 发达

被革命吓倒，西欧财势，政客操劳，被迫让劳力者分享高福利生活，从而局势安定。市场全球化，利高业大，坐享其成，地位稳固。当代西方全面商业化进入所谓发达期。

帝国化财势跨国活动，攫取暴利，促成经贸联盟共市场，联合国参与，世界一体论再现，市场全球化终于被承认，国家权益松懈让步，集团资本，即多国政治经贸联动势力，在市场全球化过程中发达。

被享乐高消费需求驱动，他们正为资源、要地、市场、声势、权位，领袖世界而疯狂。美元变成世界货币后，美国财阀不可一世，市场全球化更令其势力膨胀，专横跋扈，欧洲首当其冲。

当代市场，即以美方为主力的集团化市场，加剧全球市场无序化；当代科技生产力，不断营造行业社会化，心情冷酷化，权证资本化；机器化兵争阵势，拓展用品智能化，资讯数码化，贸易全球化；交往便捷化，国家集团化，战场空天化，城乡趋同化。

研发高精尖特新产成品。科技生产力迅速提升，信息服务业飞速扩展，互联网创新交易方式，上市股值遂成经贸主角。些许红利惠及工薪福利，巨额游资挑起金融风浪。总之，创造消费、深扩市场、产权高利，经贸因此发达，集团就此强盛。所谓发达人文终成气候。

贸易摩擦，壁垒森严，资源武器，国家保护，政府焦头烂额。破产失业，环境恶化，政治争斗，百姓度日如年。大量闲置资本借钞生财，金融股市后来居上，第三产业全面壮扩，流通结构一变再变。一个垄断集团实力，及其组织化程度，使发展中政府自叹不如，跨国公司自主经营，让当地政府鞭长莫及。

发达之所以发达，受惠于丝绸之路，得益于文艺复兴，开端于动力革命，发家于殖民血腥。发达的执政方式，继承着极少数人仗强力统治绝大多数人的传统，行政方式也按提议、决策、审核、执行、监督、修正程序运作，被美方标榜的“民主制”不过是一种快捷的改朝换代方式，两党轮换坐庄的政变与一朝天子一朝臣大同小异。其政策尚不如后者稳定。发达政治不先进。

荫殖民强占压榨之福而发达的列强，多为局部当前得失奔忙，为自己足欲享乐放纵。至于平等、自由、民主、博爱之说，不但拾人牙慧而且事实上远远达不到。全无人道、人性、人格，本性恶劣的富豪财阀，正在破坏环境、毁坏资源、伤害人文、摧残弱小、围攻对手，为难政府，制造恐怖，发动战争，残杀平民，恶贯满盈。其个人至上，奢靡无度的生活方式正在危及人类生存。发达道德不可用。

世界市场竞争加剧，美元比价难以为继，投资贸易交战不断。市场危机频发趋重，美国力不从心。发达市场体系，风雨飘摇。政坛政客翻云覆雨，跨国公司敲骨吸髓，本是同根生相煎实在急。发达经贸不可取。

美国州县现在安静，待到人口长到十五亿，人多地少，入不敷出，碰上美元如中华民国“法币”般跌价时，各州未必与华盛顿五角大楼同甘共苦，从前东周诸侯争强斗狠，各自为政的历史可能重演。北爱尔兰苏格兰先后求独立，英国欲离欧盟现先兆。发达道路多坎坷。

基辛格等有识之士不认同西方势力可主导世界将来秩序。发达体制衰落明显，现在之所以还有瘦死的骆驼比马大的光景，一是强盗家当未尽，二是其他大国宽容，三是资源全球流通，四是以险度险挣扎。何时发达到晚霞落日尽，成熟到烂果脱蒂亡？待到同类相残时！

（二）政党

财阀掌握的商品市场制度为时不长，并未根深蒂固。财势雄厚的欧美诸国，实质是财阀专政。邦域和平，两党放心争掌政权，轮流行政，早已忘却从前遭遇境况，感受不到统一是福，分离是祸的严重性。应势而生的政党政治制度，不同于只争朝夕的功利，很可能几代人前仆后继，也只是做入门准备。

本来，名副其实的社会党之类执政层，应“后其身而身先，外其身而身存，以百姓心为心，无常心。为天下混其心”，并非是个别少数人暂时具体需求心，而是代表全局长远需求，依道德原则立法执令的公心。“自不为大，不可得而亲疏，不可得而贵贱，不可得而利害”。强大后，也“不敢为天下先。似在作小”，与众国平起平坐，齐心协力，结伴齐进，齐结硕果，齐享现成。逐步推动国际事务共和化。从而及时逐步满足发展中，甚至发达势力的合势需求。

奈何被财阀操纵的政客，利令智昏，不知仁政为何事。一直到处分裂邦域、族群，终将自食其果。现今尚不如旧式财团根基深厚的新起财势，正在另起炉灶。国政牌局日久将生事变。美正处在岐路口。

当今，在政党政治中，执政党的行为准则，难以约束全体国民言行。代表各种利益的党内人士，特别是对外的代表，也可能各持己见。共和制度，联党执政，适合社会和谐常势。“老子”云：“将欲取天下为不得已”，大国团结所有坚持自主谋发展的国家，力主联合国发挥民主作用，朝天下道德尚同公正，人文正义齐平，社会共和体制方向前进，将是长久安静社会的基本方式。

（三）民主

若实现政治民主，是商业资本摆脱庄园势力专制的要求，则实现民主政治，是人民共和的要求。有志于天下的贤达，坚持自主，倡导平等，鼓舞和组织民众，发扬民主，按根本需要改革现状，按过程趋向决定取舍，按全球形势调剂共和态势，总是执行实事求是政策，行中庸之道，用社会民主方式，为营造人民共和体系而奋斗。

标榜为制度的美国民主，首先是强力财势层内的消极性政治民主，其次是金钱购买代理权的形式性程序民主，再是强势代理人当家的单边民主。其依据的道德，少有世界尚同为上、国家权益为重、单位发展为荣、劳力所得为傲的见识。连公园示威者都被关进牢房，政府，哪有民主本意事实？声称报道自由的传媒，难道真的普遍为无权无势平民叫苦喊冤，广泛容许非议当局的言论自由表达？民主氛围都稀少。

政客以权谋私，损公肥私，化公成私，唯利是图，以邻为壑，荣耻倒置，无事生非，口是心非，义务不为等无德言行，充塞在政治民主方式之中。西方议事民主，例如公司议事过程，其中不乏专断式主意，眼色式附和，依顺式决定，绩效式追求，盲目式行动，修剪式管束，虚假式应对，威胁式办理，推卸式收场等货色。

时至今日，本应以自由自主为条件的现代民主，只是统治层，暂时相互妥协式政治民主，美方用武力输出民主，不过是受强力财阀代表支配的代议决策机制。代议制民主，实为财阀均势平衡、强势表现工具。被动挑选知识代理人的公投方式，不过是民主程序。财势用形式民主做驾驭利用人民，维护统治民众手段，违背民主本意。

总统选举人和代表候选人，都走民选过场。普选，顶多是公认当选合法的议程形式。许多操作规章，节制选民普选权。选民与被选人隔山隔水，无不被利害支配，金钱收买，群体裹胁，明暗要挟，传媒误导，舆论左右。被动投票，很少自主，总是受骗上当，近半数选民懒得去投票。当选总统，选民支持率其实不高。全民民主公决闹剧一场。

美式全国党代会代表，几乎都是担任过州长参议员之类的知名人士，他们受本州党的领袖和总统候选人束缚。全国党代会总统候选人，大多是被实力雄厚财主看中的政客。代表投票权，早就被强势秘密分配和站队运动操纵。

法律规定，代表票全归以简单多数获胜的候选人。两党用虚伪选举程序，选定的总统候选人，在众院总统选举人会议上，仅多一张选举人票的人当选，得民选票多的竞选人落马，并非偶然。独立候选人，烧钱再多，也无济于事。

经形式民主过场上台的总统，被财势束缚，大政方针，顺其意而变，若敢不依，阻力重重，难得连任，甚至半途而废。被个人名利驱动，政客化总统，往往自食其言，背诺寡信，极富投机性。

上层政治民主方式和决定专权制，是议会政治的两手，总统掌人事提名任命权，行政府监控权，操立法司法主意权，财政军事调用权，拥最终否决权。参众两院形式争吵，本质相助，起修补完美总统提案，维护集团权益作用。偶尔唱反调，个别少数议员动议反对，点动漪涟而已。被挑选的法官偏心、陪审团枉法不是秘密。政治民主不过是维护阶级强势统治的工具。法纪偏向财势，执政重视白人。总统专制不亚帝王，任命官员拉帮结派，不如科举仕吏各有千秋。另外，不断支持怂恿他国小丑跳梁，只许其放火不许人点灯，制度缺德施政缺仁，大多数公民无法公示坚持己见，事前无权直接自主参与相关决策，无权主动全程审议监督立法行政，连群团也得看眼色行事，民主共和踪迹全无。在院外社团中活动，让议会非主流势力，拖延阻挠法规出台，功到自然成。

现代把缺乏广泛授权的形式民主等同交换价值，降低道德水准，限制社会需求。法纪规章，财势谋利为准。立法及其词语解释，偏袒性强，国会口蜜腹剑，违背联合国宪章，立国内法否定国际法，行政当局借以推透搪塞承诺外事责任。两党轮流坐庄，有政策变更便利，却生背信弃义恶果。用钱用权搞上层政治民主，殊途同归。“甘冒风险也要向欧美体制推进看齐”，意图明显。苏联毁于各势力自由“民主”，南联盟毁于行政单位“自主”民主。财政长期供不应求，或者大量自足、有余、自主地方，打民主旗号，另有所图。

民主，早存在于《老子》中，“欲上民必先下之，若先民必身后之。贵以身为天下，若可寄天下。爱以身为天下，若可托天下。百姓皆注其耳目，王公亦孩之。处上而民不轻，处前而民不害，天下乐推之而不厌”。此处明显的民主，是社会道德、共同需求；是广大民众自主当家、共和体制营运的群动方法。发达国政体制难望其项背。

民主实质是追求、表现平等态势。社会平等须资源、智识、人权、自由社会化前提来保证。民主实行，先要人民自由议政，及时变更政策性决定；再要群士民众，有权自主参加与之相关的立法司法执法行动；确立任何国民充分自主，及时自愿参与主要国政事务条件。这些是将来民主政治的基础。

在多数民众自主能力低微，主政意愿弱小的社会，“政协”集党派群团社会各界各层各人智力积极要求，充分民主基础上高度集中，就比发达参议院消极民主真实优越。如果改革人代会代表选举程序操作办法，加上党内民主集中制很好运用，议会政协两府人民民主，营造社会化民主，即民主政治，应该不同于西式参众两院政治民主形式，胜过西方普选程序民主。民主政治将在政治民主形式创新中逐步形成。

人民民主是全心全意依靠全域族大众的过程，是推动改善共和国政体制的方法。在社会发展中，以部分甚至个人权益，削弱否定长久整体利益需求来论民主，有立场观念问题，且不是空洞逻辑辩解、中性哲理言辞所能模糊掩盖的权益取舍问题。

社会经贸不平衡发展，使社会自由，沿彻底发展民主的路线前进，即：在普遍实现国内政治民主基础上，完善国际集团间集团内的政治民主，直至拓展世界的民主政治。这一治政理世方式，推动人民共和、国政完全社会化、社会完全社会化进程，是社会逐步尚同的过程。

当代，某些当局被推翻后，仗外势、靠市民、少民主民权的民族主义政党，竟然占了上风。不顾社会差距，形式民主被匆忙搬套，恶劣立显。霸权支持个别无知青年，无视现政府制度权威，以同伙民主动乱翻天，否定人民民主，造成局域民生、多数民权灾难。

直至今日，平常民众做主的族群，踪影全无。过分强调“民族”权益，不适合族群融合现状，也不利于邦域将来。学术界若不改变少主意的表达方式，与时俱进，不利于大道行时。

民族主义中强力民主派上台，对基本民众而言，多是借民主搞专制。某些文化宣教，要搞发达制度，拔苗助长，“甘冒风险也要向欧美体制推进看齐”，否定历史传统，想执最高决定权，不是叶公好龙，便是意在沛公。被环境形势影响的内耗内斗，可能改变国家道路，偏转社会前进方向。

如果执政党主持议会、参议院、政府，掌控军队群团需求，听取简明扼要汇报，教授可行具体举措，政通人和，都能如愿，则掌控社会动态，调整各方事权，从而调整部门归属等体制改革，可望收获。不过克服推动民主阻碍，很多工作待细做。

（四）将来

冠名帝国主义的当代商业人文，乃是掠用现成的原始猎牧人文的变种。其文明广义化，人文窄义化，杀鸡取卵，毁伤资源，破坏环境，恃强凌弱，榨顺亡逆，伤害平民，危害人类生存，怎能做人世人文榜样。力求对立各进的各国，不得不慎重择要从事。

现代西方行径，当代帝国制度，未必先进，其道德水准与中华道德法则相差甚远；现代先进，将来落后；同一道德水准、法制基准、同向前途，需靠邦域实力，自主特色营造；社会全面社会化，比资源产能物业现代化更重要；继承人文传统，创造天下尚同共和氛围，比帝国性体制更长远；益群利众主义比个人至上主义更主要。

财阀帝国对社会的压榨，比其社会先制有过之而无不及。霸权军事化侵略，连同不断挑起战争，制造灾难的西洋历史，不过弹指一挥间，那管理社会的能耐，绝非谋万世平天下的至宝。倒是多经磨难，愈显光华的中华传统，值得借鉴，发扬光大，比如：

(1)信奉公道、公正、平等社会。如：天道远，人道迩，天下是天下人的天下。群当道，万物皆得其所，众生皆得其命；君为轻民为重，万物均百姓平，圣人无常心，以百姓心为心；平章百姓协和万邦，大国以下小国，两者各得其所欲；官无常贵，民无终贱，富不侮贫，贵不傲贱，在农工之人亦可为长官，为民兴利除害，尚同为政；损有余益不足，均贫富，补穷困，赏罚不避贵贱、远近、亲疏……

(2)推重法治。强调依法治吏。如，针对秩官隐下以渔百姓，以党举官，离公道而行私求，百虑其家不一图国，交众争誉、内外朋党，大奸蔽主，舍己之君而事他君等恶行，提出：壹同天下之义，抱法处世以主公义，使百姓群臣皆以制度行，威不两错，法不出二门，上壹而民平，依法治国，大化至一，治莫大于得齐；君道立，正直法度，明审法令，任大道不任小物，任法不任智，任公不任私，言不中法，不听，行不中法，不高，事不中法，不为，动无非法。为禁吏之为私而官丞监巡抚。为防丞监淫意于法外，为惠于法内，可“别其势，难其道”，主政者不肖，行不复言，抑而废之，以为徙役……

挂一漏万，宝贵遗留，难以尽言。先秦的民俗方技，许多久历时空文明事物，其中，“当不可易”的道理、方略、经验，几乎被权势仕子隐抹至尽。特别是发端数千年，正如英国人所收集那样，先进高超的工艺技术，设想试验，被限制摧残，一直得不到集成、提高和普及。大而弱的国家，曾被枪炮火器所制，奈何！

从二十世纪后期起，世界类似两千多年前战国。那时齐楚为大国，却不明形势，在秦横扫天下时，作壁上观数十年，不做攻防战备。到秦图齐时，齐王还被重臣奸细所惑，不以为意，当然落得饿死松林下场。

方法改变方向命运。中间势力，误把韬晦当放纵、忍让当投靠、妥协当投降，从而朝秦暮楚，为虎作伥。被逼无奈，反帝反殖势力，日暮途穷，形销骨立。看透发达欲壑难填，言行不一蛇蝎心肠，是绝大多数国家的必须。走自力更生，互通有无道路，正是当前局势需要。多极联动，前景广阔。

受过境外熏陶的少数知识分子，在第三国际指导下，组建中国共产党。国共合作形势好，白色恐怖处境难。乡野战旗展朔风，罗霄中段兴正道。教条盲目上方剑，红军转战湘江泣。遵义会议航向新，抗日救亡众心齐。自主统一战线，广泛人民战争，坚持群众路线，推翻三座大山。政治协商政府，中苏同盟阵营，中华人民共和国屹立东方。

二十世纪中叶，国际斗争表刚强。东亚欧，气贯长虹。亚非拉，东风浩荡，西欧美，剜肉补疮。谁料争斗搓挪理还乱。成败无定势，是非欠思量。祸起萧墙。历史值得回顾，现实值得注意。

常言道：立国易，治国难。易在划社会为两方，非此即彼，对抗不怕牺牲，革命快刀斩乱麻，坚持敢干就可。难在统筹纷至沓来往高需求、兼顾各方权益及时到位、损补举措周到适当，力不从心，阻挠不断，初衷不继，前途莫测。

新中国创始人，全面发展社会各项事业，安排农轻重次序，水利交通电力建设先行,工商企业,地方官营,轻工集体,合作社生产队,支撑起社会经贸体系。百姓无忧无虑,大众同心协力,一穷二白状况改,国家振兴逐步高。

得农村全力相助,城市制造业特别是轻工业,为稳定社会形势,增强城乡联系,积累资金发展重工业,建设完整的工业体系,做出过巨大贡献。到二十世纪七十年代末,人工积累起近八万亿固定资产,可能相当于现今百万亿元。新中国蒸蒸日上。经典社会主义大获众望,红旗漫卷西风,行时于世。

人口众多,低工资多就业全福利,适当适度,缓步提高,人心扑在努力劳动工作上,不必为工资吃饭穿衣化妆成家攀比,不必为读书就业居住医疗丧葬大费周章,难怪以亿计下层怀念至今。难道真的不是人类未来常自然榜样?

在风俗传统尚在,外界诱惑强劲的当时,差别甚小的低水平生活,终究引发见多识广,深受个人私欲激励人士的不满。当然也被荫殖民而富裕的西方政界做话柄,有人借此无限上纲,根本否定社会主义方向,首先否定据实情、全配发,将全部产品资源消费、生产交换、按指标进度完成的所谓“计划经济”。

分步骤有计划达目标经营,其实是个别资本、跨国公司,甚至是发达政府按轻重角逐,实行有序调剂过程。因为有计划,势力范围,资源通货,价格垄断,财阀才富裕过国,不断依计划,搞到有利合同、倾向条约,达到鲸吞独霸目的。日本自民党,通过缓步修宪方式,强行通过安保新法,用操持机制,有计划按步骤改变政治性质,事业目的。国民党被西化年轻人左右,被眼下利益左右,哪有代表大多数选民的能力。如果当局鼠目寸光,保守现成,心无远虑,政见分歧,偏听偏信,定会误大事。

欧美反对政府计划,是攻破壁垒的手段,是方便自己弱肉强食借口。二战以来,垄断性财势,依计划,逐步合股并购重组,集群成多国财势,且与权势联动的跨国化社会性财阀,其经营计划空前庞大周密,发展中大国官方计划都难与比肩,认真学习其跨境营运的计划性,是市场现代化的大事。

中美二十世纪七十年代再复交,再次促成主要向西方开放的运动。随着国外市场重要性的加强，面对发达国家那有目的按比例定计划，甚至分步骤操纵利率，随意护短，保密高新科技等政府行为，面对实力大大超过全国部门的跨国公司强强兼并，及其深谋远虑的竞争计划，被强敌环伺的进步中大国，发展中国家，岂能因噎废食，主动放弃科学发展、集中力量办大事、全面振兴的长久性规划？局部，岂能轻易放下依势据实，按全局长远需求，集中有限全力，拟定紧急或必需的项目计划性？

霸权促使各国政党，求同存异，政府集聚权威，官吏众志成城，民众万众一心，各国同伴共和，一齐营造家富国强、社会繁荣形势。发展中势力，全力发展社会生产力，以财兴国，时势所然，中华科学振兴，可供借鉴。扶本抑末，弘扬正气，凝聚社会，力争国政制度长远。奈何唯利是图，无限压榨，为祸社会的商业资本，离散和谐，花样翻新。披荆斩棘，在所难免。

回顾十六世纪以来争取“民主共和”历史，当一种政治势力同市场化势力对立时，斗争总以政治权力更换而告一段落。处在不同社会化阶段上的国家及各种政治势力，不得不做顺应潮流的选择。然而，面对“全世界无产者，联合起来”的声势，资产阶级为一己之私而加以诋毁镇压，传媒负隅顽抗。未能阻住十月革命的脚步，更无力阻止华约兴起。

摆脱殖民制度的第三世界国家，向市场过渡，学费交得不少。还是难以与某个跨国公司较量。人文地理相近国家，尽快同步社会化阶段，势不可免。政府规划市场有序形态，还在摸索。政府控股企业，不得不学用外企计划程序操作。改变官控企业自大傲慢，不图进取的时候到了。

面对财大气粗外资垄断、发达市场被其政府保护限制态势，一切自主投入，尤其是官方控股的企业单位，不得不主动和上下游，特别是民营单位协调利益分配、义务责任承担，努力与同行群策群力，在域外甚至套用辛迪加托拉斯方式营销。其次，捍卫职工权益的党组织工会，成为支撑现成的有力代表。第三，企业管理方式以适应市场需求为营运原则。提高公关情报销售部门地位权限，建立情报分析、储产供销检卖六职权统一运作事权，提高运作能力水平。事在先行。着力科研技术，开拓创新，甚至收买专利聘用外人，加快其推广应用，提高直接参与人收益比例，事不容缓。第四，在好逸恶劳，见异思迁环境中，企业单位分配，以现实劳动贡献为原则，真正实行按劳付酬为主，适当照顾事故困难为辅的制度。

政府各部门，不再主动为所属单位争取立项投入。让他们自主参加立项竞标，也可自主争取技术创新费。若五年内坐吃山空，政府将撤销其单位，人员列入低保系列。奈何有地方，连办这件事都困难，却光图门面好看，甚至主次不分。政府也不宜为个别少数代表的提案尽责，因为它缺乏公认力，社会性。市场薄弱，财税不足的地方政府，尤其是部门，应在充分发挥城乡供销积极性、对路性上花精力，为实践核心价值观尽心竭力。

政府大力推动，就势立政策法规，同时监管及时到位，例如安全、质量、价格，细致具体。促进以财振兴方略，归入全面复兴正道。正道，非阶段是非，更非方面取舍。西方只顾当前得失，切断前后历史，损害邻边权益，就事论事的方式方法，须逐渐改正。

社会进步中，群动规律随时到处起作用。曾经历史的积累，政府体制日益完善，农工士商日益分群，官吏权贵日益离众，社会人文良莠不齐。社会各领域各方面制约交错，国家政府各层面，层面各单位无不牵扯联动，按规律行事，就是原则方法论。

执政党实行调剂，不可能只是市场财货这一层面，尤其是财政带动投资增产能这一方式。至于上层建筑层面，当前首重政治思想、德法宣教工作，形成复兴氛围，就中修善国家法律，特别要注重下层执法言行、要求、规章、条文。同时强化护法能力、外部监督制约办法、具体细腻现场举措。

综观开放以来发展，经贸总量猛增，规模市场形成，自私意识漫渗，社会变迁深刻，财势即社会化的商业势力，正努力削弱社会公共权力，即权势的地位作用，改革过程大致与苏联相仿，前途可能与日本相似，改革负面日益深宽。以往，有士子为美国新经济有以周计的短暂起色，欢呼雀跃。房贷狂飙后，某电视台，用一时性一点事，说，美经济形势看好，俄国经济严峻，一褒一贬，用心明显。

故此，重点纠正政治思想宣教领域西化偏向，防范财势力主推崇西式人文，全面植入中华等行为，不断拓展生产贸易深度广度。目前，振兴实力雄，复兴事业长，将来，社会正道螺旋前进，天下齐平普遍同一。社会皆大欢喜。

三 社会主义

社会主义，循名责实，应是社会势力坚守的主旨要义，推动世事变动过程的方式方法。老子开启社会主义先声。不但可从“不得已取天下”，“损有余补不足”，“以有余奉天下”中发现社会主义精神，而且从“贵以身为天下，若可寄天下。爱以身为天下，若可托天下。百姓皆注其耳目，王公亦孩之。处上而民不轻，处前而民不害，天下乐推之而不厌”中，不难发现促民主现共和的社会主义群动过程。

顺应社会习惯，默认财货交换谋利，逐步有效分离所有权、支配权、使用权、分享权。营造始终由使用权支配分享权，限制所有权分享大部使用效益的制度，是社会主义初级阶段过渡性变革。

适应社会完全社会化的体制是社会主义体制。社会权贵统治体制即政治体制，出现权贵上层的政治民主向人民的民主政治过渡，表示政治体制完全社会化的趋势。这种国政社会化过程，正是世界经共和达大同的主要方面。社会生产力变为改造社会主力，财货完全变性成资源，资本彻底社会化，市场全面彻底社会化，推动社会彻底社会化，则是实现全球人文社会主义基础。

在社会主义广泛存在的当代，合乎正道德行的社会主义，是社会某势力尊道行德意识形态事势，自觉不自觉推进社会全面社会化的人文事业，是确定社会各方面完全社会化的制度，是带动社会朝国家齐平、社会尚同方向发展的运动。总之，社会主义是意识、运动、制度、事业同时并举的群动态势。简言之，社会主义是社会化的人文态势。

（一）社会

世界人类皆在其中活动的社会，始于集群联动求生存图发展的过程，形于家庭村社乡里，市集门户单位，城镇政府国家，直至联合国。社会，分集团、分级别、分受用、分交往。群团是形态，市场是基础，意愿是灵魂，以政府做栋梁的邦域化国家是主体，家庭单位的群动生活是基础形态，泛时空群动人文态势是其事在标志。

总而言之,社会是人际群动域。

社会化,是群动事物被众用的社会表现、普及方式、波动过程。人际往来,技能知识,商品市场,法纪制度交流,社会化一直在事实上广泛普及,长久流存。域境多样,群难尽言,动多经历,社会化,无不是意在主导事在,推动部分物在的选择调剂过程,是意、事、物三界,同一群动的基本形势。

简言之,群动事物被众用,便是社会化。个体家庭单位群团国家直至联合国所充实的社会,群动螺旋过程无穷无尽,在其循环阶段上,神圣鬼妖,黑白黄绿,古人今人,国内国外,男女老少,农工士商,官兵盗匪,士绅流氓,贤达盗贼,懒汉劳模,各自处于集群调剂选择联动的群动方面环节中,无不自觉不自觉地尽力而为。地方生活积已成俗,情感喜好各有千秋。各有所得各有所长,需求不一,交往各异,社会化表现不尽相同。公权势力乘势选择调剂,社会化波及方式与时俱进。

处在不同社会化阶段上的国家及其政治势力,不得不做顺应潮流的选择。摆脱殖民地制度的第三世界国家,甚至难以与某个跨国公司较量。人文地理相近国家尽快同步社会化阶段,势不可免,这是国家完全社会化的起步。被财势分割的劳动者,在完全社会化历程中,将从制度、观念、方法、分工等束缚中,不断地得到解放,这是社会生产力彻底社会化过程。

经贸国际化,消费国际化,交往国际化,大量移民的通融生活,改变着民族风情、宗教习惯、文化传统,地方生活在潜移默化中趋同化,社会生活完全社会化,瓦解着传统政治势力赖以生存基础,淡薄着社会群团的党派意识,社会对立将简化为守成和创新两大阵线。社会生活方式完全社会化,是社会共和体制有序化的主要表现。

社会全面社会化是社会人文进步最主要的标志。社会化促使现代资本自主历史终结,促成当代共和事业兴起。当今社会上的政府,到处依仗实力,共享市场,共通人文,共谋前途。邦域间共和是社会制度优先选择。各邦域为营造完善共和体制而奋斗,便是现实共和社会主义运动。体现共和内容的社会主义,是共和社会主义。

十九世纪六十年代后，大片疆土资源被蚕食，四亿善良士民遭侮辱。洋务运动救燃眉，甲午海战露破绽。当局丧自主之志，权贵失自强之心，买办兴风作浪，列强得陇望蜀。西方各种势力得寸进尺，西方文化漫渗中华各领域各层面。用学科方法取代社会联动知识，比而不周，却培育出滥竽充数专家，照本宣科学者，数典忘祖教授，附庸奴化名流，欺世盗名权威，他们强词夺理诠释洋文操纵舆论，鼓动崇洋惧洋学洋社会气氛，公羊上书要求全盘西化。中华仕子在"半殖民地半封建"社会中迷失方向。回顾以往，盖棺论定利遗少，久后评说益复兴。国学积极正史正名正义正传统，正当其时。一些上媒体人物对历史的轻率令人吃惊！

从前，宋明国政体制和市场体制，有关系而非一致。法国拿破仑君主政体，让其市场走上资本集中道路，有助于法兰西共和国的兴起。完全否定所谓世俗势力地位，多半有利于发达推销其制度。现在，反帝势力边缘化。社会势力帮派化，意识形态片断化，社会商业化，落后地域社会化，有赖共和民主化政权改良进步。

国家在地位平等，政治民主基础上，组建协调社会权益的代表机构；政府控股资本，和协外来、民间、闲散资本，助小扶弱，优势互补，分工合作，营造全球化行业性公司；社会共享和谐生活，共谋齐头并进；社会群团和调分歧，同舟共济，宗教不消极参政，教派和睦共处；人们交往杂居，共享融和全球风俗习惯，这就是共和的过程形态。一句话，共和，就是社会和衷共济，共襄人文的社会化过程、态势。

在这一世界性事业中，按财势私利运用政权的财阀帝国，已经不自觉地进入行业全面社会化阶段，邦域正朝彻底社会化方向发展，合适这一私利性的发达人文的名称，应为帝国社会主义。欧盟联邦式社会主义，是其变种。

代表全社会，为解放全人类而奋斗的政党，所向往的事业，即共产主义，曾是对社会尚同生活的憧憬。随国际交往快捷，旅游方便，商品供需全球化，地方生活缓步趋同，家庭生活彻底社会化，民众意愿多元化，外地人文当地融通默化。社会将循环到常自然的高级生活阶段。人类常自然的人文情景，可能是未来社会制式主要蓝图。

（二）苏联

综观开放以来发展，经贸总量猛增，规模市场形成，自私意识漫渗，社会变迁深刻，财势即社会化的商业势力，正努力削弱社会公共权力，即权势的地位作用，改革负面日益深宽。财势化权贵力主推崇，西式人文全面植入中华。改革过程大致与苏联相仿，前途可能与日本相似，历史值得回顾，现实值得改良。

二十世纪初，殖民资本势力，水火不容全力相残，“不得已而取天下”。列宁树马克思主义权威，布尔什维克乱中取胜，一党专政，单一理论，市场官营，长官指挥，百姓依附，以寡对众。

时局险恶，带着劳心者治人印记的联共（布），沿用革命方式治理社会，实行资产完全剥夺，不给个人出路。国家机器，在镇反抗、御干涉、清歧见中，强化僵化。沿袭教条旧制，培养出脱离实际的官僚主义，及其表现为应景过场的形式主义。始终顾功臣主力，轻视市民农村下层需要的做法，造成长期宽深的阶级差别，致使政治基础脆弱。党支部却很少做思想教导，政治关怀，困难扶助工作。

被环境所困，条件所制，形势所迫，教条束缚的当局，假经典仗权势，靠裙带信片面，指挥一切，社会取得高速的恢复性增长。中央政府控制指挥一切的指令性“计划经济”，只有负责官员一个积极性。而这些不通专业技术的官长，靠政令集中资源于急迫方面，指标经济迅猛恢复发展，办成了强国制敌，阵营联动等大事，声威盖世，举世钦慕，经典社会主义风靡天下。冷战对手一时收敛。不过，强迫划一，结构畸形，损失浪费，社会被动应付，百姓状况不佳，埋下危亡隐患。

1　理亏

斯大林把劳动者，放入生产力中，事实上把称为国家主人的劳动者，当作工具使用。其实，受劳动者意识调节的劳动力，主要是事实化社会性生产关系。在生产过程中起物化作用的一般生产力，首先是科技，其次是资源，还有工具。毛主席早就有意对经典概念词语，展开深入讨论。估计响应、成果不著。

任何社会当局，无不重视社会生产力进步拓展。贬或褒，唯生产力论，多为面前政治斗争服务。现在着力发展生产力特别处：优待科技第一生产力，珍惜资源基本生产力，提高创新工具生产力。保护那掌握生产力的劳动力，为全人类解放开辟道路。

世界各国进行过数不胜数的市场改革。理论变换很少。例如，对所谓经济规律的辨别。

资源比例有序配置是财势运作基本规律。资源各要素的分配，决定人在生产中地位及相互关系，社会关系处理不足，与生产循环首尾相扣的商品再交换，表现着商品包括生产力要素的社会资源先分配。若配置比例不当，员工内耗对抗，生产力难以运作。生产力分类布局和与之相关的社会权益比例不当，掌握生产力的劳动群会对抗瓦解。

单靠市场自由交换机制，生产力结构畸形流通无序，行业杂乱，产业结构倾斜。资源不按比例无序配置，引发产能过剩，产品竞争，价格起伏，劳动浪费，收支波动，社会生产力配置无序，市场交换无法正常。经贸危机到来。民心动摇。社会基础失谐不稳。

存在于生产交换全程的分配，是流通前提条件纽带。流通化经贸，实为由生产交换关系所构建的分配关系。把握“生产关系总和”，应以把握资源先分配为重点。市场生产交换资本循环，即流通循环，无不是意识支配的社会化行为，世上没有离开人意而动的经贸流通、市场竞争存在。流通循环根本是被商品表现的社会关系。在流通中起规范作用的一般规律，就应是体现人世正义公平的社会分配规律，即“损有余补不足”调剂规律。坚持唯物唯利势力，一直损有余补不足，背道而行，人世艰难困苦；资本主义世界，市场危难，频发趋重；伊斯兰，阿拉伯长期灾祸；甚至欧洲社会乱七八糟，难道基础原因不在于此。

在供过于求的商业社会，唯有先进科技生产力有争取高利润的可能性。随着劳动生产率不断提高，市场容量增长不及，利润竞争有增无减，扩大再生产平均利润率下降规律，才是市场生产经营，即经贸的基本规律。

权威只有相对性，对错极富实用性，正论中可能有问题，歪理中可能有前途，思想方法均须与时俱进。

2　做错

苏联政府过分营造单一“国有制”形态、倚重官长一种积极性，致使计划片面,财货不足。却包罗一切,捉襟见肘。

长官不熟悉产业、行业、企业营运方法、程序,按旧社会通用的众用、私有、群享方式调处。以至于:个人调处权,主宰众多使用权,侵占职工群众享用权;使用权必须维护调处权,保持享用权;享用权被迫促动使用权,壮扩调处权。调处者不劳而获,役使压榨,自定规章,还被法律认可,道德屈从资本属性。由于滥用行政调剂权,忽略其他必要营运权术,以至于贫富悬殊,结构畸形,实力单薄。

当局对资本营运,社会权益,资源消费和文明成果调剂不当,劳动生产率徘徊不前,资源消耗率有增无减,市场供销失调,生活必需品供不应求,财政收支各方吃紧,社会不满普遍加深。由人掌握的制,可能随社会时变形势而变。行政制式时变,总会引发政体缓变。

总之,联共(布),缺乏公正平等道德意识,缺乏科学的理论指导,缺乏长期损有余补不足基本方针,缺乏统一规划比例接济,定期波及的调剂方略,社会矛盾日趋对立。国有名义、官长支配制度,虽有利于短期集中力量办大事,却随时到处强化其资本性能。当局沿用镇压等革命方式治理社会,党政合一,不当导演而当演员,荣辱皆惊。为后来苏共,营造帝国化人文准备了条件。

3 改败

二十世纪五十年代初,拉拢军方轮班夺权的第一代政要,把世界物源说和现实唯物论混为一谈,把机械唯物论和实用拜物教等量齐观,爱用表相思帷,把社会事物,都当作相对静止孤立对象,观察其表面具体片断现象,归纳判决。养成撕断前后左右内外因果,不顾趋势需求,用片断个别事情,用纯推理习惯,夸夸其谈。以至于强词夺理武断,见利忘义鲁莽。

经不住胡萝卜加大棒的诱惑,匆忙指令全党,为土豆烧牛肉的生活奋斗,分党为二,管生产,执政党变为业务派。偏听偏信,取顺舍逆,否定发展计划性。轻率轻浮,丢三落四,唯重利润收益。高层假公济私,建关系,图私利,给方便,透消息;中层损公肥私,卡要拿占收,少好处,推拒拖避禁;下层化公为私,实惠争,好事抢,难事推,坏事瞒。十年过去,让混杂小农习惯、商贾意识、崇尚欧美的官吏，变得比资本家还资本家。苏联主动放弃政府调剂社会需求，改革开放，埋下亡党亡国祸根。

偏重己方权益，不把盟国需求放在眼里，不知篱笆要竖三棵桩，好汉要有三个帮，兄弟面前充家长，自封老子称王。弃杀鲜小事物，丧失群众观点，见财不见物，见物不见人，见人不见下。偏重军工需求，惠顾附近居民，多数民众暗怨。张狂于会盟协力之际，盲动于对手较量之时，临阵弃戈，友朋寒心。

继之而起的第三代苏共中央，更少群众路线，更重行政权力，唯武器论，全球争雄仗军力，羡慕欧美，超前寄生好生活。唯生产力论，改革市场新体制，因噎废食，照搬美国模式，“新经济体制”立法，取消社会发展的政府计划性，授权工业联合公司，农业联合体经理，掌控人财物、产供销、科研设计等经营调处全权和支配职工生活资料全权，官僚资本化。处分时局，专注政要所需，以强凌弱，盟邦离心，帝国性人文每况愈下。

4 乱作

能够全部占有下级劳动成果，又在改革中，获得支配人事资料全权的经理们，实权超越法令，自定规章得私利，损公肥私，不计损耗追利润。重罚高压，各层盘剥亏公家。商品等价交换、职工按劳取酬、资源充分利用、生产安全保障、环境保养爱护，都归形式，损不足奉有余成为时尚。

苏共中央一代不如一代，役使群下成工具，压榨弱小盟国，强大霸权行径，被动和平竞赛，坐视和平演变。逐渐被财势左右的权势，变身成集财权、政权、物权于一身的新财阀，见钱眼开，违法枉法犯法，捞取名利，害公害众害己，滥竽充数众叛亲离。

社会统一规轨失效，经贸综合体规程失灵，部门争利地方争权，上下不和，左右做对，前后不济，顾此失彼，各为己欲，干群分离。除靠武力政权外，再无依靠。在全民党名实难副，苏维埃名存实亡环境中，依次接班的苏共当局，喜欢摸石头过河，陶醉于缓和福音，迷恋于太平乐章，珍重有财人，轻贱劳动者，不劳心社会变迁主次因果，不费神和平演变软硬兼施，依顺对手吹双赢，自欺欺人光门面。书生当家。完全和联共(布)断代。偏听偏信投向西方，取消思想政治性，放弃意识形态阵地。改革政治体制，要搞人道民主，轻率修宪多党竞选，幻想用东欧，换取西欧经援。没工夫普惠民生，提高民权，有闲情度假海滩，鼓吹民主。苏共地位作用每况愈下。

官方舆论贬集体道德，褒足欲奢靡，信念责任置之度外，自由民主挂嘴边。宣传曝光，意在沛公，提出问题，意在搅局，到处为不肖贴金，时时为富贵造势，主流传媒学西方形式，简关键细节，改方向主题，详小道花边、娱情叛逆，节目原样兜销发达不良题材，内容精神鸦片，毒害后生乡民。吃皇粮单位，假公济私阳奉阴违，和平演变一马当先。

一些西学精英、释经学究，鼓噪超前，言必称发达，事必据北约。公办教育，专业务、轻政治、是非不分，知识殿堂供上帝，不做信徒难上难。作家编辑，博导专家，主持嘉宾异口同声，时常抹黑现实，颂寄生安逸享乐幸福，抬叛逆乱政负面正确，否定为国为民党性立场，混淆黑白美丑是非，争当欧美政策舆论义务宣教员。知识界文化群传媒层，视法纪如装饰，借机帮发达叫板，为财势放风，散乱民心。虽然秀才造反，三年不起，却帮助分庭抗礼民族民主派，野心得逞。

不满既得利益的政客，在北约支持下，与只图眼前个人享用的中上层勾结，结党营私，公开作乱。党组织软弱，无临阵抗争之力，部门袖手，有助逆倒戈之心。“人民的民主的社会主义”随风而倒，当代阿斗下马投降。连华约这支无敌舰队，也葬送在和平演变漩涡里。

苏共当局，缺乏认知广度，识人深度，用事妙度，无力阻止“贵大久患身”趋势。忘却勤劳勇敢事业兴，懒惰胆怯社会衰的作用，加之智能势力，倾心西方个人享乐生活，有如陈宫父子般耍阴谋，很快就祸起萧墙。炮轰杜马，民主派粉墨登场。单重经贸苏共根基垮，单纯军事华约大势亡。以至于共运掉入低谷，马列主义难以为继，个人主义甚嚣尘上。

前车之鉴值得重提。联共(布)，受当时环境条件制约，一党专政，中央政府，强力包办一切指挥一切，将可能集中的力量及时用于最迫切的方面，指令经济发挥过决定性作用，苏联强盛至极。活动在畸形基础上的社会，问题丛生。

苏共立法律，推进以利润为中心的新经济体制，收效不佳。三十年换汤不换药的改革，更加损不足奉有余，干群收入天隔地远，农村状况不堪启齿，实用廉价商品渐失踪迹，职工得过且过，资源浪费，供需失调，不合理分配，积累众叛亲离。

各有所顾的高层，只重个人物欲，只知借口训人，只会现象分析，不尊规律不习历史，不谙全局不求深远，不知好坏不周举措，漂浮于权威术语，习惯于搬抄应付，满足于统计数字，喜好于些许成效，调剂欠缺，行为乏力。治理举措失当，社会畸形，民生艰苦，根基亏损，特权足欲事变生，既得利益取舍错，和平演变前途毁，共运低潮大势去。

其间，文化人士肆意作祟，宣教部门褒贬误政甚重。商业化传媒，摇旗呐喊，欺上瞒下，误导舆论，千方百计离散政权蒙蔽人心。基层党组织不以执政为念。自由派一朝发难，和平演变立即得逞。

总而言之：苏共首先是没有治国安邦历史传统，主要在缺乏全面理世的合适方式方法，基本在对社会各方各层需求，调剂不周不细，不能及时到位。放任智者以其宣教，散布西式个人享乐主义，忽略甚至否定益群主义传统、理想事业信念，日积月累，社会不道不良负面，日渐深厚，而部分权贵，以点代面，找典型粉饰负面，以至积重难返，加上要走发达路，当然自取其侮。

社会根基经彻底破坏，民主派得以师从发达，分裂社会，瓦解权势，火炮破杜马，新帝上戏台。民族政府，被自由式经济，弄得国库空虚，无力自主，组合内阁，被美式民主，弄得政令难通，自身不保。盼援助成泡影，争名利现昙花。如有后悔，最大悲哀，莫过于对财势万能市场自由的偏信。

倾心西方生活的俄国新贵，不顾国情，匆忙市场自由化，阵痛变成痼疾，危机酿成祸殃。不时吞吐跟班附庸、倒退复辟苦水。地位一落千丈，境况苦不堪言。百姓卷到幕后，前台上演忍气吞声乞讨、寄人篱下称雄、牺牲弱小大方等悲剧。大国道路方向错，再多权谋也枉然。俄国政要，内政若不改弦更张，重整旗鼓都难。

北约东进外患日显，俄统一党，多数意在西化，遭遇同类相残被迫反抗。个人至上的政府官吏，在关键时刻可能胆大妄为，甚至倒戈助敌。如果北约借故来侵，百十万俄军未必肯敌。一旦入境想用核武也难。要保政权版图，谋求成极的统一党困难重重。出路在改弦易辙近中华。应少猜疑多坦诚。中俄联动，威势无人不惧。积极壮扩上合组织实力，主动加强经贸往来，技术合作争先。主动收缩主力于欧洲部分，出让鄂毕河东广阔原野，共同开发。日积月累聚集资财，照顾民生夯实社会基础。

（三）特色

中国先经新民主主义革命，掌政权，再逐步进行城乡社会改造运动。在人口众多，多族群聚集，社会发展极不平衡状况下，博采众长，推陈出新，巩固政权。实行多党合作，调动社会各界各层的积极性、主动性、创造性，以财兴国，自主振兴，完善法制，准备法治，一直在事实上，而非口头上实践联合国宪章。中国营造的共和社会主义，不但可视为世界缩影，而且所做的一切，益群利众，不断被世界瞩目，可当成社会完全社会化的预演。

政府规划，民间自主，跨国联动，社会各方势力结伴同行，将社会发展重点从先进转向落后地方，着力基础，全面进步双管齐下，扶贫救困，首先富裕比翼双飞，中国实事求是地而非象征性地，全面变人权人道人性等理性为现实。集弱成强，共享进步成果。推动国家彻底社会化，亦是各国当代化的共和方向。

相对于帝国社会主义，共和社会主义这种新的人文体系，其特色与社会化全面拓展和彻底完成过程相适应。其初级阶段基本特色，有主流传统推陈出新，邦域共和。中国特色与众不同又合众望之处，至少有五：

（1）始终坚持独立自主，有计划地组织完全社会化的共和事业。

（2）始终坚持平等前提，任何作用不同当事人，离开会议庙堂办公桌，不但在法律上而且在人格上，就时时处处地位相当。

（3）始终坚持损有余补不足的社会调剂方针，普及文化传统，以有余奉天下。

（4）始终坚持弘扬中华主流传统，沿交通线外出，争取在多极争天下的世界上，发挥主导营造文明的作用。

(5)一直坚持集团民主,襄助人民共和。在政治民主基础上,经过民主社会化,达到人文社会化。

严格要求吃皇粮宣教工作者,鲜明党性立场,揭露和平演变花招,吹动科学发展号角,解释法纪政策规制条文,剖析反面实例,正面教育青少年中间群众,尤其是商业家庭,明方向,知是非,分得失,行正道。

建立在邦域民主根基上的联合国,在营造丰衣足食条件中,担负拓展共和人文重任。自二十世纪七十年代尼克松飞来北京,新中国重新登上世界舞台。多党合作,完善法制,施行法治,与世界共享发展成果,逐步促进联合国发挥正义公平作用。联合国开启壹天下航程。众志成城,万众一心,推动社会各行业彻底社会化,经此转变过程,达到天下齐平,社会尚同目的。天下人文齐同化是依规律、据道理,用公权、集能力,完全有现实可能性的人文主义理想事业。此道德深矣远矣,与世反矣。

(四)外事

老子认为"江海之所以能纳百川,以其善下。大国处下游。天下之交天下之牝。牝常以下胜牡。以静为下,或下以取,或下而取。大国不过欲,兼畜人,小国不过欲,入事人。两者各得其所欲,大者宜为下;贵以身为天下,若可寄天下。爱以身为天下,若可托天下;上善若水,柔弱胜刚强。其安静易持,其未兆易谋,其微易聚;不可得而亲疏,不可得而贵贱,不可得而利害,和大怨,必有余怨。多德司契,少德司辙;合抱之木生于毫末,九层之塔起于垒土,千里之行始于足下。执者失之,常于几成而败之,慎终于始,则无败事"。

查历史看现状,接近中华的势力,自改革开放后,先后被霸权扶养势力取代,关键地域形势,有利北约。只顾自保的当局,正多方勾结美方,唯其马首是瞻,危害和平事业。针锋相对,伊拉克自大出头;自缚手脚,卡扎菲终受大祸;瓦解对手,伊朗忍让周旋;顽强抗争,俄罗斯乘乱收失地,祸福不同。独立自主大国被强大霸权张狂压迫,争取口蜜腹剑、攀权附贵政客同向伴行,万隆会议是积极调剂拓展的方法之一,"联刘抗曹"协力联动是被动望将来的经验之一。统一战线方式方法途径步骤全面多样。

在历史回顾中,“学,不学复众人之所过”,当然也有兼收并蓄,实事求是,争民富国强常态化;前瞻部署,适时重申立场,尽力坚持原则,敢于与毁灭社会、破坏自然的行为做斗争等内容;力辅万物之自然而不敢妄为等作为。

早在三千多年前,武王荫文王天下有三分之二大德,集各方众多势力,长期准备,一举灭纣,已为后世提供了集群武装夺权,以及外力亡国的双重借鉴。巴勒斯坦等反帝反殖弱小势力,不明忍让可贵,一味意气用事,甚至争凶斗狠,只怕再花半个世纪也难摆脱困境。

色厉内荏美方,正勒紧裤腰带,极力先进军事技术,对地广人众,防卫有余的大国,挨边侦察监听,网络黑客攻击,强化空天快速攻击轰炸实力,直接进行多路常规武力威胁,背信弃义,步步进逼,造成卫弱禁暴紧迫需要。全方位对付周旋,及时发挥高超智慧。迫不得已,教育中间势力,尽早兵锋对阵,早日扫除害人虫。

国界内外对抗逆境,强化着兴衰与共,同舟共济,同仇敌忾,奋发图强等爱国主义情怀。亡国奴,对国家重要性,感知最深刻。在恃强凌弱形势下,天下为公,国家至上,成社会共识,增强复兴信心。只有投机倒把无良富豪,才将国家利益置于利润之下。

共苦不同甘的美方,尽管力不从心,事与愿违,自身日益孤苦,还是坚持搞侵略、恐怖、动乱、谋杀、贫困、愚昧、新殖民、苦难民、边缘化,直接以民主反民主,喊人权灭人权等行为。除霸权、换政要、救苦难、养资源、促发展、求齐平,建共和、壹世界,践党纲于现今,申大义于天下,时不我待。

当前,全球一盘棋。和斗相权,以斗求和是复兴准备所需。交争并举。力争政治解决二战历史重演危局时,争议立场,和战声势,则应鲜明坚定,行动则果断快捷周全。以群动对群动,要在同心同德,重在资源利用,贵在艰苦奋斗。

多极争霸,“人之迷其,时日固久”。鲜明容忍限度,有赖后盾实力。在只有利害、毫无信用的环境中,“将欲歙之必固张之,将欲弱之必固强之,将欲废之必固兴之,将欲夺之必固与之。将欲与之必固私之”,规划实行。“祸兮福所倚,福兮祸所伏”,何必把握十足才动,小有牺牲在所不惜。

道正法正,“小国不过欲,入事大国,大国不过欲,礼尊小国,各得其所欲”。事实援手,争取支持,直至同心协力。促进上合组织联系国的凝聚力和反帝反霸向心力,团结全球亲近势力,共同一致,坚持不懈,丢掉幻想,坚决战斗,最合时宜。

1　联动

虽然第二次世界大战以来,战争想得,大多在经贸战线上得到,但为己身眼前利益,政客们可能再开战争机器,日本蠢蠢欲动,北约东扩南下其势逼人。集团化也难免以武力重划势力范围。新的大战危险不可低估。奈何多国政要不承认社会西化、正在遭受相煎实在急的冷战事实,更不愿舍弃身外之物而无视热战先兆。

协调统一强化外事工作,做针对性重点准备,正当其时。争取变对手为伙伴。不被主要对手牵着走。其政要为选票轻诺讨好,借三权分治难统一,使外交条约协议没实效。须周到办法,防止被一纸空文蒙蔽。

明和暗斗不能被动,主动让其手忙脚乱,何必缩手缩脚,如在南海菲占岛上强兴土木大搞开发,只准在划定航线内行驶,只准共同开发,反对主要偏向。再三在联合国提出社会发展,联合国单位改革议案,争取多数,孤立对手,让其应接不暇。借用联合国阵地,宣扬源远流长的中华文化,灿烂辉煌的中华文明,传送举世钦羡的公平正义,显示自主发展的决心能力,争取多方同心协力,安排天下共和大势。

孙子说过:“不知诸国之谋者,不能予交。智者之虑,必杂于利害。故,屈诸侯者,以害。役诸侯者,以业。趋诸侯者,以利”。恢复外交格局,不但要方针方式,而且要大量投入深入。

调整外交外贸外联外援等协同联动方式,多管齐下,要超出当前方面阶段考虑。外交辅助政要,交往开路,外贸外援财货铺路。着力支持特别照顾弱小势力与当权政党偏向。各部门同心协力,名利实惠,恩威并施,借世界贸易组织,着力于境外边缘资源战略区、战役要地、战场必争点、战斗必需物。明知事难办也要再加三。

借丝路传统,沿所有交往线路,及时合力帮助第三世界科学发展,助推弱小国家根本改变生产方式,逐步改观生活条件,快速改善内外基础政治环境，做好全球抗击准备。大力提供美元贷款、本国技术，拓展其市场，就地兴办有利于合营、改善民生事业。股份合作，培养当地就业包括武装保安岗位，一举数得意义深远。

外贸外交中联外援等外事，宣教文卫统战军事等内事战线，统筹安排，各自组织战役联动，特别值得调剂选择，与时俱进。强实力，强军力，强战斗力，造大打声势，最有益于和平缓战。问题将出在精兵强将展开社会战上。奈何地方部门市民各有所持，为保守现成，可能到时拖延不前。

若以经贸促合作，做表面性让步，可望改变某些现政府的态度。力使周边各国，谋建马来半岛运河，俄中朝边境日本海基地区，特别是缅甸与我同进退，提供直达印度洋通道，甚至在关键时刻同甘共苦，应当优先。

2　冷战

美国财阀，经历短浅，既发大战横财，又得援欧实惠，二十世纪中叶，凶相毕露，禁锢共产党，只准一言堂。美元变成世界货币后，成熟财阀不可一世，市场全球化，实力超级化，更令美方专横跋扈。武力输出形制意识，千方百计夺取资源，削弱同类，实欲统治世界。

在假自由民主人权口实，事实上放肆压榨掠夺时，美方与苏共强强相争，其主要战略部署：

（1）以核讹诈为前提的军事对垒。

（2）以强力为后盾的外交争执。

（3）以生活方式，意识形态比人文优劣。

（4）以经贸财务为重点的封锁制裁。

无硝烟的冷战，持续到二十世纪八十年代，胜算甚少的美国，采用分化苏联社会层面的和平演变新攻势。这是煽个人欲望，变意识信仰，促内部政变的冷战方式。大致从三方下手：

（1）着力营造舆论心理攻势。

（2）全面破坏党政制度威望。

（3）扶助反对派系动乱夺权。

实际步骤为：

（1）资助传媒，极力渲染欧美社会生活生产方式美妙，抹黑东方社会分配秩序，赞美个人至上、损人利己，让其合理合法合人情，改变社会心态、道德尺度。

(2)培植不满现状、不同政见骨干，笼络知识界青年人，特别是编辑学者专家，鼓励传销和平竞赛、缓和、裁军等思想，诱逼当局加快倒向西方的改革。

(3)鼓励党组织松懈党对意识形态的主导作用，取消对社会阶层政治思想工作，让基层组织形同虚设。

(4)拉拢上层，削弱党的统筹控制力，瓦解理论说服力、是非判断力、政治号召力、组织战斗力、宣传感化力和群团凝聚力。

(5)商贸旅游宣传交流，广开政府对话渠道，经常部门交流，收买拉拢培植指使，从中网罗骨干，组织政治反对派，煽动动乱潜流。

(6)支持反对派头目，里应外合争民主改革权利，不断掀起反官方反现制等社会活动，在搅乱时局中伺机夺权。

不知革命为何事，不知疾苦为何况，观念西方化，生活小康化，知识书斋化，行为会议化，连马克思主义也轻淡化的苏共接班人，一上台，就顺应美方欲求，不顾一切，迫不及待地打人道民主旗号，专讲缓和形势，大谈多元高调，大搞公开化，大行自由化。破意识形态政治传统，放弃组织作用，丢盟友如弃履，盼经援望眼穿。所得极少所失极大。被民主派所逼，解散苏共，自毁依靠。单重经贸，苏共根基垮，单纯军事，华约大势亡。共运低谷祸世界。

虽然时过境迁，但美方主政意识依旧，北约野心难免，正在以热战阵势进行严酷的冷战，这不是退缩忍让可以消化的大事，须针锋相对，才有备无患。

3　硬手

西藏叛乱分子，逃入印度五十年，早已失去任何现代政治法律地位。得外势支持，竟敢回家进行烧杀恐怖活动。清剿根除理所当然，合乎西方现实反恐做法。争取印境正义势力配合，孟加拉、缅甸、尼泊尔、斯里兰卡有关方协助，出动特种兵空降，或在孟加拉上岸，直攻杜姆杜玛，歼灭印藏边境警察叛乱武装部队。必要时退守孟加拉国，协同其防备印军犯境。

印军置中方宽厚于脑后，视大度为可欺，袭守麦克马洪线，取巧于藏南各地，得寸进尺。无视中华主权。参加反华行动，帮助恐怖势力动手。投机于俄美之间，两边讨好得军械，万国部件难修配。导弹核武提精神，逞强近洋向南海，联日进退，野心毕露。

印度军政不一，社会阶层殊异，四周结怨。群众贫困，民心散乱，派别势孤，政局漂浮。予些教训对其有益。生产力不足，难以填平补齐救急。势不强，力不坚，兵不精，器不利，很难大打久打，若动核战，更是自不量力。

印军坚持庇护西藏叛乱分子。印军可能借机扩大战事，故作万一部署。可出西藏、滇西、巴基斯坦三路，战而胜之，二炮空军掩护防卫。估计旱季开打到雨季前，收拾孟加拉国北边印军大局可定。若印政府败而不降，或印军疯狂反扑，西路变牵制为攻取，沿印度河出动，协助巴方首先南防北攻，一举占领萨特累季河西岸地区。北西两路协同，彻底瓦解印军作战能力。力帮当地强势部族、反政府力量独立，分割给土地资源。同时取消种姓等级制度，巩固各地自主自治行为。

近来我军择势选用预案，择向择时练兵西南，将获得国际反恐经验，震慑台独外部势力。获胜还可得巴缅通道，直连印度洋，更加便利西南亚，方便欧非拉世界。

美全方位挨身部署值得警惕，拉拢印度，布置澳日新菲阵势，大挖越南缅甸东南亚墙角，试图在阿富汗，朝韩半岛，构成多路战役攻势，张弓拔弩挑战。日当局狐假虎威，充当打手，跃跃欲试，不给教训，恐难收敛。竞选任期制，国政首脑为主政，愿意口头承诺某些国际责任，实不愿以立法方式作长久打算。口惠实不至，切忌受骗上当。

西化改变日本传统，青年心态大多顾眼前私欲，斗志低下。日与美结盟是迫不得已，日军遗老不忘战败深仇，财势不忘久榨新恨，政客不甘俯首帖耳，冲绳不忘自主独立，军国主义萌发自有土壤。右派一些言行自有市场。美方难道不会疑虑中日明对抗，暗协同？

海洋阻隔，毫无纵深的日方，到处找伴挑事，蚂蟥要与雄鸡斗，意味深长。美容许日本借钓鱼岛修宪建军，尽力武装日本，谁能保证其战时不会反戈一击？美方明目张胆把日本当炮灰，日本趋之若鹜，耐人寻味。作军事大打部署，争政治解决前途。双管齐下。

设法引祸水东流，贵在持久。外事难点在日本。

假若美迫使日当局，在东南海域横冲直撞，忍无可忍，对日首战，宜在冲绳方面，台海北线，消灭自卫队主力，彻底摧毁如横须贺等空海停靠维修、后勤保障场所。顶好两岸协同，甚至争朝韩共进退，俄军助阵。真到三路并进，则要坚决彻底干净，消除日本一切战争资源，撕裂其疆域，本土各自独立。甚至火烧其后台根本。

4　奋斗

数千年的社会经历，被集群、联动、选择、调剂形态所充实，由分界因果、阶段循环，线路螺旋律所表现的群动规律，不但逐渐清晰，而且成为不宜违背，最值得重视的逻辑性事理。道大现实化，功德无量。

西方人文得益于中华由来已久。自丝绸之路开通，中华人文便不断向西传送。自十六世纪笛卡尔两个实体观念面世，教士唯心论重精神偏向意在，市民唯物论重物资偏向物在，唇枪舌剑，刀山火海到十九世纪，学科实证，线性辨证方法，矛盾论，系统论，控制论都侧重集联分立，对抗，特殊。分析事变片断，因果，进程，秩序，调动。区别事务主次、轻重、缓急、隐显。选择资料，真假，设计。统筹事势，规划，部署，贯彻，掌控事态。哲理和方法相较，方法论在二十世纪行时。

现代人士，受“有之以为利”支配，受表相思帷局限，事物根本本性等未入佳境。世界同一事业未能明确，世界认知多存局限。拓展老子哲理方法，时势所然。

现时最需重视的事理是：知识支配人的行为。市县统筹治理社会，尊重知识地位，技术作用，随着大学生，每年几百万成长起来，知识作用遍地开花，人文事业将迅速兴旺发达。

若继续保守于意识只是被动反映外界的成见，把人的能动性称为反作用，定会不利于发挥人的积极性、主动性、创造性。从被动反映，经知识主动，到自觉预期，是思想先进的必然。若非借先人知识悟而成理，觉而创造，人世怎会有现实的生活，划时代的进步？若非某些评论家，专对西方多媒体内容的高超辩解，广大青少年，怎能理解其中深意，而不为负面所动？若非共产党人，自觉自愿，怎能无私无畏，前赴后继？如果发展中国度，新兴财势不依附邦域权势，将被发达势力支配甚至吞噬。

第二次世界大战后，不少国家政党曾以中华为榜样，推动形形色色社会主义。他们急于求成。局域性探索大多失策，以致混乱信仰，模糊方向。不少经贸相对落后国家，取长补短，政府在经贸市场上，时常“为了解决问题而工作，而斗争”，尽力补“短板”，实做损有余补不足的事情。

各国对宏观经济实行有限调节，建立有计划的市场经贸体制。美国政府从未少用它来救急，虽然在办法程度范围上不尽相同，但都走着社会公权调整市场活动的社会化道路。当今，各国群体，结党营私，党同伐异，派别攻讦，社会折腾不断，民众忍气吞声，已成常态。民选总统，甚至为青壮夫妇不愿生育而劳神费力。

在市场交换有计划的发展过程中，垄断冲破国界藩篱，跨国公司触角伸向全球，资产兼并到不只是富可敌国地步。政府无计划的社会分配，顾此失彼，弱小无安全自保之力，人类有持续发展之忧。财政出力稳定市场比比皆是，国家政要权充经纪屡见不鲜。在力不从心际，国家间共取对策终成时尚，地域间政府联手渐现格局。超国家的社会权力，对越国界的市场进行计划调节，尽管调节相当片面，干预总是滞后，控制明显倾向，社会化还是迈进中级阶段即所谓地区集团化阶段。

集团内的计划性和集团间的无组织性，在超国家范围内，以前所未有规模发生矛盾，集团化市场，加剧经贸无序状态。贸易摩擦、市场动乱、资源武器、国家保护，政府焦头烂额。破产失业、社保沉重、环境恶化、政治争斗，百姓度日如年。于是世界经济论坛，关贸总协定谈判，世发会议召开，世贸组织成立，联合国加强协调，洲际密切联系。南南合作、南北互动。当代经贸，正不断向传统国家发起冲击。

虽然第二次世界大战以来，战争想得，大多在经贸战线上得到，但为了眼前利益，政客们可能再开战争机器，北约东扩南下其势逼人。集团化也难免以武力重划势力范围。新的大战危险不可低估。

对立各进的各国，被迫开分立共进先河。虽然取向各异各有所图，终究自觉不自觉地，开拓出全世界，共用共管共享全球资源成果，即彻底社会化道路。中国融入世界经贸，市场正在当代化。中国循行社会规律，拓展邦域共和制度，创新社会治理。全力准备小康条件，强盛邦域监理市场，共同文化共享文明，秀美环境保护资源，推陈出新传统，全面和谐社会，普遍富足生活，有志于推动共和主义事业世界化。

以人为主体的社会生产力的彻底社会化，创造着社会自由条件。社会不平衡发展，使社会共和沿彻底发展民主的路线前进。高度社会化引起国家性能变化，在普遍实现国内政治民主基础上，完善集团间集团内的政治民主，直至社会人民均享民主政治。这一进程，实质上是国家完全社会化进程，是国政结构彻底社会化的进程。凌驾于社会之上的公共权力，将变为服务于社会的办事机制。

执政党合乎趋势的主要任务是，借鉴中华传统，以德化民用儒学，据法治理搬法家，全面指导记老了，两难决策精通鉴。高层领导如从长远需求驾驭全局形势，按规制督促群下主动，何患创举无成。在共和社会主义克服帝国社会主义阻挡的斗争中，适时权衡取舍，乘势朝国政齐平社会尚同方向，实现人文全面共和化。

四 军政联动

千古兴亡多少事。二战后，美国控制一半以上战略资源。战略权益驱动苏联插手争夺。经援军援双管齐下，相关协议，获取交通线路军事通信基地。美苏为长期掌控西亚中东，保持以巴僵局，助长两伊、科伊边境冲突。双方明争暗斗，扩大到地中海、印度洋，向沿岸国谋取共同政治，电信站通权，港口机场使用权。苏联细事未曾失手，大政方针却很糊涂，败北在和平竞赛中。共运低谷，西风劲吹。

（一）形势

本性难移、手持大棒、言语柔和的美国当局，曾假联合国旗号，进攻朝鲜，驻兵台湾，祸害越南。太平洋宪章，日美安全条约，露骨敌意中华。北约和平竞赛收奇效，得陇望蜀更猖狂，历史被推到集群重组争天下的新时期。

不战而屈华约之兵后，北约不散反进。坚持领袖世界的美方，仗同盟声势，利用政治经贸、军事外交、宣传网络、文化联动态势，武力肢解南联盟，炸弹穿孔给颜色，维持现状助“台独”。生造颜色革命，不断西亚战事。一再给俄国施压。已成战争、侵略、恐怖、动乱根源。入侵伊拉克，借口反恐侵占阿富汗，持续西亚仇杀。双重无赖标准，单边纠集仆从。地中海边人民，处在水深火热中，苦难无边。非洲不满，南美不从，联大不依，欧盟逐渐清醒。美现孤家寡人态势。

面临多方挑战，美国霸主地位，岌岌可危。为挽颓势，到处抢掠市场资源，不断挑起社会动乱。引发各战线全面攻守诸多问题，曾有意与美方结伴的新中国，经三十年振兴，已游泳于资本市场全球化潮流中。美方政府，套近乎谋利，做对手称霸。故意挑事作对，排兵布阵，剑拔弩张，不顾事与愿违，矛锋挑集向中华，意欲何为？

改革开放以来，中方大度求和，期望美中两国人民携手前进，取长补短，共谋世界和平。谦恭忍让，以德报怨，仁至义尽。却不料其人民，被走马灯式专制政府钳制，被事实上为其效劳的传媒愚弄，毫无自主能力，反被驱赶成帮凶。

美方对大陆所取囚禁政策从未松懈，经贸保护技术封锁，长期分离台湾地区，平扫周边，广布基地，公开压制，多方引诱，暗中监听，抵近挑衅。广施禁运保护，散布威胁谣言。游弋于南海，耀武于近邻。政治互信失凭借，冷战改头换面，热战锣鼓喧天。对待虎狼，我该何为？孤家寡人绝非先进，恐难久行。注意正言虚伪外事欺骗，始终加强斗志准备，棒喝当比劝戒强。

现在许多外国政要军队首领，急功近利辈，对“上兵伐谋，其次伐交，其次伐兵，不战而屈人之兵，全卒为上”等谋攻之法，不会灵活运用，爱用攻城略地下着。弱小不得不在忍让同时，做好攻防兼备充分准备。

世事如棋，综观全局，高屋建瓴，出其不意，先手营造。舍小顾大，占地围歼。尽管中国想“以德莅天下。天亦将救之，以慈卫之”。但“正复为奇，奇异为妖，人之迷其，时日固久”。虽然“夫佳兵者不祥之器，非君子之器”。还是到了“有道者不得已而用之”的时候。

1　前兆

如同以武力称雄的军阀，以资财支配政权的财阀，曾被苏联完全的社会保障制度吓倒，忍痛割肉买民心，几十年下来，舍俭且广，舍慈且勇，舍随且先，耗尽掠夺侵占压榨浮财。打肿脸充胖子，为赚几个小钱，解燃眉之急，凶相毕露，故伎重演。国会干涉禁止，宣称放任经贸自由，却掌控金融股市利率，护短玩管控，制裁新花招。直接危害新兴国家权益。美方随意国内民主，践踏国际规矩，用武装压天下，全面削裂反帝反殖传统势力。殖民沉渣浮泛，军国主义死灰复燃。榨顺亡逆同类相残，世界显露二战前兆。

战略东移。强盟日韩先进军备，拉拢印新占据要津，多方布阵，勾结菲越，颠倒威胁来头，兴动网络事端，扶助日本军国主义，收买周边攀权附贵政客，重返亚太，形成多路攻击态势，威胁把无硝烟的冷战阵式，推向兵争火拼阶段。

总之，美军耀武扬威，贼喊捉贼，万里插足，犄角东南，侵入领海，进门剑指中华逞强。本可淡然置之，事须以防万一。北约不容同类，不顾否定之否定，快马加鞭，清理外围，就近放火，反导设点，到处对阵，动用资源武器，威逼俄国就范。正在拉开军争定乾坤序幕。

战争是改变局势良方，根除隐患妙药。美方战争狂徒主意已定，肆意妄为。色厉内荏美方，正勒紧裤腰带，极力先进军事技术，对地广人众、防卫有余的大国，挨边侦察监听，网络黑客攻击，强化空天快速攻击轰炸实力，直接进行多路常规武力威胁，背信弃义，步步进逼，造成卫弱禁暴紧迫需要。全方位对付周旋，早日发挥高超智慧。迫不得已，尽早兵锋相见，鼓舞全球斗志。军事相持，提质强军急切优先。防患未然。广泛组织亲和力、示范力、凝聚力、战斗力，增长胜利信心，以其人之道还治其人之身，军事已成当前主要政治。

2　攻防

在强敌环伺，市场全球化潮流中，外力压迫，奋发万众一心斗志。披荆斩棘急需强军，自主复兴急需强国，社会安宁靠威严巩固，和平环境靠实力维持，世界事业规划争取，更需科学思想指导、多方设法支持。及时损补调剂到位，是军事胜利保证、解决社会所有矛盾要领。统帅部组织方面军、各军种首长，据信息判形势，主动排军布阵，调整战线方面各战役战场攻防部署，特别是转危为安的调动能力。奈何重点选择，关键把握，总有意见分歧，假若临战自不量力，各行其是，畏缩不前，保守现成，至少延误战机。

美军深陷泥潭，财政捉襟见肘。娇生惯养政客，缺乏前瞻视野、共和胸襟、共享成果气度、对手并行勇气。挽救颜面，无奈战略再平衡。借朝鲜一意孤行，移动利器，支持走卒，备动干戈，直接侵犯中华。面对阴谋诡计、张牙舞爪局面，委曲求全也难。军事攻防提上日程。

美想越洋与对手开战，难免遭遇对方空中远距精准打击，毁掉自家庭院。美方宝贵资源过于集中，一旦城市枢纽，资源要地，被反击延伸火力摧毁，财阀资财丧尽，执政命运亦亡。全面决战可能性不大。

若局限于隔洋某地，远道趋前后劲难继，所要动输的力量，远大于侵朝掠越之战，就近帮手怕死，难免供补不及。对手却之不恭，域内动静不大。美方虚声恫吓可能。局部外科手术，拼空中装备和物资消耗，有利可图概率最大，真若动手，解放军锻炼最大。

大国不同小国，过宽战线，过大战场，过多战斗，战法战术漏洞，层出不穷，不可能及时补全，主动可能变被动，何况开战后，各战场未必限定于弹丸之地，防不胜防，故胜算亦少。现实可能是，美方挑衅滋事、虚张声势不上阵，鼓动小卒过河，自身居后帮忙，从中渔利。

军事涉全球战略部署，与时俱进。军事对抗直接硬手是用兵。收台训越败印御日，联俄和欧抗美，超出当前方面阶段。捍卫和平必须实力支撑。“执天兵，不敢为主而为客，不敢进尺而退寸”。一带一路动天下，将来形势大好。

3　正奇

兵者，诡道也。争斗过程胜负，主要取决于指挥的正复为奇，奇异为妖等诡异。统帅部组织方面军、各军种首长，据信息判形势，主动排军布阵，调整战线方面各战役战场攻防部署，特别是转危为安的调动能力。

技术兵器创新军种兵种，新军兵种拓展战场空间，战役谋划，战场战术，跟着改观。各方未雨绸缪，以部署陆外战为主，陆面战为辅的斗争方式，是将来世界军事的主要方面。

兵器有决定战斗胜负的作用。装甲平台攻坚破阵作用显著，直升机却是它的克星，上千坦克群，未必敌过一个中子弹。静态慢速强大目标，多半经不起巡航导弹多批分散饱和寻的攻击。高速寻的分导多弹头导弹，将是立体战场主力。内行运用武器战术高于战斗装备。外行谈武器厉害，可能心惊肉跳，妥协谋降。许多自守权贵，曾被虚张声势，虚情假意所惑，一味顺从求利，一失足成千古恨。

决定战役战争最终全胜的是人不是物。决策者广集资讯，谋划多方，透过事实，认清投机政客本质，及其正言若反，以假乱真，孤注一掷，垂死挣扎可能。准备全面大战，临战取一，正复为奇。有备无患。

运筹帷幄者，据形势顺变化，及时统筹长远性全球化战略；全局统领者，按情况依资讯，及时周全战略性方面化战线部署；局部督导者，用情报配力量，及时布置战线性战役化战场战法；现场实施者，据兵力齐装备，寻机会，找薄弱，随时细腻战场性攻防化战斗战术。

立场坚定，听从安排的指战员，素质至少表现在：未雨绸缪，出其不意，当机立断，坚定沉着，临机应变，顾全大局，及时助友，舍身为国等方面。听从命令的战斗员，素质集中在利用近物，英勇顽强，机动灵活，单进合击，前仆后继，连续不疲等表现上。一旦临阵，各有勇当主角甘做配角的气度，先机制敌能力。

几千年来，不对称非接触之类的兵争形式，实在不少。以为军事现代化，全靠编制阵容，技术装备，以硬对硬，对面角力，可能是战略战法修养、兵争指挥能力不足。发扬抗战中解放时人民军队传统，战场意义非常。

按保存自己歼灭敌人原则，将在外君命有所不受，适用于：形势突变，全胜在握，有益战役，请示失机，不骄不躁，先斩后奏；阵局突变，临危不惧，无法请示，全面借用环境条件，临时选创战术，随机利用近身条件，集发装备作用，战斗速战速决，尽量出其不意，先机争得主动，自主临机处置，转危为安，反败为胜。

关键战斗，主要战场，重要战役，某一战线胜负，如无法补救，可能决定战略成败，它们带战略性质，但不一定在战略层次。什么都扯上战略，会造成犹豫不决，错失良机。万一大国开战，尽全人事后，到时鹿死谁手，全凭临阵智慧。奈何重点选择，关键把握，总有意见分歧，假若临战各行其是，畏缩不前，保守现成，至少延误战机。奈何偶然突变，防不胜防。结果常属人谋天成。

战略路线谋划，类似围棋先手做眼布全局，战场战役如同象棋对阵，舍子得胜是高棋，转危为安是高手。军事谋划集思广益，兵棋多方推演，筹选军械合适够用。在实力总不对称的战争中，战斗失利，多在进退举措误时失据失机。战役失利，多在保存自身攻防步骤失误，战线失利，多在鼠目寸光部署被动。战略失利，多在各阵线我行我素，协同失调。而情报不实，选择不当，准备不周等是前因。

军兵种，临战编成战线方面军、战役野战军种集团军、战场兵种合成师、攻击兵种专业营，专业装备团、防御民兵专门混编团，集力联动，现场应变灵活，战法战术亟待营造培养。调集各级骨干，成建制搞不对称演习，同级轮流当指挥，在力量悬殊突发较量中，表现英才，积累合成能力，迅速提高全军所有干部的临阵战法谋略、应急战术能力，中下层军士长官是难点。

（二）战略

不甘没落的美方，可能胆大妄为。大战一开，美方不可能尽数一举摧毁对方，特别是游动山区、隐蔽长洞、水下、地道、散布真目标。自家高度密集的战略资源、战役要道、要冲、要塞、境外战场、军需物资集散地，战线兵力兵器停歇运转、集中场所，甚至太空平台，都临灭顶之灾。北约为速胜，放肆消灭战场外的非直接战斗资源，为强大对手，任意处置其全部身家性命，提供样板、依据、先例。

兵争有惊无险在于：美方出兵，犯远输大忌、深入无门、分兵削力，消耗难支、日久必生事变；东亚盟友无战役纵深，周边近邻，终究不会画饼充饥；中缅巴联手，盛势相加，进退自如；大力拓展中俄唇齿相依、上合利害攸关、丝绸之路渊源等关系；联合国多数同情倾向明显；对方只有乘早收敛。

将来，俄中德主张亚欧共和局势一定，欧盟也得亦步亦趋，世界将进入共和化阶段。假若初衷不继，国破山河在，复兴乡野撑，道行文字存，德政春天盛。六亿神州尽舜尧。中华一脉万古长存。

战略布局，需要经贸、外事、统战，军事、宣教、文化等多条战线先后展开。网络先行，兵锋宜后。一旦动手，可能重现八年抗战中，上层军政取向、中层行动歧见问题。总体以弱胜强，局部以多胜少成例不少，切莫被总量大、兵器雄之类现象吓住。

暂时不与强势争长短比高低，可得到去除军队旧习、养精蓄锐，壮大实力时间。外国动荡，央企得到获取最先进技术条件机会。随机集中主要科技力量，用于急迫方面，分出选题项目，研发高精尖新奇特装备，组织会战，做青出于蓝而胜于蓝的安排。当前，奖励奇思异想，进行阻滞隐身海运空运、卫星探测等重点项目试验，发展临阵组装，威力强大轻巧方便战斗装备，如蜂鸟式秃鹰式、鲨鱼鳗鲡般，提高极高速飞行器分导水平，放大传感器、远视部件灵敏度、分辨力，建造军民两用，大动力驱动的母孕舰船，母子飞机，强化其攻防能力等。奈何，动力不尽如人意。

抓住十年左右时间，内修攻战之备，外结反抗联盟，既是振兴成果也是当务内容。大力雄厚军备，今非昔比。选择在以和为纲同时，准备降龙伏虎，对世界持久安静，人类解放命运影响深远。

1　预防

在遭遇侵犯中，发扬抵抗传统，人不犯我，我不犯人，人欲犯我，就敢把皇帝拉下马。为求全胜，甚至不战而屈人之兵，多管齐下，交争并举，十分必要。交以经贸开路，拓展社团同德为主。争以义正理明，军事集团抗争为主。坚持着力东欧，助德法称雄，瓦解北约，褒离盟势力，和助东南亚，亲近侨胞，孤立跳梁小丑。外事恢复已见分晓。

政治协商制度，共和所有政治势力，新中国成立后历次运动，磨损一切社会乱源，内部基础坚固。各部门，各自组织联动化战线攻防任务，安排各战役各方面，改进战场战法战术，经受层出不穷、意外偶然考验，坚强敢打必胜信心。随势同时选择不同战役方向，安排主次目标，选取战场攻防重点，多重配置，及时展开主要战斗实力。荣辱与共齐进退，互相补充求完胜。都属协助强军应做之事。

大力向西方开放，社会变化翻天覆地。各级党委在组织民众同心协力，军民团结如一人，就地取材各自为战等方面，有许多以防万一的缜密工作可做。各级党组织在人民战争中见义勇为，知难而上，充分发挥支前守土团结除奸作用。减少政府部门，缩减地方辖区，收拢财权于中央，强制行业重道德，完全该有律法，集中力量办大事，可保行动统一；在各行其是市场上，齐备充足战备物资，散贮足够后备人员，特别是中下级指战员、飞行人员。都是战势所需，更是外在形势所迫。问题严重在政通人和。千万吸取历史教训：齐楚大国，在秦取天下时，作壁上观而亡国；新朝齐富庶失政权、宋朝济贫弱改变夭折；苏共临阵脱逃，不战而降等。择人坚行，坚固己方阵线最迫切。

奈何里通外国，甚至卖国求荣之事，总难禁止，尤其是渐进式“台独”势力坐大为祸。代美军宣扬拯救大兵之类影视；兵阵决策民主，战地温情脉脉，战场惨不忍睹轻喜剧；文艺作品传播模糊性意识，损伤纪律条例严肃性，都可能铸成临阵失控大错。类似地，应防止有人占用电视广播网络，用似是而非言论，美化霸权私欲，鼓吹无原则和平，麻痹群众正义斗志，甚至否定道德理想法纪政策。

战略差，全盘输。战法优，补力弱。用武器重于生命，纪律重于生命，协同重于生命，任务重于生命来进行思想教育，熟悉规章条例，熟悉装备性能，熟悉协同要领，熟悉同志性情，熟悉战场状况，熟悉地形地物，实在是日常军训工作重点。“文化大革命”那种空谈不务实的做法，对中下层军政素质有害少益。

2 对抗

彻底改变兵争态势，一般以实力为重，财货为基，军事为主，群众为壤。国际军政话语权，无不以国家综合实力为前提。

在美德俄中四大势力中，美方不可能离弃中方特大市场长远伙伴，置美中联动共理天下大势于不顾，去与走卒生死与共。虚弱衰落财阀政客，可能故意曲解中方善意，随时怂恿亲近势力，到处削裂中华邦域权益。其军方局部一时的挑衅，必将愈演愈烈。救狼蛇而遭危险故事，宋襄公之仁，不可重现。

俄国全盘西化，俄美政客可能唱双簧，或者俄政客待压力一去，可能反戈相向。北约不容同类刀兵相加，面临热战选择。俄国无力管理维护日不落疆域，力争全面提高社会生活水平，正好乘势广泛相助。如不坚定俄中联手，则前途难料。俄被困，给以实惠还在游移，不到山穷水尽，不会同伙并肩。当前，大国对抗，远攻近交为上。大小对抗，大国远交近攻为上，小国近交入事为上。

美军所作所为，促进中俄充分全面准备，尤其是军事联动对敌。俄中唇亡齿寒，同遭压迫，鼓患难与共勇气，重不可分离之利，助俄方开发鄂毕河以东资源，共享同舟共济之果。中俄相互策应，最具威势，宜做长久多重安排，挑拨离间不能动摇。借乌克兰事变，助俄出头，乘叙利亚机会，谋取全球要地空间，机不可失。

兵法上说，上兵伐谋。不明对手企图，不宜轻动。弱小势力两边讨好，必须恩威并加，防其关键时刻反水。政要私心所欲，长久所求，虽亲近亦难尽知，大间之才，情报之要，在于不动声色做好朝野院外幕后工作。接济他国的事实表明，经常间接不意投其所好，助其满足私欲，扫除障碍，增长实力，可能比大量公开赞助项目有收益。

3　部署

分散割据，国破山河在的史实，再三证实在争取和平同时，必须充分全国性攻防准备。要在兵争中主动：(1)预置出击力量于全球战役要津、通道关口；(2)修造周边共进退阵营势力，可靠战略布局；(3)充分及时动员，强化专业后备役民兵操作、组合训练；(4)完善军兵种司令部、随机协同机制，加快临机对抗速度，缩减传令操作时间；(5)多路多方准确情报，正确判断，选择出其不意；(6)实行者，多做全程全面细微安排，加强偶然事故的应急训练。

在大国纵横捭阖战略中，坚持历史眼光，全球视野，久远规划，民间交往，社会各方势力结伴齐行，集弱成强，营造亚洲共和域，推动联合国筹办第三世界共和域，中华邦域义不容辞，责无旁贷。联合多数，用实力促成各国并驾齐驱，营造互通有无，平等协商，同舟共济社会新制式。

在集团对立中，营造德中保卫和平，俄中协同自卫，邻近和睦等阵线很重要。进行联俄和欧防美，择机偏重。在美方蛮横胡闹，横冲直闯时，充分批驳言行后，择机棒击，未必不可。在美俄明显角力，美日插足南海时，先解决东海方向问题为佳。不到岛礁久占，引起主权变化前夕，南海平静为上。当南海难以共同开发到仁至义尽时，在自主开发遇阻际，并不排除适当择点、挨身并立等试探性动作，甚至不惜用武力攻取。

上述战略谋划，遭到殖民余孽、财阀帝国、结伙政客、买办财势的仇视抵抗。动手前，可能为索取、蒙蔽、懈怠而假言和。军事实力是防患于未然的主要保障之一。虽然，不断更新提高的国之利器不可示人，但是，显现接近实力，可能让色厉内荏对手，畏缩不前、虚伪示好求和，争得和平发展时间，只是到时莫忘其本性不变，麻痹轻敌。

（三）虑周

抚今忆昔，势力单薄的汉王，退守汉中，内做准备，外示无为，推迟决战，终于伸大志于天下，朱元璋在强敌林立时，深挖洞广积粮不称王，待时机到来，终于振声威于宇内。孤立无援的布尔什维克依靠基本群众，不怕牺牲，艰苦奋斗，终得立国胜利。适当忍让，是弱势图生存谋发展的首选。

苏联瓦解后，市场经济席卷全球，大部分发展中国家今非昔比，每况愈下民族解放势力，正处何去何从关键期。大体而言，世界正在沿螺旋回复到类似于东周战国台面。随着综合实力成长，已到自主争天下转变期。

当年，苏联和德国缔约，进占波罗的海三国，可否是为避缓西来兵锋，加宽战火的隔离地域？翻出历史，难道不该多加提问？求解短板不足问题。

希特勒不但让英法图谋破碎，而且搬起石头砸自己的脚。德军何以能动员组织全国力量，占华沙，败联军，降法国，入苏联，横扫西欧威震天下，其战役谋划，超出常规？装备流水线大量生产，装甲闪电战术，还有用处？德军坦克避开马其诺防线，西南插入，西进势如破竹，英法联军陷入险境，比利时临阵弃甲，英法部被迫渡海逃亡。蜗牛与苍鹰较劲，36万人渡海重生，戈林飞机何在？

陆空、海空联动，战役战场协同，好不叫人深思叹息，寻找三军联动改进良方。

英伦三岛，每天数十万吨消费品，几乎全赖海运，德军参谋部战时为何阻挡不住？德国战略部署为何初衷不继？苏联为何能反败为胜，英美何以能下山摘桃子，坐享其成。希特勒谋划中，何以少了避开迟缓其他战场的战斗，集中主力于主要方向，不到全胜，不可分兵另作他想，不在几条战线同时大打等，这些必需的战略原则。

部署战线战役，大兵团机械化对阵，朱可夫《回忆与思考》可供最后决战时参考。总体规划，战线以弱对强战略，战场以强对弱战法，战斗以多胜少等快速全歼战术，《毛泽东选集》值得细研。毛主席关于组织人民战争社会战的原则方式，某些方法，也未过时。

美苏曾虎视眈眈，毛主席高坐钓鱼台，谈笑风生岿然不动，达到夫唯不争，而天下莫能与之争的妙境。以曲求全，少露锋芒，是群雄并立中逐渐转弱为强正道。时过境迁，树欲静而风不止，必须与时俱进，未雨绸缪，攻防兼备，为世界和平做大贡献。世界舞台该演新戏。

道古及今，塔利班坚持社会化游击战，叙利亚执政党众志成城，美军一筹莫展。北约不堪重负仍在久耗，醉翁之意不在酒。不让西亚战事缩息，不单美方受益。美能借反恐为所欲为，悬赏抓捕恐怖势力头目，设法烧其营盘乱其社会，也让其后台感同身受。在亚非拉战略要地，太平洋印度洋战役要津，帮助地方实力派，开发资源繁荣市场，预伏奇兵于其中。届时必起作用。

在战线战场，战役战斗，均难预料的立体战中，陆地当面厮杀情况大减，缩编陆军建制，加大陆外战，特别是太空水下战的军兵种技术和建制，形成陆外战为主的军事体制，时不我待。技术装备不超前的海战平台，多带示威欺弱性，缺少大战决战决胜长处。提升攻击性机动装备先进水平，事不宜迟。现今海陆空天特网，即刻联通，须防网络电缆中继站，交通枢纽，码头路站，军基要地坐标，被间谍实地测定方便谋攻。

1　统战

多极争雄。欧盟诸国，利害为纽带，德法主张局面，并非总是铁板一块。形式民主，政党攻讦，窃听私密，政客作祟，条约悬空，政局多变。美与欧盟利益有分歧，欧美互疑缺诚信，北约破绽可扩大。全面离散北约仍是战备中心之一。寻德国势力，建保卫和平阵线，静候将来。

欧洲经济实力与美本土相当，欧洲有夺取市场资源需要与习惯，欧盟自建快速反应部队，出兵巴尔干，东进南下，其实都让美首当其冲，法国与美可能全面相对，推英国分裂势力漫延，助东欧伙伴东向，同步侧重。

原华约当局，曾想靠西方发家致富，跟从唱和改变政权。百姓多数受变革之苦，再也不会为现政权舍生忘死。其失势群体渴望外援，以财贸好处相助，形成中立偏向，加快其当局与我亲近。

国际反战阵线建设不可忽视，做不战而屈人之兵的努力。可恢复亚非拉故旧同心协力形势。借人文地理，促进亲和意识，以亲华势力为核心，强化世界华侨凝聚力，营造同舟共济广泛战线。帮巴基斯坦、土耳其，努力传播中华文化经典传统人文。

劝诫周边被动入毂政要，正视美方的冷战思帷，不做随声附和之事。不把经贸与政治、军事、外交等分家。共同进步，造就弥散性战场形态。探索实践国际主义途径步骤，体现党章纲领目的，积累诸国联动方法条件，须要多方勇敢实践。

政治外交为辅，财货外贸外援为重。各部门同心协力，名利实惠恩威并施，有力支持，特别照顾弱小势力、当权政党。大力助推袖珍国家，根本改变生产方式，逐步改观生活条件，快速改善内外政治环境。借世界贸易组织，着力于境外边缘资源战略区，战役要地，战场必争点，战斗必需物。特别沿亚非拉交通要道，独立岛国，建设交通旅游基地，以便守株待兔就近出击。破坏对手基础设施，供养条件，通讯网络，牵制，分散，阻滞，消散其战斗力。明知事难办也要再加三。

2　时机

军争，国之大事，死生之地，存亡之道，不可不察。在美俄中三大势力中，美方联欧日压中俄，未必敢打冒险，多属苟延残喘之计。局部一时冲突，敌动即动，便是抓住了时机。

本来，多极争天下大势，形势至少有三：(1)形成美法俄中四主极格局，(2)形成北美、欧盟、亚非拉三大集群的政治民主阵营，(3)形成中美主导全球的共和域。在自觉建造，自主从事多极化的战略部署中，援非洲扶南美，助俄推美制欧是上策，推美助德裂俄是中策，联俄拉德制美是下策。

事与愿违。美方曾践踏联合国宪章，动辄武力相加。美方蔑视天下，一贯挑起事端。美方借口“911”事件，对内实行严苛统制，程度超过被其放肆攻击的克格勃。对外强用安理会印章，侵犯故旧主权。无事生非，不怕自食其果，摧毁资源，肢解逆意国家。为非作歹，占据战略要地。儿戏政府法律，煽燃仆从权欲，收买拉拢，集市动乱翻天。更有甚者，重返亚太，剑指中华挑衅。

美方到处搅起社会沉渣，不断策动多党纷争，教派冲突，煽起邦族对抗，疆域分裂，伤平民如踩蚁，毁家国如覆巢，殖民余孽生杀予夺，弱小家国生死存亡。参与群众斗群众，是平静自身，搅乱对手阵脚的良方。

近些年来，部分只顾自保的近邻，心口不一，多方勾结美方，唯其马首是瞻，危害和平。以其人之道还治其人之身，理所当然。主动吞吐外汇国债股权，松紧进出货物批量、金融品种价位。添乱制胜，损失未必大于武斗。估计几年内，不但力所能及，而且收获有望。

不战而屈人之兵，既是主动开放本意，也合多数愿望。外联多年，纵横捭阖，关键时节必显功用。共兴“一带一路”，入“亚投行”，再见人心向背，加重霸权失势状况。千方百计让对手应接不暇，在世界上丢人现眼。

在这弱肉强食世界上，主动借联合国声势，再三倡议：只有联合国全会3/4以上认可，才能公认一国军政合法地位。全球安全责任，维护地域和平，制止国际军事冲突，由联合国的维和部队担当。某个集团独自干涉他国内政，进行军事侵略活动，是破坏宪章的犯罪行为，将被国际法追究到底。

美日借海疆实控权在南海生事，终须通过航线规则、岛礁建造等解决。造浮城开发划给洋城，协议诸大洋利用问题。若美方敢冒天下之大不韪，则用南海抵抗契机，平静台海机遇，借地中海边叙利亚形势，军国主义挑衅，联俄进行东西大战，直攻北美本土，毁其根本。以量补质,以多胜少,尽快早战为宜。

台湾国民党,想借新加坡与中央会见,抬高政治地位保身价。民进党因此想入非非,想求得与中央平起平坐身份,梦想缓步实现分离。防止美日用保现状口,助长分裂事实。两岸会议,强调一国两制,和平统一,交回外交军事主权。保卫南洋台海安宁。台湾地方,应该口惠实至,不去勾结美军真备战,否则破坏现状,须承担一切后果。假若台独得意,倒是提供提前统一条件。

3 并用

国际斗争,最终难免兵刃相见。战略攻防,一般多方迂回,多重联动,重点隐蔽,避实就虚,出其不意。战役进攻,多取攻其所不守战法,战争防御,守其所不攻。要与“核威胁下的信息化战争”对抗。整体劣势可用局部优势改观,局部优势可用临时快速集中反应实行。

面对超强技术兵器偷袭,要发挥人民战争威力:野战军为主,专业民兵为辅,基本群众资源做依靠;战役中,太空网络为先,海陆攻防,空战为重;战场上,部队各有所用,协同为重,各军种兵种指挥同一;驻地防守,运输供应,救护补给,地面围歼,警备区地方民兵为主力;主要技术装备,空天海陆网特,协同战役战斗。适时适地各显其能,都围绕海陆联动战法、空天游击战术展开;始终以全毁其战斗力、有生力量为主要目标,在使用好自创的高精尖利器,加快战斗进程时,别忘记随带陈旧甚至人工装备,以保万无一失。

生化武器,热核战争,可防万一。现成兵器克敌制胜是常态,少许异样兵器称雄难改大局。势均力敌,龙王斗宝很少见,针尖对麦芒,持蛮力硬拼,属下策。不对称陆外战,避难就易,成为主要的战场战法。战斗不对称,战场不对等,战略不均衡才是历史真实。美方所谓“非对称非接触作战样式”,真是少见多怪,讲非接触作战,主要是吓唬弱小孤软势力。

即使拥有大规模杀伤性武器,仍然要四散资源,机动隐蔽反击实力,形成战线战役,战场战机均不定态势,使对方非接触战斗火力,目标难觅。先发制人的非对称战术正被重视。先发制人主要用非接触实现,在特别突出的非接触战中,技术平台是基础,信息传输是要害。军兵种协同求集中,排定轻重缓急,在于出其不意攻其不备。

美方惧怕中方就近反击，陆军后撤关岛，四处拉帮助结派重兵太平洋壮胆。其基地航母群，不过是飞机导弹靶子。毁损太空耳目、光缆雷达为先，重装实力山林深隐为重。高空阻障属无奈，贴海群攻是被迫。分散对手战力，劳动疲师于旷野，火力覆盖讲突然。准、快、狠。永远不要四面出击。抢先机，争主动，重协同，周准备，细安排，减牺牲，添胜获，坚信念，始终是培养指战员的要领。

现成生产线，足够生产大量简洁飞行器。高强度轻型动力机，木质复合材料当骨架，帆布马粪纸塑料布做蒙面，隐身性优的一次性无人飞行器便可随地安装，让其在山荫短路口起降，迅速形成庞大攻防力。

启封伊尔米格民航机大气球生产组装线，改装成无人腹装翼挂，附加自寻址及两个以上助推器的重载各型飞弹。或者带飞3级重型巡航导弹，在预设坐标点处，在高中低空甚至贴海面释放，长途奔袭中，几级推力使其达到极高速度，分导变轨，各级加速到敌方无力拦截时，各自攻击预定目标，其战斗作用非同一般。弹道导弹在安全域升空到百十公里，分导加速，在临终前多弹头择时正轨，以十几倍音速奔赴目标，让其防御系统即使反应，也无时应对。

可惜材料性能，冶金质量，强劲动力，灵敏感传，不尽如人意。特战试用土方，破装甲、坏基地、阻通信、断交通，未必无果。沿敌来路两侧，从己方前沿到敌火炮射击处，借地形分散隐蔽战斗小组，就近侧后用便携速射火器，烧坏装甲轮轴，弹药车辆，实施容易，技术方便。用武装小分队，携轻便火器深入现场，用水火做大规模武器，关键时刻，破阻后勤网络雷达，未必效果不佳。

4 南洋

与美对奕，全国一盘棋世界一盘棋。北联俄国自卫，东联朝韩，安稳近邻，备战日本海，专注东南星火，多找太平洋战役支撑地，营造环球无形战线。外交开路，经贸落户护航，在亚非拉战略要地，太平洋印度洋战役要津，帮助地方实力派，开辟共同繁荣市场，预伏奇兵于其中。当年华人下南洋繁荣当地贡献大。现世远行亚马逊刚果河澳洲东岸，大洋诸岛更创辉煌。

现在，组织志愿者，到南海岛礁划地兴业。飞机军舰护送大货轮,渔船,组成混合船队不断往来。用大型旧集装箱船落滩为基,炸岩开洞建水下设施。填海平地植被,围堰护田养殖采集,修房建码头停机坪。大兴土木不断航运,破坏空中水下窥测阴谋,开辟指定航道,取消漫游旧例。大张旗鼓惊动四野,吵闹官司此起彼落。政府严正声明,主权在握,共同开发,取缔非法侵犯,独自开发。利害所在,庞大船队必须自卫,华南军政快速救援事在必行。

进场黄岩岛,边勘测边设计边施工,就近借重菲方业主,采开建材,租建码头修理仓库,兴起生活服务集市,在民间合约基础上尽力促进与当地政府往来,在强调历史渊源时,共谋贷款互助,长期发展大计。假设善意受阻产生变故,应强力维护合约效力,直到收回台湾为止。迫不得已,不惜一切故占吕宋岛西北部山地,建南海东厢屏障。宜早不宜迟。

眼下美方实力分散,口舌将多于行动。乘外势逞司马昭之心,外交合解南沙被占岛礁问题,让金南湾失去近东屏障。良机不可错失。为久远计,不妨先重点建造黄岩水下基地、永兴地上机场。再造南安万安立威和南威太平礼乐礁等场所设施,互为犄角,构成离散岛群直升机互援支撑阵势,以太平岛为中心,掌控百十万平方千米资源使用自主权,每年花上千亿元,何必挂齿。

缅甸扼两洋连云南,地位作用非比等闲。用好这个西南门户,多管齐下。重修实兑港瑞丽输油管等重大项目,顶好劝其实施共同保护责任。乘势加大资金技术投入,帮助这个初级市场加快发展,帮助其安定环境、稳定社会、改善民生、巩固政权。吸纳实用工商医农技术,兴办交通沿线经济带,巩固加深长期合作。

从长远计,宜与缅、泰方协商,在克拉地峡开运河,由中方负责组建投资股份有限公司,按通过最大油轮设计,建立两端经营沿途护卫设施规则,将振奋华人世界,吸引友朋助势,推进10+3合作,促新加坡当局清醒。

(四)战役

台湾势力得美国支持,数十年来,欲谋分立。台湾事关久远大局,非其它利害可比。美方支持其进行武装叛裂活动,逐渐明显,中央到了表现维护国家一统气势威力的时候。只顾个人生活资财,不顾国家长久利益的部分人员,可能成为潜在反对统一势力。认贼作父的台湾政客,极可能装聋作哑,甚至负隅顽抗。

有心一统的国民党元老,今已日暮途穷。受西方意识支配中坚辈,历史传统影响尚未根尽。被西化年轻一代,不为统一作想。顺从日本殖民的买办余孽,正在得势。台独势力,政治根基浅薄,人心不齐,稍加围困,难免捉襟见肘,怨声载道。军政吏员一时难以换尽,军心更难一时统一,执政地位十分虚弱。关键要紧处,行政作为受制,若加攻剿,就会指挥失灵,众叛亲离。

摧促尚受元老影响的国民党认识,两岸应可海事开始,用经贸照顾,缔约盟和等,开始外事军事往来。从钓鱼岛太平岛开始合作,主动宣告美军当年私授转让托管硫球等地事权的事实,举行维护海权活动,同心同德,表现对一国两制的确认。

当年陈水扁,奸谋得逞,骗取台湾地方政权搞分裂,力图改变两岸政治性质,中央政府再难袖手。最终想叛离大统一的台独,希冀在美军卵翼下苟延残喘。和战两手有备无患。

1　准备

从前靠武力得到的东西,现在可通过经贸投资得到,甚至更多更广。企业先行,金融跟进,逐步掌握其市场命脉,必要时兴风作浪,让其自乱屈服,以和平统一作主导,未必不可。

万一和平统一落空,坚定寸土必争针锋相对言行,因此而起海战兵争,以二炮反攻为主,空战为重。当年,马里亚纳莱特湾海战,还是奇袭得力。美军蛙跳,战场空海协同,海陆配合。将来,空战重于陆战、主持海战。航母海战,空战为主要,陆基空军二炮尽力协同。空战将主导三军联动立体战,超高速自寻的巡航导弹群,将是战场主要利器。

在战线战场随意,超视距炮火强烈,打击精准的时代,战争一动,最忌为保守一点家当而自缚手脚,局限于岛礁之类弹丸阵地,而不以远程机动兵力,甚至动用大规模杀伤武器,毁尽其战略资源、战役补给、战斗潜力为意。钓鱼岛黄岩岛战略地位重要,尽快固礁建基地,海空犄角成势。大规模空战演练,怎及南海实战多变。准备全面周到细密,还有许多事情要做。家境小康的政府人士、事业单位职员,应主动做国家统一的带头人。

痴迷法理人士当然明白，争保政权，从来不讲现法，反要自行设法，胜方执法。国际纠纷从来是强胜为法，难道除借口外，真有依法打仗的例子？岛礁问题纯属内政，适时而动纯属主权，美日为何置联合国宪章等如度外，横加干涉阻拦？干涉是违法，阻拦是违宪。二十世纪七十年代中美政府间约定，本来就算法理，为何今日美国只当儿戏？千万不可对牛弹琴，自以为乐。

假使美日在钓鱼岛太平岛闹事，战火可能波及台湾。海上战役谋划，不妨做三重部署：组建临战军事系统；应对美方插手；应对核威胁。实力悬殊，无预案的实弹自主对抗演习，应多加排演。声势愈大，实力显示，可望收兵临城下或不战而胜之果。

据地广人多、现有实力、动员能力、持久能力，不等美方上阵，沿岸局部海战就近收尾。美方出兵参战，超出内战范围。万一美动用核武器，应在第一时间全力回应。攻其资源要地，毁其散布实力，不可半点延误。美方依仗NMD拦截无济于事，数量未必足够，天气未必帮忙，反应未必及时，信道未必通畅。在广阔范围对抗，美攻击效果有限，万一事出意外，应借上合组织等势力，以立体多方不对称阵容，动用卫星网络或人工侦破方式，组织各自为战阵容，群起而攻之。悬无法之令，施无政之赏，动员一切可借用力量，作决战北美安排。全核大战在美本土展开，美国将遭受资源尽毁大祸、众叛亲离后果。这将有利于台海战役，限定在内战范畴，获得随意作战条件。

2　指挥

局域战争，就得失而论，虚张声势，出物出钱不出人，是美方所好。但仍要作其上阵的万一部署。始终按全面大战来策划，海上登陆临战指挥系统，按动用大规模杀伤性武器，特别是卫星、网络攻防来安排，争取迅速变被动为主动。为此，组建战略方面军，设A，B两个诸军种合成天战集团军。A集团以大规模杀伤性导弹武器为主力，警戒全局，特别是卫星安全，北美关岛印度洋南海方向。B军团以中程导弹为主力，警戒战场必须空域、重要方向。

正面登陆攻势，组建战役方面军，至少设C、D、E三个地战集团军。指挥大部空海陆军，准备民航机，大量动力飞行器，舰艇船筏商船在海面作战，充足首批登陆兵力，备以万计配装甲火力的汽车供使用。

C集团军以空军空降兵为主力，在岸基炮火准备时，飞机配合，攻击纵深隐蔽目标，亦起首战及维护战区空域安全作用。

D集团军以海军特种兵为主力，临水作战并夺取登陆场，展开沿岸攻势，策应E集团军侧翼后方。

E集团军以机械化陆军为主力，是在战场消灭敌有生力量之中坚。

各集团军取诸兵种临战合成形式，战场上改用战斗班、哨、场建制。基本战斗单位叫战斗班，配备打飞机破装甲、毁坚垒、克化学、渡险隘、保运送等强效临阵组装器械。其静态战斗力不低于一个营，人员编制因战斗任务和装备专业而定。

各班宜用双三角结构整体运动，各班前后左右联动，五个班进退，可用前二后二中一，联动成H型战斗队形，两战斗队形依地形战势变动，10个班由一个哨指挥，10个哨由场指挥。收散进退有序自如。装甲火炮运输车辆足够附行，构成一场作战序列，集团军派几个指挥所，监督场哨行动。

陆上战场，E军主力在主攻方向线路上，穿插分割围剿。D军协同，C军配合。后备役各式干部领大量民兵跟进布防，提供后勤保障，开展善后治安工作，愿留守将士农民工，将是战后建立全新社会结构的梁柱。任务细分在前，打响后各自分片主动，尽量减少无线联络减少指挥层次，以利快速应变隐蔽防袭。战线出现意外重大战况转折，由临战方面场所调动应对。各集团军不以占地为荣，以全歼顽敌为胜，些许事出意外变故，亦预备场哨出前清理，不影响在战班哨一鼓作气推进。

3　速战

迫不得以而用兵时，潜入、空袭、炮火准备及时足够，多路多批，几路佯攻几路空降，以量补质。正面大举进攻，始于B、C两军火力准备：利用天气间歇，选机场海港营房军人聚散地，物资配送点，海空补给线，电缆网站雷达房，导弹发射地，输电变电所，反复择要摧毁。同时，C军特种兵，在战役关节处、军需储备、导弹游动路上空降，建立前哨后续据点，随机定向扩展。在C集团配合下，D集团军亦在最短时间内，清理海空运输通道障碍。平扫真假登陆场周边，展开沿岸攻势，吸引分散敌机动力量。其布防分散单薄，如再到处设防，定难阻挡大军抢滩登陆空降首战。

凡战，以正合，以奇胜，方案愈多正亦为奇，临战立定，让敌方防不胜防，措手不及。择其防守薄弱，甚至未守处，尽快建立两个以上登陆场，便是首战胜利。首战，大量舰艇船筏混合，几路并出蜂涌而至，数千个飞行器新旧互掩，分层分批铺天盖地，再多精确制导武器也会无能为力。舰炮侧后掩护，艇筏清障开路，机帆船动力筏输送重装军需，大量消耗对方有限攻击能力。确保首批主力，退役民兵后备役兵力足够，以便他们就近收拾军需给养，清场护卫。前后衔接左右呼应，水上水下封锁到位。

正面战法多样，战役方面军分进合击，令其举止失措。先期借商贸旅游往来之际，探测地形地貌坐标情况。声东击西出其不意，空降兵四处牵制，策应主力。多路多批，在其不守处，迫使对手，耗尽储备无力顽抗。龟缩隐散，逐个被俘。

开仗后，沿交通线或山野歧路一鼓作气推进，估计将士同心协力，加上高价收买先进装备，奖赏起义者等措施，就算是台湾，可在短期内消灭反抗主力，尔后加以时日肃清残部。月余可定大局，隐蔽之敌则由治安部队，争取当地民众，封锁断供围堵到完全解决。届时登顶玉山，向东举臂高呼：今日长缨在手，何时缚住苍龙！

4　防御

万一美方不顾一切，在炮火准备阶段插手，用空中优势阻断海路，用其同伙标识，破坏内地铁路枢纽，高速路桥，干扰卫星通讯，制造社会恐慌。A、B两军团负大后方安全，可能遭遇防空重压，各级政府，各地人武部有组织高地对空观察，低空防御责任，有将兵员物货，多经公路运送及时到位等任务，党委起监督作用。

本土防御重点在防空。由警备区指挥人武部，率防空专业分队基干民兵，沿空袭来路重要合适区域，随机筑成多重多层防空火网，中近距，高中层导弹部队机动设置，组织出足够的快速反应力量。这种军民联防有序，军政联络可靠的防御阵容，必须多加类真演练。万一空袭变空降，关键地方便须在地面对阵中，作尽力一举全歼准备。

战事一起，可能他国助敌。上合组织可起隔断其陆路来犯作用。缅甸、马尔代夫、马绍尔等有扼其海路作用，埃及、巴拿马更是咽喉要津。让予伏在各要冲的势力大显神通。外交经贸台前幕后任务繁重。争取中间势力到时拉后腿，民众反战帮倒忙，都宜早些付出。中联、统战、政协真有大量利害劝说工作要做。

准备声势愈大，不战而和的胜算愈大。大做战备，难在上层都始终意志同一、市民不惜牺牲万众一心、将士齐心协力义无反顾、个别作奸犯科无地自容。难在因习惯装备现代化、战斗正规化，而轻视人民战争宝贵传统奋斗精神，放弃自主寻机以多胜少的战法战术，也不想用美军摧毁非军用目标，伤害平民妇孺的伎俩。难在各地各部门，千方百计主动组织准备，全力动员社会各方各层力量。

防边渗透，防谍防奸，防泄防谣，防疫防乱。张大网捕小雀，费力，低效，成本高。建立直升机巡查网，用于边防。明松内紧纵深联防，随机出动立体多方，加大边境开放，拓展邻近市场。各基层政府可靠团队，领引住户互相监督，打一场各自负责的人民战争，值得试验归纳提炼，到时推广，公安任务多项。

(五)能力

军事不对称是常态，以防为基、以攻为主的战役安排，服从于天下格局部署。美军改核弹为常规，进行最露骨的兵争准备。形成陆外战为主的结构部署，时不我待。在特别突出的非接触战中，导弹精确打击很关键。尽快提高传感器灵敏度，复合材料物理性能，大功率发动机，不惜人力物力试验应用。

缺乏实战考验的军队，预先靠实兵实弹演习提高战斗力。实弹效用，全赖专业官兵，尤其是后备民兵骨干运用技术能力联动保证。习惯成自然，让卫星预警无人机始终覆盖监视战场情况，随时有效参与战斗全程，在空战为主的立体海战中更加重要；兵力兵器不对称的战线方面，靠总参、战区、集团军将士谋划统筹；战场不定实力不等的战役中，靠兵种合成师、旅级首长灵活指挥，使攻守阵地择机换位，兵力择地随机集散；随机接触战斗，靠校尉士官临机应变勇敢顽强。

抗兵相加，不但要意志，而且要工具。兵器储备，生产组装，修理营地，着力完善所有操作保养工序，培训改进工艺技能，实现志愿士兵专业化。美方一向争先，多管齐下，战争机器举世无匹，兵器超前层出不穷，却压弱小扫地雷、毁生化自拆篱笆，还硬要削这减那，自捆手脚，透明到一目了然，不过是便其玩弄宰割。为保主权，掌握超视距精确打击移动目标本事，以及组建特战人员进行隐蔽突袭能力，以色列表现尚可。

海战实重空战，毁阻卫星网络耳目是序幕。组织卫星参与海战空战联合演习，补充无人及隐形空战大战技能经验。借战火战场，从重型高速飞行器上，远距离寻点发射精准自寻的超高速变轨分导巡航导弹，检验空战能力。勇于循迹接近，用散射动能块，强力波，击毁对方攻击导弹隐形机，利用近身搏斗机动高性能，去取得空战胜利，应是机件设计，地面模拟，空中对抗的重要方面。

1 兵器

局部战争是强势所为，弱者必须不受限制伸展，阻滞损毁战场外实力很正常。搞龙王斗宝很少见。随时启用大量现成简洁实用飞行器。各种飞行器，新老不同，速度不同，高低不同，火力不同，作用不同，只要适时到位，协同一致，非对称空战有望以量补质获胜。空中有人无人、金属竹木、新旧轻重、十几倍音速及慢速飞行器，铺天盖地；若同时用水下兵器和大规模杀伤性远程精准武器，再强基地，几个航母群，又怎能漫不经心集结，随心所欲攻击？无数透明气球，高空轻型无人机结成幕墙，加上毁卫星、断网络、强干扰，隐形机岂能来去自由？南联盟战场，隐形机被击落，山洞中装备多完好，足见狂轰滥炸，对隐蔽目标效果有限。

西方贩卖唯武器论，除企图鼓舞军人斗志外，还有：(1)帮助军工产业找出路，(2)吓唬对手讹诈无知，(3)动摇中间势力信心，(4)给仆役民众打气，(5)推卸失败责任。

美方兵弱器强，仗势欺人，全靠科技器械实力，太空攻防易独行，即使损伤，不比完全摧毁效用差。要使太空和平用，误导数码，超导电磁激光派用场。通讯换代要跨越，设计标准要先进，跟踪搬抄要克服，先行创造要强调，在落后技术赶先进时，先进会更快先进，只有超越才有希望。关键在设计创新，驾趋势、创前提、开未来、争先行，奖励科技人士敢想敢干，吓人航母也要力求好上加好才面世。

被热议海战平台，多带示威欺弱性，并无大国决战决胜长处。在超重型远距离飞行器短缺时，大洋远处，为增大载机品种数量，加快起降率，降低水下受损率，大幅提高本体攻防生存能力，中间核动力泊位船，与两侧靠近航母船伸缩式廊道刚性联扣，可营造3U型拼接式航母平台。临战前，拼装成抗风浪整体平台后，用强大核动力带动作战，既加航速又强远矩攻防战斗力。其持久战斗力应远大于双航母，而编队应少于双航母战斗群。其拼装运动中技术缺陷，可通过水文水力水工实验室模拟发现。其防空能力亦可模拟预设。

提升攻击性装备机动速率，如巡航自寻的导弹分导、远程重载空运等高超音速、远视多目标先进水平，事不宜迟。战备事关主权国运，何必看人脸色、理采蜚语流言。追加必要经费，鼓励科技创新，不可小气。美国二战以来数十年如一日，难道用的军费还少？

某些保家底心虚人士，企图借海上空中网络优势恐吓他人，没想过斗智不斗勇，避实就虚，柔以克刚。几件太空利器对地广势众对手作用有限，且无法同时保证导航条件、供养基地安然无恙。智能战具，难逃激光烈焰陷坑之灾。用多频段灵敏度极高被动接收天线，或多地安置高灵敏度大功率集束性射线器具，数地共一电脑，多处同一定位，同时多角度发现隐型机，无人机活动。只要卫星气球视力足够清晰，任何飞行器无处遁迹。黑客在网上横冲直撞，谁能确保光缆站点，卫星信号，甚至本人刚好无恙？民兵，陆上特种兵作用广泛。

当代兵争态势要在技术，重在地外。机动带甲陆军，多用于保障运输基地安全，围歼深入侵犯之敌，出国特战，攻城略地，收拾残局。

2　战力

以多胜少，速战速决，乃是歼灭战的战斗要诀。用武器加快战斗进程，还需对手硬抗不知进退。当然，快速精准超视距强烈攻击力不能轻视。要全力强化武器效能。作战平台，突飞猛进，战斗技术日见复杂，技术干部为主，按装备配备兵力的编制必将出现。把地方院校专业人员，不定量招入军事院校，补足军事知识，迅速扩充专业军官队伍，反之亦然。

战场战斗主动，首重快和先。先知先手，快变快定。弱小以量对质，不怕局部损失少数牺牲，不宜等候装备足够对称打仗，多从战法战术运用中添实力减损失，现在难道还不如井岗山延安时期？战争核武器对资源财富集中财阀危害最大。地广人多，资源分散，气候多样，地形复杂，山林茂密的公权不怕它。在机械化信息化对抗中，发现提升现成战斗力的途径方法，是质量强军中心，亟待培训操练完全。高级别指挥战法演练更重要。

空天地海网特各军兵种，新旧兵器联动，资讯指挥行动，及时协同到位战术，整合同一，是军事系统的主要性能，是战斗力实现的前提条件，也是军事体制改革中心。

数十万武警特种兵，将是陆战骨干，值得全面强化内容培训。每年调集专业军官士兵序列，轮换现役兵种人员，或新编多兵种合成师，形成临阵编成机制。苏联卫国战争效果不错。平时多养骨干少养列兵，战时由基干退伍专长民兵补充满员，分出百分之六十以上军费，用于完善提升装备攻防能力。

战斗部队临阵编成，看似官兵各据，难以整合，其实不然。纪律命令组织管理思想教育，任务要求利害安危，都使上下同意左右同德，全体同心步调一致。古往今来，善于治军者，无不严字当头，同甘共苦，强制形成统一的目的、使命、责任、荣辱感，高级干部当然不会遗忘于此。

武器能加快战斗进程，但它只是战场性静态战斗力。使用它的人是主动战斗力。两者协作形成基本战斗力。单兵作用有限，经集群组织而成联动战斗力。管理指挥，调动变阵，协作协同，人人奋勇，联动出功能强大的动态战斗力。我军攻无不克，守无不坚，战无不胜，是因为动态特强。系统内在因素决定的战斗力，还不是现实战斗力，只有适应当地环境，又经与对手较量后，表现出的全部战斗力才是现实战斗力。

若要锻炼战斗力，收拾纯属内政性的台独势力为先。再收拾西藏叛逆永绝南部后患。收回菲非法占据海域为上，教训越南当局安分守己为下。早日统一台湾，可能被美日扩大为台海战役，则取全局大战形式。小战不如大战收益广远。

战斗力，与时俱进。从系统内外关系的同一中，发现加强提高战场战斗力的途径方法步骤，是质量强军基础，是发展中国家独立自主的依靠，后来居上的支撑。先手在独特无人宇空信息战。如果军队在战时，官兵皆能依据安排，适应战场自主作战，友邻能及时全力协同，在平时，模拟对抗得奇计，专业精英创新招，全民参与的立体性社会化游击战，试看天下谁能敌！

3　战法

不以保守固定地域、固定财产为主要。军队主力，民众资源配合，择机寻地，分散实力以防御、集中力量以进攻。战役战场上，游动战斗力，及时迟滞破坏对手攻击力，以多常规对少尖端，取得局部优势主动。散布于全球的蛰伏力量，就地组装新旧武器，随机就近，猛烈袭击静态对象、运动目标。社会化游击战，即使在城市，在全球，也是行之有效的人民战争战法。

始终把握或分散对方路数，局部妥善安排暂时优势，临机集中实力，灵活现场对抗，胜利在望。红军八路军解放军，利用资源分散条件，当地社会传统，军民鱼水情，团结如一人，转弱为强，大获全胜。

待时机到来，展开陆外战攻势，主力跟进敌境，作集团运动决战。战争中运动战，可算是集结必要兵力进行的大规模游击战。这些以防为主，防中有攻的战法，在孙子兵法和毛泽东军事思想中有原则和细节阐述。西方军事学界，不过邯郸学步，不足过虑。

看似恶行敌意，其用心、结果，未必始终无益，反之亦然。二战，英法败在定势常习，八路军积小胜为大胜，要在用兵奇异。任何规划，如市场调济计划，都不宜被人预知牵制。开放交流，内奸可能多处存在。谋略多方，泄漏可误导，临机再选择，让对方防不胜防。国之利器不可示人。实力展示以接近为限。不可示人的利器，以便携组装高效高速为优。

从技术入手，改善卫星超导聚能、火箭导弹飞机高速重载功用；还可用自动飞行器，如带动力的滑翔机，气球禽鸟玩具，寻综炸弹等，分层分区，在其视野内随时反击对方隐身飞行器；破阻其雷达信道正常工作；破损卫星导航设施，指挥网点。机器小鸟毁雷达，潜行海兽沉补给，阻滞运输摧毁保障，荡平集结消灭资源，解除其当时及持久作战能力，自控灵活对抗，是陆外战主要任务之一。

美方诸方面的不断挑衅，使军事准备也全都完备起来。随着其部署军演，战略战线战役任务随之清晰。不对称随机对抗训练，让战场战法，战斗战术，随之完善，虽然不及诸如平静南海、解放台湾实战可贵。

军事准备，战场战法，战斗战术，大多深藏不露。透明多是欺骗把戏。核弹是最有效的非接触利器。所谓“无核世界”倡议，不过是武力超群美国，继续称王称霸，有恃无恐的虚情假意。内行军事专家，有必要看透公开言辞，如“国家战略”等本意，不被其声东击西谋略所惑。抓住对方真实的战略意图，战争方向，战役重点，时不我待。

4 战术

军事兵争是最能集中表现智能智力场所。三国演义，曹操智能超群，刘备得到与鲁肃见识相当的诸葛亮相助，才得“三分天下”战略规划部署实现。缺乏战略运筹、战线谋划、战役安排、战场战法修养，战斗战术再充分，袁氏刘表辈也败下阵来，勇冠天下吕布，力胜三军马超，仗蛮力招败亡。八十万禁军教头林冲，总被势利小吏算计，忍恨而终。唯武器论后果与此类同。

二战以来，发达成员更加贪生怕死，总体败多胜少。靠宣传唯武器论壮胆的美军，虽有几件利矛却少坚盾，还被不耐近战血战、久战消耗战的怕死鬼操持，其战役战斗力绝难持久。侵犯中华，大战久战、贴近战、血战，只会增强抗争到底，同仇敌忾意志，坚实社会向心力。

美军一味照顾自主私欲，战斗力只好主要靠装备。被吹得神乎其神的利器，会因放置环境、使用条件、保护不周，恢复不及。强大对手则由被动变主动，战争结局另作别论。在地广人众的环境中，遭遇远距离精确性攻击、大规模杀伤不对称战斗，最佳攻防属分散游击战。塔利班是近例。远距精确打击，需要坐标指引，民众提供远比特战队广大及时，叙利亚复兴社会党坚持战斗，经验广泛。反对派杂乱无序，若非美方支撑，难有作为。

美方与越共交锋，强弱对抗。美军劳师万里，海军变身后勤，陆军多路自削锋锐，沿线驻防自减其力，孤军深入自断其后，山地丛林装甲难驰，地道突击航空无力，近身相搏炮火无用，美军被动到对手难觅。

越共外争强援，战场不争一时一地，不怕损毁坛罐，军民联动，择地伺机，临机应变，始终以削弱敌方战斗力，歼灭敌有生力量为目标。形成局部战斗优势，攻其不备速战速决，游击运动总操主动。丢盔弃甲美军，为保少爷兵活命，开始用立体少接触战术，空中寻敌攻击救援撒毒，虽有小获，无关大局。兵器精良强兵，不敌兵器陈旧民众广泛持久战。

北约这些年来甚嚣尘上。侵略军刀，专杀弱小孤软辈。不对称作战，显露其外强中干虚弱。一旦战事久拖不决，损失一大，社会就会反战逃避，一旦本土遭殃，交通不便，战火烧身，断电断供，社会必定动乱，政府必定众叛亲离，部队必定反戈自立，何况世界有多少人，盼望乘火打劫发财。

信息战软硬兼施。硬着不可轻视。精确打击靠信道支持，信息传输成为美方非接触的脊梁。空中信道可干扰，通信卫星用自寻的飞行器破阻，或用太空超导电磁技术阻滞损伤，并非做梦。着人装扮成居民住户，就近施放玩具，损伤网络后勤线路器具人员。配合黑客攻袭，群体阻塞信道。届时手传电报，牵线电话，隔山旗语，无线话机都很有用。期盼早点改除那些搬套现成，只求洋化心理。

珍重传统势力。强大现今超群实力，特别是陆外战斗力。双方从空中深洋攻击目标的非接触战术，可称陆外战术。迅速全面提升飞行器的性能功能是陆外战根本。形成陆外战术：一，拓展前人战术；二，参悟外军做法；三，从实演中获取提高；四，用对抗实战证实。台独决战境外挑衅，提供实战良机，只要适度，就是拿菲越在西南沙演练也未必不可。

（六）信心

实力已在，就近动手，敢于大打人民战争社会战，获胜指日可待。清末和国民政府时期，执政层大政方针和行政方法以保全为主，害怕人民战争，从而辱国丧权，与劳力群众分散，风马牛不相及。陈胜振臂一呼，千军万马，太平天国一声号召，群起响应，八路军敌后迅速壮扩，首先依靠分散群众及其社会资源，其次组织方式正确，再是社会爱国传统根深蒂固。

曹操数十万大军南下，分路并进，前后拖累，战斗力分散，救应迟缓，待到火烧连环，便溃败难收。声势极大的符坚，经不起肥水局部一战。战场上，绝不被其势汹汹所欺，而要集中主力攻其一处，彻底全歼。诸子百家、兵书谋略，传统方法历史经验，灵活取用不尽。立体多方不对称阵容，不时进行各自为战，无预案的实弹对抗演习，多多益善。

兵争属军事对抗最后阶段，二战空战海空战虽可借鉴，但兵争该出新戏。基本军事准备须在用兵前：设计战役展开过程，意外战斗方式方法。充分条件，特别是应付意外突现事故危急措施。因利制权，令下与上同意不畏危。修道保法，政通人和整体运转如一。择人任势，修营垒左右步调一致。索兵虚实，知彼此扼要周全。计较当务，责成实办轻重缓急。保存自己歼灭强敌，发挥智能，最有实战意义。明知事难办，也要试再三。坚持不懈。

其防不胜防还在于：派庞大商船队，或机帆船渔队携带拖曳，掩护潜艇静默于黄岩岛西、钓鱼岛东、兰屿以东深水区，或在大洋航路合适处，甚至北冰洋近岸处，及时掩蔽其必要活动；美日反潜有劳无功；加油机反潜器，自身未必无隙可击；关键时候使台湾顾大义，菲律宾改投明主，使新加坡有心无力，澳洲自讨苦吃，所谓岛链又有何为？避实就虚，声东击西，断信为先，空袭重点，入境全歼，是现今用兵真谛。

美方总是不敌，不但因美军现实战斗力弱，更在于中方非同小可。外有大多数发展中国家拥戴，前有长久广泛的斗争经历和兵争艺术；现有全力以赴的组织体制；尽管政治经贸制度今非昔比，但爱国主义集体主义尚未湮灭；民主党派如鱼得水，量力而行难以临阵脱逃，倒戈；历次政治运动和长期理想教育，主要否定意识少有市场根基，少数另有所图智者难成气候；多数打工者生活有靠，广大农村历史观念根深蒂固，在外势强压下，十几亿人同仇敌忾，维护家国的潜力无穷；基础即便裂缝也难崩溃，况尚有以亿计党团员在坐中坚。快战速战比拖延缓战有利。调剂战场内外联动，主意定在战前。

战火一起，直烧对方庭院。一直被压抑的势力，定会奋勇当先伸张正义。以市民生活方式为主的西方，多数白人傲慢自大，好逸恶劳，不事耕织，贪生怕死。一旦战火烧身，现成消费丧失，社会必定散乱。待到尘埃落定，友朋尽散，财货尽毁，民心尽失，实力尽亡，国土尽丧，政权制度称霸欲望均成泡影。为财阀效劳的政客丧失统治对象，国家丧失保护能力，财阀死无葬身之地。届时少爷兵倒戈相向，同伙反目，友朋他顾，联合国自主。中方浴火重生，倚仗人多势众不竭资源，威力盖世界，得心应手安天下。

在全力加强重点，壮扩己方势力，到足够禁慑对方时，主动伸手言和，以俄中德为骨干，构建全球共和态势，同时让联合国发挥齐平天下作用，估计要到下世纪才有现实性。估计再过二十年左右技术储备和科技生产力壮扩，我国将成为实力雄厚威力无比的世界主极，不说眼皮下的台湾，就是日本也得收敛，美欧北约不敢轻举妄动！如果独自主张，又恐事与愿违，宜争取强势联手，主导世界新秩序安排。

第六章　意愿在

在人造事物日益起主要作用的人世,《老子》通篇都在表现社会人文事态,如:

自古及今:“天地之始,万物之母;太上,下有知之;能记古事,是谓道纪”。

社会生活:“五色令人盲,五音令人聋,五味令人伤,驰骋畋猎令人发狂。厌饮食,服文彩,带利剑,财货有余,谓之盗夸。非道也哉。兵锋过,朝甚除,田甚荒,仓廪虚。难得之货令人仿妨,贪婪足欲令人损亡”。

意识:“不出户,知天下;知,不知,上。不知,知,病。夫唯病病,是以不病。贤达不病,以其病病”。“为学日益,为道日损;绝神弃智,民利百倍,绝仁弃义,民复孝慈,绝巧弃利,盗贼无有。此三者不足为文”。

中坚:“孰能以有余奉天下?孰能浊以久静之徐清?孰能安以久动之徐生?孰能众以久伺之奋起?唯有道者”。“古之善为士者,善行无辙迹,善言无瑕谪,善数不用筹策,善闭不动关键,善结不必绳约”。

阻力:“贵其师,爱其资,虽智大迷。天下至柔,弛骋天下至坚,柔弱胜刚强,天下莫不知,莫能行。奈何万乘之国而以身轻天下”。

出路:“古之善为道者,非以智民,将以愚之。使乎智者不敢为。孔德之容,唯道是从。从事于道者,道者同于道,德者同于德,失者同于失”。“人之所教,我亦教之”。

前途:“尊道贵德,使有什伯之器而陋之,民莫之令而常自然。”

细品老子难以尽言、微妙玄通之思想,不难理解其事在人文高见。

一　人文大意

体会“不出户知天下，不窥牖见大道。其出弥远，其知弥少，是以圣人不行而知，不见而名，不为而成”。“知常楷式，人故无忧”等含意，有助于明确社会人文的来由去向。

（一）人文

人文，乃事物按意愿形成世界形势、社会变动的进步标志。不断被物资、通货、技术、资讯、人才交流及文化、传统、风俗具体化。文，指用语言文字图像表达的人意。意愿表达出文化，总结过去社会生活经验，详细曾经典型生活，表达预期希望的文化，生造文明，文明充实文化，人意随之焕发。表现智性的人意是人文灵魂，成就智力的文化是人文骨架，人工文明则是其物化形态。人意文化人工文明，相辅相成，相得益彰。交织着人意、文化、文明的社会人文，传流久远，社会化。日积月累，传统化。文化存在现文明，文明普适长文化。社会是人文的土壤，人文是社会的形象。因此而有人文主义。

人文，根在文，要在化，活在恒。取决于意识的文化，提升文明，取决于社会的文明，彰显文化。不能留存的言语意识，一过而逝的情感欲念，昙花一现的意识文化，时髦一方的奇珍异宝，极盛一时的器具事物，化在当前面上的文明，都难入史流。

自从燧人氏用火，人根本脱离动物，到一两万年前，定居养殖自力更生，克服渔猎采摘游取现成的动物习性，自给自足，孕育出人工造物文明，同甘共苦，孕育出益群人意文化。

就地取材珍惜资源，物尽其用，自力更生勤劳节俭，奋发图强，兴旺家乡真爱无私，和睦友邻平等相待，卫弱禁暴同舟共济，公权均衡填平补齐，益群利众群体为上，久而久之，习而成风，惯便成俗，经世代相传，潜移默化，成就乡野常自主的中原人文，成后来中华人文根深蒂固的传统。

城居官吏，市集工商，野散士农，各得其所，安居乐业。中原主体人文，开创出与建冥塔、寻财富、荒故土，不兼容等不同的人文道路，沿自然自主方向，营造着常宗亲的华夏人文和常德制的敫周人文。五千年来，包含意识形态、社会生活、造物繁荣，邦域制度等的中华人文延绵不绝。

中华一脉人文，重家、重国、重群动，重事在胜过物在，重人生价值胜过财货价值，利用自然自食其力，更生资源辛勤劳作，顺从规律安居乐业，安分守己自然而然，过常自然长久生活。山河秀美如画，家庭和睦发奋，社会繁荣昌盛，国家制度绵延，善待他人不求回报，浴火重生前途更美。农田水利乡野贡献无可比拟。

（二）现象

往事千年计。奇物滋生，工匠自产自销成坐贾，市民购销运营成商贩。社会生活需求推动商贾壮扩，商朝出现工正贾正，官理民营机制。敫周德礼为主的规制人文，持续到西周中，山野私占，公田乏养，市集工商，盗夸并起，社会活动方式和思帷方式剧烈变化。春秋战国五百年间，被利已私欲意愿支配的各候国，称孤道寡成风。

老子随势“以善观事，以容观身，以和睦观家，以合众观乡，以礼义观国，以齐平观天下”，从而了解王公候国、社会鬼神、民众阶级，政治军事、外交经贸、文化教育等行业方面，三教九流各自需求，认清敫周人文阶段诸方面进程态势正反情况。

人文事态承前启后，历来以老子事学为指导，志向高远；以政权用力，扶本抑末；以权术用吏，众志成城；以儒术安民，万众一心，应是复兴中华人文的开始。物尽其用，人尽其能，和家合众，治理社会效果甚佳，历久弥坚。继往开来，不同凡响的中华人文，何愁不能一往无前，盛大无涯！

忠孝仁义等道德道义，仍是实现共和理想、自由王国基础、立法前提，志同道合条件。世界有识人士，崇尚中华文化哲学、道德传统。对其中安抚人心，稳定政局的治世良方，更加钦慕。全面发掘传统精华，重复经典精神，形成面向未来的道理体系，可能是人文创新重点。

中华地位因作用提高而加强，反之亦然。树理想，明服务，正民主，积财货，重民生，奉天下，助弱小，前途广阔。理论灰，人心乱，民主迷，主次失，方向错，苏共苦果自食，遗祸天下。在势分强弱，群分主次，人分尊卑，弱肉强食的任何人世，中华人文都有普适久远意义。有大智者，自觉从新中国的国内共和转向共和天下，应是继续解放全人类的起步。

泛部族全邦族，泛时代全历史，泛家国全天下，泛阶级全社会而自成体系的中华人文，曾让欧洲社会大受教益。潜能远比实力大的中国人，是尚同人类文化，丰富世界文明，实现公平正义，维持世界和平，稳定全球局势，推动社会进步的支撑性势力。中华人文救世意义非同小可。过些时日，摆脱现代殖民性商品化人文，广习中华主流人文将是世界主要常态。

在实现市场再生产循环中，社会化资源，按比例规划、分步骤利用，成果讲分量调剂、依时机波及共享，被轻忽。分立面需求，不能及时到位，联动难成、主动创新难办、组织意图难成，不得不恢复资本积累原始方式，普遍存在。

在高消费造成国家破产的形势下，须重新认识“人德三宝，持而保之”的作用。今“舍慈且勇，舍俭且广，舍随且先，死矣。”推陈出新成为规制创建的主要途径，因为知识、习惯、传统、制度在改良阶段不能突变。采用“实其腹，强其骨，虚其心，弱其志”，以及“甘其食，美其服，舒其居，乐其俗，邻国相望，鸡犬之声相闻，老死不相往来。使夫智者不敢为”等，保持社会和谐，长久安稳。

“和大怨，必有余怨，诚全而归之”。权贵办公，养成因时因地，因势因事行事习惯，提高按结构分析判断、维段逻辑推论、结节多方表达的思维水平。从前提着眼，从条件着手，当机调剂，重新选择，再度集群，更改联动，以政府规划供应为主，抓主带次，便是复兴社会人文过程最基本的方法。

老子事实上提出过何兴盛传统人文的具体任务，让“子孙祭祀不辍”。历朝历代贤达功臣，全力使社会人文事势经久不衰，留取丹心照汗青。

不过，自汉以降，小康景象几度兴亡，骄人财富引狼入室，社会兴衰经历螺旋循环进程。二十世纪后期，传统断代，西风劲吹，富贵豪门纸醉金迷，饱汉不知饿汉饥，小市民便己不便人，欲壑难填。赤贫状况不如犬。不少青少年，抛天下公德于门外，置己利私欲于堂上，个人至上。改变下层党组织行为无力状况。

要减轻克服财货分配不当，造成社会性危险后果。顶好尊道贵德，物尽其用，故无弃物，常善救人，故无弃人，提倡社会地位平等，全面按需分配原则。尤其是关于民主共和精神。始终以弱小基本生活需要、弱势改观要求为怀，为民需而动，为益群而为，应是有广泛代表性的人民政府，调剂工作的中心。

智能不断营造新的社会人文，不论自觉与否，事意文化为中坚主流，事物文明为形体大河的人文环境大势，便成为人世苍天人生趋向。

（三）传送

中华社会各方面，有组织地按纲常行事曾是常态。历来自觉不自觉应用主流经典，坚持以人文事态为天的世界观，以环境事势为地的人生观，造就承前启后推陈出新的持续历史观，营造公权为主益群为重的社会事业观；形成政府居中顾端，损余补缺，适时波及的齐平方法论。

西方原始人文，得惠于中华由来已久，应早于殷周。战败远逃，边民向导，商旅捎带，日积月累。往来无心之举，让其后来居上。公元前罗马十二铜表法，晚于郑国铸鼎刑书近百年。亚里士多德“适中才是美德”，意思与“多言数穷，不如守中”及后来的“中庸之道”类似。丝路连绵不断，公元四、六、九世纪，太多方便中华人文西迁条件，十三世纪更多大举载送机会。十五世纪传教士捎回虽无定数，十八世纪传经确有实据，所谓文艺复兴，工业革命不会无缘无故。

剥削压迫太造孽。莱布尼兹有盼儒术教导之望，爱因斯坦常怀崇敬中华经典之心。美国一些政客深知政党政治奸诈凶险、社会基础松散难坚，由衷敬佩中华人文事业。复兴中华主流人文，前途无量。志士应当充满自信自豪。

先行现代化的西方财势，因得东方人文，而减免过人文历史阶段方面。但是西欧，接受不了中华种养为基、自力更生、艰苦奋斗、就地取材、物尽其用、互通有无、同舟共济、忍让宽容等为主的人文形态，而学用非洲，特别是地中海边猎牧生活成性，取用现成成风的人文形态，在庄园乡镇上萌生商品生产方式，依赖科技，逐渐形成现代资本主义人文形态。

原始积累长势力，各自称雄小国家。现代，侧重人工文明，大多在物资匮乏、需求过旺等供不应求期出现。目前，国家工业化产能过剩。已达到主动追求产能转向供应所需，即主动适应用户所有需求的新阶段。

内在作为，政府必须组织各应所求的制造业，形成各取所需的供销链。例如，从全世界获取资源，由大型钢铁厂适应大量通用需求，中型厂适应批量固定需求，小型厂适应零碎特殊需求，各自满足用户质量、品种、规格、时限及使用的所有需求。改变各地政府，支持低水平重复建设，为人作嫁衣的竞争，以及产量余、品规缺，性能低、消耗高，服务差，一般多、精特少，环境坏、民众忧等市场配置资源所造成的无序状态。

外在供应，通过外事工作，提供各国环境资源、地理人情、风俗习惯、管理法规等实况咨询。政府指导、银行支持，让商业，企业，服务业成批成链走出去，不惜用维持简单再生产方式，支持国内所有适合于衣食住行用等大宗商品，去改善丰富当地居民生活，降低居民日常费用。顺便通过教育医疗等，把共和观念基本道德意识、中华主流人文传播开来。同时，就地展开勘探测量、开采冶炼、运输储藏、加工制造、门面销售等一条龙产销链，各自开枝散叶，各行联旺各业，从工业化中培育当地技术、经营甚至安保人员。为贫弱的第三世界，特别是非洲、拉丁美洲、太平洋岛国政府的社会进步，做出不可替代的人文贡献。

此外，用本国通用技术、高精尖工艺产品与发达地方单位对接，取长补短、互为表里，创造出更高水平、更有市场、更有竞争力的新产品、新消费。开辟全人类新生活前途。

二　文化学识

古往今来，人一直遗传着新陈代谢、繁衍生息的生物性能，以及条件反射、本性欲求、情绪冲动等动物性能。个人主义源于本性本能。人的大脑皮层，除有自激励回忆外，还有随机响应，自组织构思天分。二十世纪脱氧核糖核酸DNA图谱，揭示与生俱来的本性本能天分联动形态，即天性的遗传秘密，人将开辟充分完善自身的新阶段。领军生物基因科技产业大有可为。

父母天性遗传给胎儿，婴幼儿天性在家境家教中潜移默化，在耳濡目染中养成感情操守，教育指导培养出理解力，言行对照培养出表达力，由此联动出基本智力。天性情操智力联动出人性，家庭学校特别是社会生活使人性表现成人格，社会化人格称人道。贤美人道，善良人性，真正人格成为中华域族始终追求。直到六世纪还在口传圣经故事的外域，尚无如此自主意愿。

人依赖主动思维，能用连贯语句，特别是文辞表达深情厚谊，从而完全脱离了动物。用肢体、神情、声音表达情感、欲求、意愿并非人类独有。禽畜互通情意，培育后代，知晓人意，司空见惯。难道衣冠楚楚夫妻，优于动物性能，只在于不愿生养后代、不肯孝养父母？当然虚荣攀比，力不从心也是原因。

（一）文辞

能用文辞图像表达深情厚谊，才是人的主要共性。从西亚单调象形符到会意笔画字费时两千年。在大汶口出土陶尊上，有上圆圈、中月牙、下火焰三个象形符组构的笔画会意字。由此推算，中华文化，至少在六千年前发端。最近发现有早于八千年的象形符。可惜严谨的文物专家，从不把陶器花纹图画，像欧洲人那样去想象成象形符，翻译出用意。弄清唐代"天宝"年号来龙去脉，就可将"物华天宝"另作他用。奈何，见识不同，思想难一。

山东邹平出土五行十一字陶文，表明以字组辞达意的文化不迟于四千三百年前，尽管有人认为西亚楔形符，埃及象形符出现较早，但早已失传，其后世变异文字在民间成文应用极晚。

1 文字

传说黄帝期有人造字，极可能是统一东夷鲁北字的读写而已，也可能开始统一形声、指事词及其含意。在山河阻隔语调各异大地上，统一字形声意，是统一社会行为根本保障。保留字形沿革，则有延续传统历史实况的作用。如果辞典都略去文字形状沿革、意义转化等传载内容，数千年后，现用的言辞"风箱""总统"，也可能如"橐籥""鸢、鹫"般，会令人费神去揣摩。

字，表门类性具体化等效共性。若共性丰富未定，一字多义，可用字组词加以限定明确。“白马非马”并非只是分门别类、文字游戏、逻辑辩论，其中含区分个性词、共性字的意思。老子书中不少用语流传至今，现今许多词语，可从其中找到源头。几百年后，但愿现今一些词语，也能命运相同。

字典“势，是，事”读音相同，先人可能考虑过它们的共性和个性。“势”表事态性事，“是”表判断性事，“事”表静态关系动态作用。字词意思久用成俗。社，社稷，社会诸词家喻户晓。许多习惯用语很难丢弃。电脑词库，不用古字旧词形体，不用历来简体字，只用繁体及最后简体字，恐非不只是为难出版界。丰富其成语词库，尤其是补充历史特殊用语，是防止中华传统，被电脑别扭而中断的基础。

传统字词，经字典规范，意思根深蒂固。一时很难替代。千锤百炼，更新字义不比造生字差，用现成字组新词，表现新科技新思想，大有可为。减字扩词是将来趋势。不过字义词条解释，尚未到尽善尽美地步，记录古今用语，积累词意完美字义，还有许多工作可做。

语言多指表达内在意愿的外在方式，不完全如斯大林所说，是内在思维工具，思帷不止于对激励语言的单纯响应。数千年积累，共性字义逐步确切，个性词意逐步精细，选字组词明新意，充实词库，提高人意。“意”含经历事，“愿”表将来情。“思”多耕耘意，“想”多信用情。“给”含施舍意，“助”表贡献情，用“助力”或“给力”，则表现其人的品性。

五千年来，中华共性字够多，个性词丰富。单字双词，三字话四字成语，五言七律，四六骈韵，对联堂匾，辞赋表章，俚语小说，成文表意、抒情达意、传事知事，不断丰富意识，提高品位，高远志向，同时又鲜明字共性，确切词个性，精确文章联动性。

缺乏文字记载，会错失古事传统，造成断代现象。“文化大革命”，使国政、家教等一些传统断代，从头自探，难得思帷深度广度。被选择流传的西式文学艺术影视作品，并非他们的上品精品，因而所表现的文意水平，显得低俗。引人注目的文明，也较为浅薄。

孔子学院，借认字而传中华灿烂人文很方便。取用《辞源》《辞海》《康熙字典》《永乐大典》《四库全书》等提供的资讯，包罗万象，全面细微，意义非常。

全以语声传说的历史，难免添油加醋，原意可能随势而变，初衷可能面目全非。古希腊文意一直口传。《旧约全书》到二世纪才有记录文书面世。《波斯古经》，三世纪才编成，《罗摩衍那》口传千年，五世纪才成文字形态。十二世纪口述《一千零一夜》直到十六世纪才定文型。欧洲官方文字开始民用的时间，可能晚到工业革命之前。文化市场上，若非出版商只负技术责任，许多革命作品，社会主义思想可能难以流传。

2　文化

公元前七世纪，中文逐渐被平民广泛应用。连续数千年的人意文化，经先人充实精细，其表现世界的深广无可比拟。自主连续的中华文导历史，实是世界独一无二楷模。

人意文化，元始于外界与人际彼此关系信息化，人脑信息自组织有序形象化，形象等效抽象概念化，概念词语共通化，词语集联观念化。初始于口头语手书符对应统一化，文辞意义丰富深刻化。辞典词意规范持续化，文化深入人心广泛化、精要传统化。

文化是情感欲念意愿表现形态。语言文化字图化，劳动技能图文化，文学艺术典型意境化，时令文化传统化，传统文化时令化。域外文化本土化，邦域文化主体化。典籍选择政治化，传播方式多样化，文化产品门类化，主旨模糊庸俗化。从前思想精神延续社会化。“学而时习之，不亦乐乎”。

十九世纪六十年代后，大片疆土资源被蚕食，四亿善良士民遭侮辱。洋务运动救燃眉，甲午海战露破绽。当局丧自主之志，权贵失自强之心，买办兴风作浪，列强得陇望蜀。西方各种势力得寸进尺，西方文化漫渗中华各领域各层面。用学科方法取代社会联动知识，比而不周，却培育出滥竽充数专家，照本宣科学者，数典忘祖教授，附庸奴化名流，欺世盗名权威，他们强词夺理诠释洋文操纵舆论，鼓动崇洋惧洋学洋社会气氛，公羊上书要求全盘西化。中华仕子在“半殖民地半封建”社会中迷失方向。回顾以往，盖棺论定利遗少，久后评说益复兴。国学正史正名正义正传统，正当其时。一些上媒体人物对历史的轻率令人吃惊！

综合文化造化思帷方式，使重要意愿即思想系统化，主要思想即精神条理化，技能方法专门学科化。知识性文化育化品格心志，教化青壮才能心智，净化民众习俗心境，固化社会道德心神。思想性文化推动公权一体化，行政制度化，司法公正化。教育宣传政治军事等管理功能文化，逐步成为引领社会主动力。文化逐渐大众化，现今文化行当商业化，意识形态文明化，文化内容数码化，文化迅速世界化，文明随着普及化。文化商品化，文明浅薄化，欲求庸俗化，先进人文可能没落化。

3　文艺

传统人文传承到宋朝后，市场繁华财富啮人。享乐观念潜移默化，商业意识随波逐流。忠孝仁义礼信道德，恭顺守法见义勇为传统，自食其力勤劳节俭习惯，行善积德，施恩不图报，知恩总在报风气，每况愈下。事实上，贪财损公，压榨底层，玩物丧志，损人利己，愈演愈烈。

着力表现市井生活的通俗性文学艺术，本含主流道德。虽有《三国演义》《水浒传》等警世名著形成问世，不恤国事，媚俗市井士大夫，装作不为古人担忧心态，熟视无睹，官场见钱眼开，浮生如梦风气，从未缓解。

中华诗歌骚赋，散文词律，玄怪小说，幻想作品等文学艺术，所表现的典型意境，无与伦比。

孔子选诗经、春秋，叙民间不满之情，喻礼乐崩坏之事，用现实主义教当局仕子，克己复礼为仁。屈原离骚，忧怀去国，无奈神游愿境，舒爱国主义浪漫情志。汉赋，绘世间欢快繁荣，赞当局意思溢于文外。仕儒为巩固自家名声地位，尽力隐淡他说。一切功劳归于圣贤，崇敬先人权威，表现排他意图。晋代文学借白日见鬼讽喻时政。唐代以佛取道，牛李辈借用玄怪小说，互相攻讦。宋代所传名著，最终皆有利于维护王制。有人腰斩水浒后部，意在表非议。《红楼梦》悲剧，就有十三妹《侠女奇缘》喜剧对付。京剧大多政治倾向明显。

文联作协应担当文学艺术惜字借事以言德的重责，男欢女爱只做极少插曲培衬。多些揭露虚伪贪欲邪恶题材，多些资本为害个人主义作恶的文艺作品等，塑造个性生动、情感丰满、经历复杂，行为奇异、思想典型的人物，如余则成之类形象，全面充分集中反映社会矛盾冲突，是为了批判不合理的普遍生活现实，表达人民向望，鼓舞斗志信念，推进主流事业。假如电视节目，对放纵私欲，个人至上，不加批判否定结局，只让见钱眼开，损公肥私，好逸恶劳，投机取巧，见异思迁，损人利己，见利忘义，歪门邪道流行于青少年，人心商业化，复兴事业空。

借文学艺术搞政治，中外皆然，《十日谈》，在描述小市民风花雪月中，贩卖个人主义货色，为自由资本主义奠基开路。《莎士比亚悲剧》《人间喜剧》，揭露社会丑恶，为推翻罪恶制度造势。在政治无处不在时，不讲政治本身就是政治，诺贝尔和平奖、文学奖就很鲜明。难道掩饰大墙后面，悲惨世界的作品就值得颂扬，揭露社会主义好中瑕疵，就值得褒奖？媒介代人作嫁衣，假名散布非议，岂能不知后果。

东周列国志、历代国政演义，《三国演义》《西游记》《封神榜》《太平广记》，唐人小说等，都可拓展眼界视野、丰富设想。《水浒传》《红楼梦》《金瓶梅》《三言两拍》《镜花缘》等皆集士绅财势、商贾市民品性于一炉。《三国演义》褒正统，集权谋，是革命的教科书。想替天行道的梁山好汉，多属市民，不识大体，难成气候理所当然。大闹天宫的齐天大圣，受环境紧箍咒折磨，到头来自愿甘当立帝货，传西游意义何在？

千锤百炼，集民间多士之意的一些古典文学作品，社会生活底蕴深厚，知识宽广细致，题材广泛，主题深刻，线索多路，情节复杂，场景真实，言语细腻，过场顺畅，个性鲜明。理解其中知识志趣，需要自身水平情趣匹配。

与之相比，西方所谓文艺复兴不过烛光一隅。似乎效法中华工笔的南欧人体塑像，虽动感官，未达极点。透过《一千零一夜》，人们看到阿拉伯人，不事耕种养护循环利用，追求速得财富的社会风气之盛。

中华文学艺术，大多千方百计传播主流道德传统。把社会典型做正面教育材料，尽量培养良好家风，尽量为政治服务。一篇《岳阳楼记》，一曲《满江红》，一支《义勇军进行曲》，激励多少志士前仆后继。抗日烽火起，南洋华侨愤，告别南洋，高歌："君不见，长白山尸横遍野，黑龙江血流成河，再见吧，南洋，去争取最后一线希望”。光彩夺目好作品随势而现。教育作用久留人间。

被选择面世的当代个人作品，顶好增长情节枝干线度，体材社会广度，生活宽度，知识厚度，个性力度，志向高度，情感深度，言辞丰度，细节密度，高潮宏度，转折韧度。

现今并非没有值得普及的时代好剧、故事节目，只是未得某些掌控者提携，恐怕还有掩饰不住的害怕。本来，故事连续剧，线索情节，极重社会真实。内容轻浮的社会生活情景戏，极重对白，表情神态；如果情节类同，场景平淡，途中无险，镜头拖拉，恐难吸引欣赏眼球。惊险刺激在当场，过后不思量的作品，新奇虽有味，久触便烦心。深夜，少传播些内容主题皆缺深度广度，甚至有害的外来剧目。倒是，在生理安全时段内，放些历史题材戏，安神轻音乐。重温莎士比亚、巴尔扎克、狄更斯等人作品，仍有世界意义。

许多缺乏生活阅历，唯靠超人刺激动作，大话恶搞想象笑料，吸引现场视听的科幻片，借现成引申的想象力，不甚新鲜。并不比《离骚》《封神榜》《西游记》《太平广记》等古代想象作品，新颖离奇丰富深刻。

当今，主导人员的觉悟水平、立场取向，无不表现在挑选节目内容上。一些标榜创作自由的作品，大多粉饰财势罪恶，颂扬利己私欲，贩卖个人主义货色，涂鸦家庭，俘虏无知，为社会压榨制度效劳。局限于闲情逸致、写真直白、刺激感官的作品，怎值得津津乐道？被搬上银幕的《悲惨世界》，改编倾向很明显。中西文化交融争主导，古今文化传统争主流。不少场景少意境，形象欠传神，思想低水平作品，岂能和博大精深、意味深长的中华文化相提并论。文艺内容专正道，波澜壮阔的中华文化，将在汉语经典逐步世界化高潮中，开辟中为洋用前途。

（二）改良

延安文艺座谈会，认清了儒士骚客，留洋后生，有娴雅士长短。众多骚人墨客，收起少爷小姐情怀，深入乡村民间，为人民事业，提笔挥墨，兴起大众化革命化创作。否定群体权益的作品，未必能丰富文化宝库，在强敌环伺的当今，很不利于集弱为强的复兴事业。

文化是连续不断事业。如果，商业文化降低水准，主流媒体多半离谱，父母只盼子女离国，名士导师带头西化，青年学子见异思迁。假设，随着文化商品化，思想混乱离正道，理想信念后边放，意欲迁逃当裸官。在对手强大际，恐怕事业付流水，复兴人文传统成笑话。

在霸权横行，私欲膨胀的形势下，显著传统主流思想、人文科学发展，意义重大。顺从商家意愿，消费以发达为样，以享受为重的宣教，太过片面超前，只会给现实社会事业添乱，使将来政府工作为难。再美的物欲享乐设计，也非社会长治久安目的。老子倡导常自然人文生活，经验之谈，先见之明，高超之极。

改革中的改革，只要路正方向对，就应在完善过程中坚持到底。正新闻未必只限假新闻。选对象、定题材、框内容、用词语，无不表现其立场取向。如果传媒，自身作则，尽量清除混杂于网络中，无益于国家事业、有害群众身心的各式垃圾，并非只限色情类。不让为西化张目等题材作品流传。不让带有钻穴逾墙，欺骗使诈，六亲不认，只讲己欲的日本动漫上市。屏幕上的影视剧，好把一个故事，改头换面。借历史题材，全都突出少爷小姐，事实上为情爱恩仇而革命。宣扬战争中的个人主义英雄，不顾军纪，缴获私用，不惜生命，私下率部，公报私仇。难道就这样树八路军中下层干部典型历史形象？宣教方面，少让利己、存在、享乐主义之类激发市民私欲的文化，满街泛滥。

宣教方面，褒勤劳善行，贬游手寄生，造就虽富不得芬华的社会氛围，重点灌输道儒精神。注重提倡生活清淡，办事简朴，强制人德三宝，让社会潜移默化，人类前途光明。经典传统深入心田终生受用，非自小长期培育不可。有关人士精选故事内容，中小学因材施教，有益一生。有识富豪，应知贵族学校，洋化教育，不是子女成材继业佳选。

文联党组织，集聚有党性的宣传、文艺队伍，经常深入社会生活，广泛熟悉真情实意，联合共创承载传统，反映现实情况，展现将来全球方向的文学艺术宣教作品。让各有所长的文人，互补出书，可望得主题深刻传世精品。官方媒体，组合各有所长的年轻作者，共同创作充满生活情趣、社会多方事实、多层典型情景，思想细腻积极的正面作品，上演占据文艺节目主阵地。从而丰富中间群众，特别是青少年正道智能。

推动古典文化情志当代化，比资源产业实力现代化更长久伟大，益群利他集体主义，比损人利己个人享乐主义更先进重要！自立自主比自由人权实际，人民民主比政治民主、形式民主实在！

（三）迷信

营农养生，收获多赖天恩地赐，雷鸣电闪天地交合，大雨倾盆水助泽涛，风壮火威山崩地裂等恐怖，加上梦见先人臆幻境遇，难免牵强附会神灵活现。古人神化其权威贤德代表，进行悼念祭祀，带有抒情展怀，激励左右，教育后生意愿。敬祖崇德中掺入痴迷信仰。逐渐衍生传承着忠诚事业、孝敬尊长即忠孝恭顺之道。

大约五千年前，中原邦族某首领命南正，重，司天，以属神，令火正，黎，司地，以属民，用亲近，专职表神灵意向，扫除私下祭天地风气。大禹会群雄于稽山，公祭活动更加政治化。敫王谋及筮卜，用祭天形式，传出“天邑商，予迓续，乃命于天”等天意，打开天人合一玄机，提高天子无上权威，尤其是对左右的支配权。

周易卦爻，灵学纬书，提供私下随意求神示意条件。偶然灵验，强化着事神驱鬼致福意念。古代各朝，着力神化先贤，立崇拜偶像，以求安抚人心，稳定社会，统一思想，坚持主见。直到新中国初，家常还供奉“天地国亲师”牌位，慰藉无奈，寄托希望。畏天命服命运，逐渐成为抚慰习惯，也给穷困潦倒者，以认命求生希望。给社会以清静保障。

世上神化先贤，立崇拜偶像传统，根深叶茂，上帝安拉仍起作用，“法轮功”一时轰动。在贫极富甚，仰高鄙低，社会难得平等之际，唯心论者已在纠正偏激意念，机械唯物论何不事在从权，善加引导？善用教旨，可安静地中海边局势？马克思主义，何不进一步揭露财阀本性，帝国新嘴脸？

早于基督教数百年，对后来伊斯兰教同样有影响的佛教，汉成释教，是中外文化融会贯通一典型。公元67年后，按《论语》裁概念表达的般若经，开始流传，按中国风貌建筑的寺院，四处存。佛陀塑像形貌逐渐本地化。魏晋时，一些尚清谈、究三玄的士子，将玄学道理词语融入佛学，将儒术伦理人情贯通佛经，释学大藏经别具风格。东晋高僧知“内外之道，可合而明”，主张顿悟见性释经说。连《老子》“致虚极守静笃观往复”的方式，也引领禅宗悟道修行。释学高僧制定寺院日常戒律仪程，中华释教自成体系。

释教在南北朝时，迅速扩张，北齐，设“僧统”，部释教徒数百万，北周，天和到建德年间，七次召百官，听儒道释三教争论，儒先释后排定地位。三武一宗灭佛，释教只能在民间用法事俗讲，教化听众，安分守己行善积德，以求来世。释教作用不止如此，唐代高僧携释学反哺佛学，已成佳话。中华佛学影响后世。若建基在游民市场社会上的伊斯兰各派，而非以争权夺利、报仇雪恨为目标，西亚北非局面岂不大变?

（四）复兴

汉朝首次出现作用至今的文化复兴。后世典籍如《老子》皆开编于汉代前叶。汉初编成的经典《论语》，力图就事论事，由此及彼，以小见大，偏重人情世故，关注社会人伦，劝导士民安分守己，过自在平淡日子，它规范品级，安稳秩序，大有益于既得利益层，士大夫靠“儒术”化民固治，荣耀久远。

士绅豪富，权势两便，无心先进生产技能，有心鱼肉百姓享乐，以致三国战事起，百年九室空。凭权谋上台的新贵，视道德如浮云，置人伦于度外，主流意识淡忘，政权灵魂流失，清谈三玄，仕林颓废，文化失主导，文明失中坚，社会极度疲惫。五胡深入喜汉文，主流人文渐恢复。

公元六世纪，在隋平乱世之后，唐得以再次复兴中华文化，继汉语文化通俗化后，表现文学作品社会化的第三次复兴在九世纪宋代。所有为市民利欲张目的理念，除合法书院宣讲外，通过小说戏曲说话雕塑图画，以民俗节目，寺院道观俗讲故事等文艺形式，渲染市巷生活。通俗话本大量刊印普及，个人主义潜移默化，市野意识随波逐流。

从前文化延续恒久化。然而随着文化人士市民化，物欲观念深刻化，意识主旨负面化，无法回应市民利己足欲的程朱理学，只好让“良知”就是追求欢乐、满足欲求争夺富贵、人不为已天诛地灭等个人享乐主义满街泛滥。南欧文艺复兴所现小市民享乐欲求，尚未达此境。

汉代通西域，开官方人文外输先河。在数百年前被欧洲智者学习重视。十二世纪欧洲得知上国形势，十四世纪到十六世纪欧洲，得明代文化之惠不少。现代西方文化全面深入中华社会，除科技学科知识、传媒形式内容全覆盖外，西式文艺亦占主要欣赏地位。汉语及其主流经典正在轻淡化，趋向摆设化。现今复兴中华主流人文作用，在主要智者的争斗中，克服主次取舍分歧，复兴中华主流文化，是第四次复兴应有之义。

三　文明物形

积几千年劳动智慧成就，意识生造的文化，不断广泛加载在社会事物中，促进意识形态不断物化。文化生造文明。物形因文而明，文明是物载文化。文明浮泛在文物古迹、山川景色、行业风气、市场器物、国家体制、文艺杂术、服饰举止、交往礼节等社会事体上。物形文明促进事意文化，因此劳力者动心，劳心者舒心，富豪称心，权贵放心。社会人文就势不断进步。

(一)先行

中华乡野耕织文明，营造出市集工商文明。工匠自产自销成坐贾，市民购销运营成商贩。生活需求推动商贾壮扩，至少在公元前八世纪，市集商业文明已具规模。辅助中华文明益发昌盛。

信奉天道远，人道迩，天下是天下人的天下，追求公正平等的社会公道，以常自然耕织文明为主，守安分商业文明为辅的中华文明，值得借鉴，发扬光大。

如：群当道，万物皆得其所，众生皆得其命；万物均百姓平。平章百姓协和万邦，大国以下小国，两者各得其所欲；官无常贵，民无终贱，富不侮贫，贵不傲贱，在农工之人亦可为长官，为民兴利除害，尚同为政；损有余益不足，均贫富，补穷困，赏罚不避贵贱、远近、亲疏……

器重昌盛集体国家的市场文明，与众不同，别开生面。如：国好生金于境内，则金粟两死，仓府两虚，国弱。农少商多，终将农商皆贫。农业农民始终是国计民生的根本，而义不入危城，不处军旅，不肯以天下利易其一胫毛的商人商业是末流末作，政府必须“扶本抑末”；国家应立开源节流方针，重关市之赋，农工士商交能易作，民作一而得均，什一使自赋，税负不能暴征无时，避免一民养四主。户调视地域、时节、贫富、对象等实况而定额度；时禁保护环境资源，为流通财物，择中建市，兴天下之利，养人之欲，给人以求，保证供给，丰富生活；政府如能专心从事实力培育，便会持久昌盛，故有“国作壹一岁，十岁强，作壹百岁，千岁强而王天下”。

思前顾后。六十多年前，中华人民共和国弘扬传统，博采众长，开始振兴实力。自主行政，眷顾社会多数，限禁不善智者言行，人心凝聚根基厚实。礼义仁善，力主天下平等，得道多助。用军事主张正义公平，有惊无险。现据广阔地域活动，持人多势众资源，与美对奕，更立不败之地。东风再度压倒西风，世界趋之若鹜。

当前，发达强势，配合美方侵略热战威胁，削裂发展势力社会基础，侵蚀大国主流传统：直接投资入股，先亏损、后独吞；要求经贸运行规则“高标准”，好完全纳入发达旧轨道；高薪钓取职员，让其示范西方意识形态、社会生活方式；鼓吹超高速隐身常规武器制胜论；动乱边疆恐怖荒野，游占市区搅乱视听；传媒结伙露骨助纣为虐，误导民众中间势力；资源武器，择机而用，经贸制裁到个人，武力讹诈入门庭。一些为保私利的人士，正在着意吹捧，兴风作浪。

中国理论界在两千多年前，已深知各式资本，唯利是图，为祸社会的本性。历朝历代，无不把资本当末流，置于有效管辖之下。“义乌”消费品集聚市场，促进多少民间资本发家，只要尽力报国，会更加兴旺发达。社会随着繁荣，人心凝聚，制度久远。

数百年前，西欧邦域中，人格化资本一经得势，便猖狂无忌，倒行逆施，血腥压榨，残酷殖民，西洋财势制造的商品文明，不过弹指一挥间，那管理社会的历史能耐，绝非谋万世平天下的至宝。

美国社会混乱，人心惶惶。肤色分野，监狱爆满，那有人权、平等、自由、民主、博爱普遍存在。现代社会环境，事实上远不如农耕社会。碰上灾祸，乡亲互助，照顾贫苦，无奈的农户与地主大多还有商讨余地。而现今被奴役的职工，甚至被服务的顾主，都只能和墙上规章，冷漠制度讨论。某公司对员工过于严苛，不断有职工自杀抗争。资本对社会所有成员的压榨，比之先制有过之而无不及。

二十世纪初，资本资源，转变为主宰世界的社会势力。从此，无论土地、产业、服务，甚至人身，都如商业金融一样商品化。社会完全商品化。世界市场，被全为商业利益而生存，事实上借公权掌控社会的财阀掌控。大国以核力相持，世界暂得和平。

总之，随着科技生产力迅速提升，信息服务业飞速扩展，互联网创新交易方式，上市股值遂成经贸主角。商业文明所及的社会当局，积极参与，及时干涉，到处保护，消费市场深扩，产权高利稳固，市场因此发达，帝国就此成熟。立志益众利群的权势仕子，大可利用财势，逐步以非管控共建共享方式，促进第三世界文明现代化。公权组织社会群动，成绩显著。公权调剂，些许红利惠及工薪福利，邦域文明类似化。

（二）博弈

工业革命，产业资本用枪炮冲前，殖民发家，欧美兴旺。二十世纪初，欧洲财势分赃不均，大动干戈，打出强大苏联。老牌帝国干涉不成，纵容德国穷兵黩武。三十年代，德军不按习惯出兵，英法不敌装甲闪电战，西线获胜毁约东犯，苏军不怕牺牲，全民奋勇转败为胜。盟军在两败俱伤后抢滩登陆，炸平西德，西方势力争地夺权称雄。抵抗运动奉送成果，销声匿迹，欧亚多被美方所制，越南、朝鲜被划开对抗。后成美方攻击中国桥头堡。古往今来，枪杆子里出政权，枪杆子突变社会状况，屡试不爽。邓小平深谙此道。

二战后，美国财阀，控制一半以上战略资源。战略权益驱动苏联插手争夺。美苏为长期掌控资源，助长两伊，科伊边境冲突，保持以巴僵局。双方明争暗斗，扩大到地中海、印度洋，向沿岸国谋取电信站通权、港口机场使用权、财货销售、军政特权。苏联细事未曾失手，大政方针却很糊涂，败北在奢华生活为诱饵的和平竞赛中。

与此同时，西欧恢复性壮大形势喜人，美国遭遇“甚至做梦也想不到的挑战”，便利用“关税及贸易总协定”谈判，向西欧施压，各国不为所动。各自限定外资设厂投资申请，共同抵制“新经济政策”，围绕世界货币体系改革，组织起投资货币金融大战：坚持贸易谈判必先扯货币，坚决要求美元贬值，要用欧洲美元兑黄金，美国债务必用黄金或特别提款权偿还，特别提款权应做主要储备基金，且由主要货币汇率做价，不与美元挂钩。尔后，组成欧洲中央银行，设立欧洲货币储备金，促成欧元面世。欧盟水到渠成。

美国当局鼓吹“资本自由化”，攻击经营计划化，矛头对准苏联，却也牵连日本。地窄人多资源贫乏的日本，四世纪向中国学习，社会得以开化。

二次大战后，从德国那里受益匪浅。借美侵朝机会，社会上充分利用外资，重点更新技术，全面强化管理，大兴销售网络，资源集中三片，几个财阀控制。在政府，执行农村工业化和乡野结构改造计划，全国在追赶型工业化基础上，建造起消费型城镇化社会。

财团不顾缓步微增的消费需求，迅猛扩张系统化企业链的加工贸易能力，集情报、供生资、放贷款、移产业、行收购，尽力侵占国外市场，得益远胜于战争。

日本社会经贸飞升要领：

(1)政府调剂，低成本，新技术，高积累，优结构。

(2)政府担当，财政，信贷，减税，补贴。

(3)更新及时，设备，工艺，投资，引进。

(4)广泛扩张，原料，成品，价差，保护。

因为经贸所得以及市场空间大于战争所得。随着市场容量逐渐占满，日政府全力以赴，同时设置关税贸易壁垒，抵制外势保护自家。

不过，政府因此拖入连接不断国际争端，加深贸易、投资、汇率、产权、资源、海域等摩擦，初求相持后真退让，把诸如低成本优势消磨殆尽。技术创新力缩小，市场拓展力下降，社会进取心消沉。单纯刺激，十年腾飞积滞胀，政府放款，风吹草动积衰弱。贪图享乐人心散，个人至上斗志衰，左翼缺方失众望，右翼乘机图复仇。追随主子隐祸心，立法修宪明取向，强化军事显野心。

总之，日全力以赴利用自由化，加大资本技术进口，改进产品质地、产业结构。日本经贸一度高速增长，气焰一度熏天，有人放胆对美“说不”。

欧美反对政府做发展计划，是攻破壁垒的手段，是方便自己弱肉强食借口。二战以来，垄断性资本，依计划，逐步合股并购重组，集群成多国财势联合，且与权势联动的跨国化社会性财阀资本，其经营计划空前庞大周密，发展中大国官方计划都难与比肩，认真学习其跨境营运的计划性，是市场现代化的大事。

二十世纪中叶，沐浴东风得独立的第三世界政要，被需求原动力推动，主动集群出各种条约组织。安第斯条约组织，通过世界首个“共同体外资条例”，七十七国集团发表“利马宣言”，各自要求在国际经贸中取得应有地位权益。第三届联合国贸易和发展会议，通过“国际贸易关系和政策三原则”，争取研究原料和发展问题的联大特别会议，公布“关于建立国际经济秩序宣言”和“行动纲领”，第三世界充分表示，建立新观念、新制度、新世界的主张。欧盟争多极，新兴强联动，东南亚图跟上。

依赖外贸程度甚高的美国，大量入超，便用行政力量对其伙伴施加压力，实施进口限制、提高税收等反倾销政策，缓解外贸逆差。同时对内冻结工资物价、放松信贷、刺激消费。政府总在财政货币松弛紧缩中救火忙乱。虽然市场管理花样翻新，但是万变不离其宗，总是损人利己。

优势顿失的美政府减削开支，滥发货币，贬值美元，降低利率，减轻税收，刺激出口，对外转嫁美元危机。美政府认定日元定价过低，一压日元升值，二压日央行收买美政府债券，共同保卫美元地位，后来甚至禁止日银行在美活动。操纵十四国财长会议，强行大幅调动汇率，日本经贸停滞至今。当时西欧特别是德国也被迫实行浮动汇率，从此，欧美政府矛盾加深。

发达跨国称霸，攫取暴利掠夺资源，迫使输出国家搞联合，促成经贸联盟共市场。不堪忍受压榨的发展中国家，运用资源武器，减油产提油价，外企国控，美方承受着能源武器带来的社会经贸危机。祸不单行，欧洲美元，石油美元都来挤兑，黄金储备所剩无几。35美元等价于1盎司黄金的时代，如昨日黄花。美元信用一落千丈。前些年，竟出现过1盎司黄金值1500美元的情况。美元大幅贬值，美方不劳而获，其他国家池鱼遭殃。

肯尼迪曾哀叹，数百万人失业，千万计民众“饿着肚皮上床”。若天灾人祸拖长，外势不容介入，被个人主义意识支配的中产阶级，“过着狗样生活”的有色底层，将群起而攻之。被其欺凌压迫的势力刀兵相向，群动抗争。一旦地火漫溢，上帝也无力扭转。

多国政治经贸联动势力，在市场全球化过程中发育成长。企业求生存图发展，实施低价开辟，降价排挤，批量覆盖，集中抢占，转向突击，暗中夺取等策略，加剧世界市场竞争。不只是同类商品直接竞价、替代新品间接竞争、相近新旧同行兼并，而且存在证券隐性竞吞、政府操持竞赛等。国际油价大幅降落，政治作祟不容置疑。

未遭战火多年，和平拓展顺利，大发战争横财的美联邦，曾有余力让其生产力一路领先，军工雄厚。然而，欧日振兴，使其经贸地位每况愈下。市场危机纷至沓来，国债惊人。克林顿领悟“政府组织经济”可贵，强化政府全面干预、及时调节市场自由竞争的“计划经济战略”，促进联邦各项政策围绕经贸展开，几年内，收益之大，令某些政客强化领袖全球美梦。

欲壑难填，近来，武力输出制度，压顺亡逆，不少政府敢怒不敢言。阿垃伯伊斯兰地火积蓄，西亚战事久拖不决，美当局焦头烂额。世界形势变动深刻。有奶认娘的部分年轻人，为一己私利无法无天。买办资本势力，靠美势巩固地位，正在大多数发展中国家争政掌权，为非作歹。其中少数弱小西化领导人，甘当美方马前卒。

美房贷，推动次贷风潮，不但波及新兴国家、世界市场，而且欧盟招架也五劳七伤。银行缺钱，购买紧缩，社会怨乱，失业严重，以至国家被债权人束缚，临近破产。南欧多国，入不敷出，民怨沸腾。不止如此，受北约束缚，欧盟先当帮凶，后背包袱，经受难民潮折磨。美暗中监视欧日政要，此举大有文章可做。机不可失。

商业化传媒摇旗呐喊，千方百计离散对手人心，高福利培养享乐安逸，见异思迁，个人至上风气。以邻为壑，社会千疮百孔，党同伐异，派别轮流坐庄。贪婪无止境，市场顽症频发趋重，权证狂投机，金融痼疾入膏肓。政策失常，体制沉疴陷疲癃。入不敷出，以攻为守缓颓势。故伎重演，抢先布局重军事。口蜜腹剑，曲解人道人权民主民族,为其政治服务。两面三刀,混淆是非善恶曲直对错,为其动武添筹。

为极少数人效劳,专治劳力者的帝国文明,不能消除“损不足奉有余”的制度结症,侵略扩张就成时用偏方,工贸大量长期军事化,经贸结构畸形,财政负担过重。仅仗军工科技发达美方,经贸不敌中方,便用军力压迫。美方陷足中东,势弱于俄军,禁运、资源、财产等制裁成为战略武器,围困俄国,危害靠此度日的国家,委内瑞拉当局遭殃。真实的现代文明不过如此。二十世纪九十年代才与中国建交的新加坡当局,在苏州附近大得好处,还说殖民主义比儒术好,正让美使用基地威胁中华,绝非中立见识低下。

任何财势,历来无不损人利己,没有知恩图报教养。在自身危难时,便会动武抢劫资源权益。手段花样翻新,体验到适应,认识到清醒,被动到主动,既付代价又费时光,逐步波及是减少代价上策、稳操胜券基础。当美方破坏贸易自由,把武力干涉他国内政常态化时,应当义正词严批驳,削弱其欺骗力。唤醒中间势力,有计议按步骤吞吐财货,至少力止那恶习,用来干涉内政事物。

宣教工作先行,推动知识中介,注重人文传统,推陈出新,及时批点,揭示好逸恶劳、弱肉强食、见异思迁等个人主义危害,意义不亚扫黄打非。主流意识在传承中普及,在发展中坚定。重提四个现代化,要在振兴强国。澄清主次利害,明辨是非取舍,强国是重中之重。专家大有工作可做。

(三)正途

正如老子所指出的那样,坚持清静为天下正的中华社会,耕织文明为主,商业文明为辅,城乡相得益彰,自力更生,自给自足,益群利众,资源丰盈,安居乐业。价廉物美,薄利多销,人际互助,市场繁荣,安分守己。国政制度延绵,常自然人文长久。新中国一成立,继续养护资源,关照民众,物尽其用,人尽其能等优良传统,社会文明独树一帜。

三十多年前,改革开放,重学发达文明。以财兴国,社会翻天覆地,追求财货,人文负面渐重。现在,转向全面复兴,规范损有余补不足,利他益群等社会主流意识。促成民众遵纪守法乐善好施,坚持人伦道德，强化人民政府平等待人，为人民服务及时到位：调整前后左右上下内外产销比例，逐步消除专门化分工所造成的长短余缺消费事况；及时到位居民日常必须、社会改造急需、政府紧急所需；消减只重资本收益，伤害其他权益的陋习，改变资本作孽，政府还债的状况。积蓄社会资源，强大主要势力，利用军政国民力量，自主安全科学全面发展，成人民政权的中心任务，社会得到振兴，充分了复兴条件。

新阶段复兴事业，重在人文，要在改革，任在传承，务在出新，根在科技，基在田野。完善营造国控大企业营运机制，全面组织社会力量，放宽市镇自营管控，方便集市自销举措，到处拓展特别是市镇乡村底层就业机会。挖掘社会全面消费潜力，设法多方指导主要扩大再生产，补助大量社会简单再生产，分步骤走出去，帮助众多发展中国家齐头并进，分享现代化成果。尊重各类阶梯消费者选择权，促进国际阶梯消费市场健康发展。

西欧现代化，美国称霸领先，根源在科技。代表先进生产力时，首先要注重分析实验研发，掌控重大关键领先科技资源，财政及时满足重大探索性实验需要。确立科技引领市场制度是科学发展前提。充分发挥技术工艺创造新产品、新消费、新生活、新资本、新行业、新市场、新实力的作用，更是新兴国家，迅速积蓄实力，壮扩势力的源泉。时不待我。

全世界的日用轻工消费品，需求最大持久。查勘世界资源物产，开发巨大无垠加工市场，集成推广常用技术产能，改进创新营运方式，前途不可限度，日积月累效益显著。开发全球生活用品市场，不断改善用品性能质地，始终是中国制造业升级换代的重心。扶持品质最优产品产能集中化，设计领先化，工艺先进化，设法淘汰高耗劣质产能，提高品牌市场竞争力。改善环境状况。

现有央企可以联动变强成世界先进顶级，广阔市场有利于它们广泛参股境外强势外企，参与其营运过程，获取多重多方利益，例如先进工艺、流程自动化、管控智能化。财政还可以着重于全球资源、海洋利用、基因生物、变废为宝、航天技术、人工智能、城市更造等新支柱行业。强国强军，大型重工制造可以脱胎换骨成顶尖自动化，即全智能全操控行业。

通过延伸传统交往，交通电力通信物流货币线路，过剩有用产能转移出去，帮助沿线国家发展所需产业，形成市场城市，改变贫穷状况。各国尽管取向各异，各有所图，终究自觉不自觉地开拓国家联动，共管全球市场营运的道路。全世界社会结构彻底社会化，涉及社会所有关系的完全社会化。它们若能相辅相成顺势发展，将展现人类自由王国理想，即社会共和系统尚同化的光辉前景。

（四）顺 势

新中国一成立，立即改革开放。上下左右奋发图强，全民艰苦奋斗，社会日新月异。在初步建立起完整的工业体系之际，集中有限实力于急需方面，及时组织技术队伍会战，很快取得重大自主成果，世界刮目相看。中国需要世界，世界更要中国，日见分晓。不甘没落的美国主要势力，更加不肯善罢甘休。中方更须坚强自主信念，自立行为。

人民政府，在抓紧发展生产贸易同时，支持银行，协助经营方和投资方、消费方、设备技术供应方，协商联通互动，达成技术保障，红利分红机制，确立设备供应与器材更换以及技术维护一家负责制，从而解安全事故之危，增高业主欢迎，职工受益，技术普及能力。银行监理，减轻浪费，提高零散资源利用，开源节流，业主欢迎，职工受益，综合出效益。

十多亿人口，多数收入不高，平稳物价，充分就业始终是政府调控重点。广开门路大有可为。财政投入引导社会投资到位，及时调整阶梯市场结构。有利于合理布局产品、产区、产量、产能。有利于生产、品种、质量、价位都做阶梯分布。有利于纠正市场配置资源引起的市场结构倾斜，从而有利于低学历劳动者就业。自力更生的有限积累，在市场求高利环境中，恐难满足普遍高消费大量需求。逐步波及比较可取。公务员过度消费，将引发严重社会后果。

按比例规划社会发展规模和速度，GDP 增长率，需要定量分析。应当认知，随基数过大，社会再奋发，也不可能长期维持高增长期望值。何况大量产品如果和市场销售容量不平衡，增长是积压浪费。只要总量足够，低增长率无伤大雅。在重视高新、自动、网络、外包等第三产业服务产值积累同时，基建、民营等劳动密集型、大量简单再生产，却有更大稳定增多低水平就业的优点。鱼和熊掌兼顾，需双管齐下，真抓实干，且细致于其中。

物以节约耐用为重，生活以简朴节俭为重，意以传承主流传统为重。不求市镇齐头并进，但愿各有骨干特色支持。壮扩小微企业，宏观调控以财政政策为主，微观搞活以科研技改为重。社会以家庭为细胞，城市以单位为基础，社会各方各层由政体分级统一引导，科学发展由政协监督，党委不做指挥而做依靠，这可能是复兴初阶段基本行事模式。

随着社会生产力无障碍流通，商户营运，居民交往全球化，营造出互通有无，齐头并进，公平正义，同舟共济新制式。齐抓共管平静天灾人祸，齐心协力消灭战争烟火，齐来分享人类人文佳果。难道不是现实追求。

一事当前，禁、阻、绕、逃，只适临时个别。花小钱造就一种主动找事研究，改造创新的社会氛围，值得重视安排。在约14亿人的大国，采用政府引导，各方参与，家庭尽力，银行投入，个人尽责的群策群力方针，较为合适。

三十年来，主要靠政策倾斜，使20%的人占80%的社会财富，80%的群众消费，被收入和为未来安全保障所制约，主因是社会分配比例失调。提高贫困画线基准，为大开眼界，正在改变忍让安静心态的底层贫民，提供安全发展低水平保障。努力缩小收入差距，将减轻百万计公安、武警劳累，可预防不患贫而患不均的潜意识惹是生非。在改革中改革，实在是稳定社会、长治久安、消除外来收买诱惑，掌控社会变迁的基本途径。

若出台实际暴利标准，以税率、税种，调节三大产业的平均利润率，禁止部门自行收费。非征不可的如环保费、养路费等收费要用在其正处，以服众心。减轻农民负担重点在税外收费。起因在下层行政收益。

市场主体易位，政府鞭长莫及，救助外部需求，财政力不从心。为今之计，资本造孳财政还账，适可而止。还应当将部分公共、公益事业费，分摊给境内所有经营业主。财政收入统归中央调度，是时势使然。财政支出简分三类：(1)发展项目带动费，(2)公共、公益民服费，(3)行政办公费。三类支出现在可大致按25%，60%，10%施行，余下5%以防不测。办公费一般应该节余，而前两项估计各地有不小于10%波动。财政困难地方，在全力以赴后，中央视实情扶助。

25%的项目带动费中，有5%～10%的技术创新费，所以实际项目带动费为15%～20%。其中有支持公共服务业，运用最新科技，有效全面服务于社区，特别是乡野村落居民的项目。当地人代会提出项目，报上级平衡立项。采用财政带动、社会多投、红利分成、股权折尽、产权分股、银行监理机制。如期加以实现。

在政府支持下，由提出可行性报告的项目主持人负责，公开招标，组织实施。若延误或失败，实施方均受法律追究终身。项目有成，财政只收回投入，甚至按折尽协议逐渐除股。至于所得红利，全归项目负责地政府支配，参与其事的人员，当然一直分享50%所得。若不是长官及代表们，生活工作条件特殊，许多公益公共事业不会变化迟缓。

在微机代劳，精简系统层次和大量缩编后，人大、政协、政府三系机关工作人员工资，总额占上年财政收入的4%，已经不少，工资外的常年办公费少于6%，宽打窄用，略有节约为好。用央企利润，固定资产折回等，以防万一。国家机关许多隐性补贴、照顾，已能逐步取消。离休纳入全国社保系列。十一五期间，形成公私联动的群众路线，地方每年在中央财政带动下，还旧债建新绩。今后规划，财政倾斜弱小民生，社会全貌应当逐步彻底改观。

四　教育事态

老了“学，不学复众人之所过”提出学正面，露反面，有批判地学习问题；“为学日益”透出终生接受教育问题；“不出户知天”提出理论探讨深造问题；“知不知上，不知知病”提出学习态度、应用方式问题；“此三者不足为文”提出选择表达问题。显然，老子很重视教育。

被直呼樊迟的农家子弟、尊称“子”的权贵公子，接受孔丘直接有区别的实用教育、前途性熏陶，七十二贤达，传为佳话。集中办学，成官方培养人才的主要教育方式。《论语》成从前理世宣教的基本教材。

其实，教育把曾经的技术、社会学识，应用智能大众化，教育是传承、拓展人文基础。美国精英大多是中国人，足见中国基础教育水平甚高。创新教育，复兴传统主流的高潮，现在已经到来。

（一）作用

众所周知，教育含家教、师教、社教、自教四形式。以言传身教为主家教，主要培养尊养长幼、随遇而安、勤劳节俭、见义勇为、助人为乐、患难与共、奋发图强、百折不挠等传统品性。师生相濡以沫师教，传授钻得进，出得来，深入浅出，分析综合知识，融会贯通等方法步骤。以及谦虚谨慎、协力勇敢、精工专业、爱国敬业等为人处事能力。

人获取学科知识，即技术积累的资讯，或系统化概念，一靠传授，二靠自取。博览群书知主要，深明事理识要义。自学而成大事者，络绎不绝。鼓励自学成才，宜提供自由自主求知的环境条件。现代社会注重集中传授。学校因此兴隆。社会出生率供养力和就业率，制约上中下层学校总量规模。社会发展不平衡，分配不公平，造成不少问题和困难。在市场环境中，按社会供需条件调整教育体制，从政府包办转向社会合办，从规定他如何办，转向监察他在办什么，正合时宜，事在可行。

无论如何，和家合众，报效国家的道德伦理、利他益众、为人处世准则是德育主体。扩展眼界、牢记所学知识，活学活用是智育基础，强身健体、发扬体能、表现已长是体育重点。发现培养各自兴趣爱好特长，帮助形成志向，主要是家庭学校的责任，创造相关社会条件，毕业可就业，主要是政府公司义务。

环境家境决定幼儿品性一生举止，孟母择邻已见端倪，及时劝诫居民不善不良举动，党组织义不容辞。社会各界特别是传媒出版、理论、文化、艺术界，均有净化成长环境责任。学校广播、旅途音响、市场广告、电视屏幕，皆有宣传时政、灌输传统道德义务。社会潜移默化，宣教部门身体力行，监察禁止，助导少儿青壮，走复兴中华，改造世界正道。一些着意于追求个人享乐奢靡的宣教事物，不让其占据公益台面称雄。应当监督商店娱乐旅游网络场所，守法自律。否则法办。

教育是持续人文的中介。承前启后，为了让个人与群体、知识与技能、实践与创新、现实与未来等更好对接联动，选择调剂，互帮互助，顶好实行宣教同一体制，例如，将文化文艺创作传播单位和院校同一，让科协社科群团共襄教育，让内行名家权充师资，反之亦然。

在肯定“自由”形势下，在非庄严场合，还强制统一服装，无疑让祖国的花朵，初升的太阳，失去外在个性美，其实，学生必须外观整齐时，衣服形式色彩相同足矣，使用次数很少制服，质地好坏等事，如果细管，反而为难学生家长。许多方面，监管思想有待求实周全。

必须明确：绝对自由只是愿望，相对自由得之不易；家长教师溺爱娇纵，于他于家于国，有害无益，“福兮祸所伏”；人际关系不只是诚信，更要突出职业道德，行业守则，个人品性。核心价值观，法规强制必不可少。做法可从传统中推陈出新。

（二）层次

社会广大，知识集中传授，学校因此兴隆。培育幼儿身心，开办学前教育，培养基础智力，普及十二年连贯初等义务教育。建议义务教育以品性德育为重，中等教育以志向为重，高等教育以法纪为重，研究生要求舍己为公。为应试而设的高中，可并入专本科做基础安排。扎实基础知识，是各层智育重点，良好文理基础，加上专业基础，即使遇上非专业工作，也能开拓胜任。

记住所学语文算术、历史地理是小学教学中心。文体手工发现培养各自兴趣爱好特长，尽力扩展眼界，为自食其力谋生打基础。将来，若遇专业问题也有自学自取能力。外语、高数、哲学、政治、经济学，应属专业知识，由其需要而定。强求人人精通，则加重负担，脱离大多数需求。

家境条件，个性差异，市场需要等，制约着16岁左右学生，接受中等专业技术教育，尽量发展其爱好，助长其特长。学生进易出难，是合适的政策。集股办学势所难免。校园良莠不齐，政府监理。

若连贯就学，分段就业，中等时限不过六年，按工作需要，中等可分工艺技术学校、职业专科学院、专业本科三级，差别在技术管理要求和内容侧重高低。技校一般侧重实际操作能力，学院重流程监控维护，本科重管理修造、更新设计。在注重外观时，细腻实用性将是设计改进的重点。让单位企业需要和院校教学科研力量联结，就中培养学生理论应用能力，带成果学生满足需求方，有创新能力学生自主发展。专利由国家掌控，国外申购严格控制，国内按需调配，申购收入划归专利人。形成产学研用关联体系，师生及时发挥互补才干，充分集联各方协同优势，如此，至少有益于水平快速提高。

德育通过智育系统强化。德育以形成信仰为中心，随时随地，培育益群利他良心。以中华人文事实，先贤楷模，为主要依据，重点培养互助心、进取心、责任心、兼容心。立稳志趣根基。语言文学，历史地理，科普读物，专业方法之中，匀可充实道法精选题材。今非昔比，群众性体育活动广泛连续开展，虚荣争第一的竞技运动适可而止。

智育互用资源，重能力强才干。以传承为主，创造兼顾，因人而异。知识再三重复，以提高记忆力、理解力、表现力、创造力。教师为适应学生和行政要求，精简浅省，恐怕不利于水平保证。专业间学科间，甚至教材章节间的关联转化，重点提及、培养创新思帷。

积累基本智能后，本科程度的佼佼者，岗位表现突出者，都有望接受开拓性高等教育，大学硕士生是其下层，博士生是中层，博士后研究所是上层。博士后继往开来，负有开拓创造职能。研究生，不但善于学习，长于分析章节、关联综合、融会贯通，把握知识体系要领，而且善于处人，长于处事，刻苦顽强，能独力担当，有忧天下、平不均的良知公德，可算社会栋梁之材。不少当政智者，都曾尽智力做过“使乎智者不敢为”的事情，但都难以为继，甚至反遭其害。财货支配力不可轻视。

与中下等继承性教学不同，导师只指出方向，研究生自觅途径自取资讯，从前提入手条件下脚，分析综合演绎，自主更新探索智能。学校广泛组织跨域“论坛”，集思广益，拓展影响。哲理方法应用自如，临机应变无往不胜。“社会主义”之类的学科教育，既不能拘泥于旧学也不能西化，探索新中国全面成长的客观情况，大力拓展哲学社会主义。

高等教育规模以社会申报需求为准，略余2%。有真才实学专家，包括外籍人都可成导师，专题研发经费，加财政支持是中上层投入的主要来源。智力投入，是效益不可估量的长效投入，不宜紧抠。基础性探索性科研费用，随进度不断投入，成千万以亿计实用性科研经费直接划拨给某人，未必合适有效益。不如通过竞课题，定进度，保验证，分期预支核销。在商业化经营中，导师和行管皆有可能腐败，甚至诱导背叛，不宜听之任之。

（三）管理

市场在环境中，如何办，属学校事务，特别是中等职业技术教育，主要企业协助，由学校自主。政府只管他在办什么，要监禁些什么。此应为教改，也是政改重点。把学生以亿计的中等教育，从政府包办转向社会需求方合办，在于组织。发展社会供需条件，保障充分就业，调整教育体制，正合时宜。

教学效果，以学成应用能力为要。教外语，日常口语为主。听会书写，做专业要求。语法在交谈读写中体会掌握。教师所教同一，而学生所得各异，与学生智力和认真刻苦相关。少数优秀，多数平常，少数不好，才算教学正常。考试主要是发现教学问题，并非定高下。

学时紧张，负担过重，与求全责备，把专业知识当成一般重点有关。应当承认个体差异，弱化应试教育，强化兴趣培养。学业内容，初级重“广”，广泛常识面，由此及彼，培养广泛叙述力长久记忆力；中级重“深”，深刻重点知识联系，举一反三，培养重点理解力自学搜组力；高级重“精”，精通学识全貌，博大精深，培养行业综合力前沿创造力。若有5%研究生能成社会栋梁，中华前途无量。

重视学用贯通，跟踪就业表现。比较办学条件相近、工作条件相当学生贡献，有利于判断教学质量。观实效的方式，将决定学校声誉存亡，可制约扩张升级，降低水平等商业化行为。

学生能自己拿足学分，遵纪守法，忠于职守，图强不懈，爱家爱国，互助友爱，已属优良。提倡离乡背井奔大城市，培植好逸恶劳，损人利己，不担责任等宣教，只会败坏品行素质、社会道德风气。

受通常教育而出众学生，师资条件较差，同堂上课而拔尖学生，是真才实学，应有前途。严格毕业要求，留级劝退，有助于刻苦学风。帮助无背景少关系的大学生，毕业都就业。

职务工资已含按爵给酬，各级教学津贴同工同酬。环境条件不同补助不同，并非消费大城市就要多得。上面创收门洞多，下面仅靠工资。单纯物资刺激，恐难增强知识分子复兴中华的自觉意愿。新中国成立初，许多乡村教师，何以甘愿劳苦，奋发有为？设法培养中坚，带动多数，缓步调整，改变奢风，可能是今后治理社会的难点、重点。

高校由教师提供教研成果，尤其是社会历史性研究成果，大多慢工出细活，甚至成功在身后，或者一生心血付流水。并非立项竞标限期完成项目，要求立竿见影，为功利而鞭打快牛，可能滥竽充数，水平有限，历史价值低。调集英才会战，是如期获取非常成果捷径。

通过人员任务配置，广电远程授课，大力调剂城乡中小学教育资源，提高1450万教师，特别是乡野教师水平，势在必行。教学水平，以课本内容为依据。据传教材大换血，须防表里不一，滥竽充数，败絮其中。

（四）内容

校园内，教材中，少让张扬唯利是图，六亲不认，贪图安逸，急功近利，投机取巧，见异思迁，见利忘义，损人利己，损公肥私，虚荣傲慢等贪婪情绪、自私个性充塞其间。师资特别是社科“精英”，思想异常，政治异端，政策异见，可按党纪国法上达，可在学术圈表现，在专门书刊上公开，但不能随意在课堂教授，在师生间传递，在传媒上渲染。

教材充满中华传统题材轻而易举。文史教材，应充分表现中华主流文化，记录曾经先进方法，经典思想楷模人物，道德精神典型代表，社会活动基本原则。理工教材，应添加中华科技先行人物贡献，现今主要文明成就、优秀实用理论、可参照的技术工艺标准、实用参考数据。课文内容绝不任意超越阶段加码，高标准要求。

顶好文理学科互补。

假如大学专业书刊，大多转抄引用少新意，难点不详重点不明，正面论述多负面辩驳稀，重验证轻探索，隐实用程序关键数据，不利于应用提高。检查性开卷考试，偏重概念观点拓展，章节内容联动应用，使临场翻书无用。临场从几份试卷中随意拆用一份，以阻隔作弊。开卷考试可普遍常态化。检查考试一般用不及格、良好、优秀公布区别较好，不及格和优秀段记分数，以定帮助表优次序。

（五）教师

教师是教育的梁柱。教师知识够格，工作认真，胜任本职，品性善良，作风正派，同行尊敬，授职称，以表现其水平。搞背景关系，耍聪明得高升的习惯，可能埋没人才，不利于保证教学科研水平。

教育是社会化事业。提高教师责任能力，首重师范教育。师范院校主要是增进教师品德志趣，周全教学技术过程，并非复习旧识场所。教学是专业工作，若师兄教师弟，可能退步。应当先培训如教材教法、心理分析、逻辑表达等组织叙述能力。

教师德才由大多数家长判定，理想信念必不可少，务实重名节是教师终身追求。失职由工会帮助处分。认真贯彻教师法，激励大多数教师事业责任心是中心。

教师精通教材教法是本分。对知识面广的教材，小学教师善于由此及彼；知识专门教材，中学教师举一反三；知识精深教材，大学教师敢于拓展，何愁学业不成。不经数年磨砺，教师专业水平师德品性，未必可信可靠。多私欲少师德教师，不听劝告，合同期满便解聘，以求两不相误。

教育财政，总要设法让绝大多数师范生，安居乐业热爱本职。稳定落后偏远转移队伍，照顾贫苦地方待遇，改善教学条件是办学方的日常事务。还有许多政策细节要完善。

从大学生研究生中培养中层教师，将现在中层教师吸引到下层，可迅速改变现水平。中小学教师跟班授课，从入学到毕业一贯制，有教两门以上近似课能力。大学至少有教基础课、专业基础课、专业课的能力，从而解决师资困难，亦可检验其职能。

很多年里，教师不可能都是全才，课堂引人入胜，未必是写论文搞科研高手。反之亦然。各有所长才合实际。如果不善于调集人才，强化专业间协作，即使强人所难，科研投入过分，也未必会达到预期，未必会普遍提高智能。主管方，最好既不苛求教师，也不鞭策学生，绝不号召专门为升学为个人而奋斗。

学生以学业为重，教师授业尽心竭力。因学科内容繁多深奥，假日占用课时，教师难得详细拓展。故学期安排实际授课大于20周，甚至缩短寒暑假至八周，由学校依气温自定起始，如何？或者，将学期内除节日当天外的长假日，移到暑寒假内度过？又将如何，如此，至少添多授课学时，以亿计人口不去扎堆旅游。

教师一直很被动。志趣培养，课程安排，考试办法，阅卷计分，办学要求，多由行政单定。师生为统考线奋蹄，学校为升学率加鞭，德行体能多挂口边。如果，几个典型而非大量采样，评比教学水平质量，学生素质能力，何用？如果，工作绩效，全靠校内关系保证，而非学生离校表现成就判定，未必切中时弊。让大多数小学生忠厚纯朴，中学生见义勇为，大学生敢于担当、勇于探索，硕士生专业过硬、行业称能，博士生善于领先创造，绩效高，才有社会意义。

（六）目的

有权支配社会进程的知识分子，坚持平等，谋求共和，发扬民主，倡导自主，鼓舞和组织民众，按根本需要改革现状，按将来趋向决定取舍，按全局形势管理现状，克难渡险，艰苦奋斗，前赴后继，主动奋斗到底。

通过广泛政治思想不断宣教，教育天下民众，特别是智力阶层，遵循社会群动规律，主流道德传统，组织起来，损有余补不足，迫使追求多占成果的富贵政府，注重因果规律，千方百计，充分助力各行各业，通过全面监察禁止，逐渐完善群动的社会主义制度，螺旋循环，不断开辟社会全面社会化局势。社会各方面朝彻底社会化方向迈进，社会因此最终回归到常自然的高新人文状态。

随着居民交往全球化，汉语文化、中华文明全球化。待到齐平花开时，人们将自愿分担社会公权服务任务：按需要计划，按比例均衡，按步骤波及；不断完善四通八达，一应俱全，主体独特，规模适度的城镇设施，使之成为自主劳动，自觉补充，自愿服务，资源用品自动集散的人汇中心；到处秀美山川，再生资源，使郊野乡村成为自动供应，方便闲居的世外桃源；人们不出户知天下，不计较得所愿，不辛劳得现成，过着自给自足、自立自主、自合自分、自由自在的神仙般日子。

结　语

纵谈天下，千古兴亡多少事，放眼全球，不尽江河滚滚流。念天地悠悠，叹昆仑难赠，悲穷苦境遇，思社会前程，心绪难静。群动事业，贵在根基深厚，人多势众，求同存异，志同道合，艰苦奋斗，政通人和，推陈出新，坚持不懈。

回顾1982年以来，抱与时俱进之心，尊先哲之诰，借前车之鉴，沿着正道法纪行，多插公田柳岁月，宁静致远，重选传统声调，全面概联，提点前瞻要略。贵人抬爱，得步近日峰崖，奉献创新音符，填补全面自主振兴旋律。书生意气，梦升苍穹厅堂，轻弹化外和弦，伴唱人文主流复兴妙曲。短文襄大事，言语动心神，辞不尽意，大家欣然。

意今生，愿来世，思意气，念风发，老骥伏枥。至虚极，几万里洲洋奔来眼底，守静笃，千年后愿境涌上心头。闲云野鹤长鸣声，中华人文荫天下。人类历史将铭记：

“上义为之而有以为，上礼为之莫之应。无之以为用。果而勿矜，果而勿伐，果而勿强，果而勿争，天下莫能与之争”；

“学，不学复众人之所过，力辅万物之自然而不敢为”；

“天下皆谓大，似不肖，夫为大，故似不肖，若肖久，亦细也夫”；

“孰能以有余奉天下？孰能浊以久静之徐清？孰能安以久动之徐生？孰能众以久伺之奋起？唯有道者”。

黄淑生献于兰州

2015年5月